I0168800

ITALIANO
VOCABULÁRIO

PALAVRAS MAIS ÚTEIS

PORTUGUÊS
ITALIANO

Para alargar o seu léxico e apurar
as suas competências linguísticas

9000 palavras

Vocabulário Português-Italiano - 9000 palavras
Por Andrey Taranov

Os vocabulários da T&P Books destinam-se a ajudar a aprender, a memorizar, e a rever palavras estrangeiras. O dicionário é dividido em temas, cobrindo todas as principais esferas de atividades quotidianas, negócios, ciência, cultura, etc.

O processo de aprendizagem, utilizando os dicionários baseados em temáticas da T&P Books dá-lhe as seguintes vantagens:

- Informação de origem corretamente agrupada predetermina o sucesso em fases subsequentes da memorização de palavras
- Disponibilização de palavras derivadas da mesma raiz, o que permite a memorização de unidades de texto (em vez de palavras separadas)
- Pequenas unidades de palavras facilitam o processo de estabelecimento de vínculos associativos necessários para a consolidação do vocabulário
- O nível de conhecimento da língua pode ser estimado pelo número de palavras aprendidas

Copyright © 2019 T&P Books Publishing

Todos os direitos reservados. Nenhuma parte desta publicação pode ser reproduzida, total ou parcialmente, por quaisquer métodos ou processos, sejam eles eletrónicos, mecânicos, de fotocópia ou outros, sem a autorização escrita do editor. Esta publicação não pode ser divulgada, copiada ou distribuída em nenhum formato.

T&P Books Publishing
www.tpbooks.com

ISBN: 978-1-78400-853-6

Este livro também está disponível em formato E-book.
Por favor visite www.tpbooks.com ou as principais livrarias on-line.

VOCABULÁRIO ITALIANO
palavras mais úteis

Os vocabulários da T&P Books destinam-se a ajudar a aprender, a memorizar, e a rever palavras estrangeiras. O vocabulário contém mais de 9000 palavras de uso comum organizadas tematicamente.

O vocabulário contém as palavras mais comummente usadas
Recomendado como adicional para qualquer curso de línguas
Satisfaz as necessidades dos iniciados e dos alunos avançados de línguas estrangeiras
Conveniente para o uso diário, sessões de revisão e atividades de auto-teste
Permite avaliar o seu vocabulário

Características especias do vocabulário

*   As palavras estão organizadas de acordo com o seu significado, e não por ordem alfabética
*   As palavras são apresentadas em três colunas para facilitar os processos do revisão e auto-teste
*   As palavras compostas são divididas em pequenos blocos para facilitar o processo de aprendizagem
*   O vocabulário oferece uma transcrição simples e adequada de cada palavra estrangeira

O vocabulário contém 256 tópicos incluindo:

Conceitos básicos, Números, Cores, Meses, Estações do ano, Unidades de medida, Roupas & Acessórios, Alimentos & Nutrição, Restaurante, Membros da Família, Parentes, Caráter, Sentimentos, Emoções, Doenças, Cidade, Passeios, Compras, Dinheiro, Casa, Lar, Escritório, Trabalho no Escritório, Importação & Exportação, Marketing, Pesquisa de Emprego, Desportos, Educação, Computador, Internet, Ferramentas, Natureza, Países, Nacionalidades e muito mais ...

TABELA DE CONTEÚDOS

GUIA DE PRONUNCIAÇÃO

Alfabeto fonético T&P	Exemplo Italiano	Exemplo Português
[a]	casco ['kasko]	chamar
[e]	sfera ['sfera]	metal
[i]	filo ['filo]	sinónimo
[o]	dolce ['doltʃe]	lobo
[u]	siluro [si'luro]	bonita
[y]	würstel ['vyrstel]	questionar
[b]	busta ['busta]	barril
[d]	andare [an'dare]	dentista
[dz]	zinco ['dzinko]	pizza
[dʒ]	Norvegia [nor'vedʒa]	adjetivo
[ʒ]	garage [ga'raʒ]	talvez
[f]	ferrovia [ferro'via]	safári
[g]	ago ['ago]	gosto
[k]	cocktail ['koktejl]	kiwi
[j]	piazza ['pjattsa]	géiser
[l]	olive [o'live]	libra
[ʎ]	figlio ['fiʎʎo]	barulho
[m]	mosaico [mo'zaiko]	magnólia
[n]	treno ['treno]	natureza
[ŋ]	granchio ['graŋkio]	alcançar
[ɲ]	magnete [ma'ɲete]	ninhada
[p]	pallone [pal'lone]	presente
[r]	futuro [fu'turo]	riscar
[s]	triste ['triste]	sanita
[ʃ]	piscina [pi'ʃina]	mês
[t]	estintore [estin'tore]	tulipa
[ts]	spezie ['spetsie]	tsé-tsé
[tʃ]	lancia ['lantʃa]	Tchau!
[v]	volo ['volo]	fava
[w]	whisky ['wiski]	página web
[z]	deserto [de'zerto]	sésamo

ABREVIATURAS
usadas no vocabulário

Abreviaturas do Português

adj	-	adjetivo
adv	-	advérbio
anim.	-	animado
conj.	-	conjunção
desp.	-	desporto
etc.	-	etecetra
ex.	-	por exemplo
f	-	nome feminino
f pl	-	feminino plural
fem.	-	feminino
inanim.	-	inanimado
m	-	nome masculino
m pl	-	masculino plural
m, f	-	masculino, feminino
masc.	-	masculino
mat.	-	matemática
mil.	-	militar
pl	-	plural
prep.	-	preposição
pron.	-	pronome
sb.	-	sobre
sing.	-	singular
v aux	-	verbo auxiliar
vi	-	verbo intransitivo
vi, vt	-	verbo intransitivo, transitivo
vr	-	verbo reflexivo
vt	-	verbo transitivo

Abreviaturas do Italiano

agg	-	adjetivo
f	-	nome feminino
f pl	-	feminino plural
m	-	nome masculino
m pl	-	masculino plural
m, f	-	masculino, feminino
pl	-	plural
v aus	-	verbo auxiliar

vi	-	verbo intransitivo
vi, vt	-	verbo intransitivo, transitivo
vr	-	verbo reflexivo
vt	-	verbo transitivo

CONCEITOS BÁSICOS

Conceitos básicos. Parte 1

1. Pronomes

eu	io	['io]
tu	tu	['tu]
ele	lui	['luj]
ela	lei	['lej]
nós	noi	['noj]
vocês	voi	['voi]
eles, elas	loro, essi	['loro], ['essi]

2. Cumprimentos. Saudações. Despedidas

Olá!	Buongiorno!	[buon'dʒorno]
Bom dia! (formal)	Salve!	['salve]
Bom dia! (de manhã)	Buongiorno!	[buon'dʒorno]
Boa tarde!	Buon pomeriggio!	[bu'on pome'ridʒo]
Boa noite!	Buonasera!	[buona'sera]
cumprimentar (vt)	salutare (vt)	[salu'tare]
Olá!	Ciao! Salve!	['ʧao], ['salve]
saudação (f)	saluto (m)	[sa'luto]
saudar (vt)	salutare (vt)	[salu'tare]
Como vai?	Come va?	['kome 'va]
O que há de novo?	Che c'è di nuovo?	[ke ʧe di nu'ovo]
Até à vista!	Arrivederci!	[arrive'derʧi]
Até breve!	A presto!	[a 'presto]
Adeus!	Addio!	[ad'dio]
despedir-se (vr)	congedarsi (vr)	[kondʒe'darsi]
Até logo!	Ciao!	['ʧao]
Obrigado! -a!	Grazie!	['gratsie]
Muito obrigado! -a!	Grazie mille!	['gratsie 'mille]
De nada	Prego	['prego]
Não tem de quê	Non c'è di che!	[non ʧe di 'ke]
De nada	Di niente	[di 'njente]
Desculpa!	Scusa!	['skuza]
Desculpe!	Scusi!	['skuzi]
desculpar (vt)	scusare (vt)	[sku'zare]
desculpar-se (vr)	scusarsi (vr)	[sku'zarsi]

As minhas desculpas	Chiedo scusa	['kjedo 'skuza]
Desculpe!	Mi perdoni!	[mi per'doni]
perdoar (vt)	perdonare (vt)	[perdo'nare]
Não faz mal	Non fa niente	[non fa 'njente]
por favor	per favore	[per fa'vore]

Não se esqueça!	Non dimentichi!	[non di'mentiki]
Certamente! Claro!	Certamente!	[tʃerta'mente]
Claro que não!	Certamente no!	[tʃerta'mente no]
Está bem! De acordo!	D'accordo!	[dak'kordo]
Basta!	Basta!	['basta]

3. Como se dirigir a alguém

senhor	signore	[si'nore]
senhora	signora	[si'nora]
rapariga	signorina	[sino'rina]
rapaz	signore	[si'nore]
menino	ragazzo	[ra'gattso]
menina	ragazza	[ra'gattsa]

4. Números cardinais. Parte 1

zero	zero (m)	['dzero]
um	uno	['uno]
dois	due	['due]
três	tre	['tre]
quatro	quattro	['kwattro]

cinco	cinque	['tʃinkwe]
seis	sei	['sej]
sete	sette	['sette]
oito	otto	['otto]
nove	nove	['nove]

dez	dieci	['djetʃi]
onze	undici	['unditʃi]
doze	dodici	['doditʃi]
treze	tredici	['treditʃi]
catorze	quattordici	[kwat'torditʃi]

quinze	quindici	['kwinditʃi]
dezasseis	sedici	['seditʃi]
dezassete	diciassette	[ditʃas'sette]
dezoito	diciotto	[di'tʃotto]
dezanove	diciannove	[ditʃan'nove]

vinte	venti	['venti]
vinte e um	ventuno	[ven'tuno]
vinte e dois	ventidue	['venti 'due]
vinte e três	ventitre	['venti 'tre]
trinta	trenta	['trenta]

trinta e um	trentuno	[tren'tuno]
trinta e dois	trentadue	[trenta 'due]
trinta e três	trentatre	[trenta 'tre]
quarenta	quaranta	[kwa'ranta]
quarenta e um	quarantuno	[kwa'rant'uno]
quarenta e dois	quarantadue	[kwa'ranta 'due]
quarenta e três	quarantatre	[kwa'ranta 'tre]
cinquenta	cinquanta	[ʧin'kwanta]
cinquenta e um	cinquantuno	[ʧin'kwant'uno]
cinquenta e dois	cinquantadue	[ʧin'kwanta 'due]
cinquenta e três	cinquantatre	[ʧin'kwanta 'tre]
sessenta	sessanta	[ses'santa]
sessenta e um	sessantuno	[sessan'tuno]
sessenta e dois	sessantadue	[ses'santa 'due]
sessenta e três	sessantatre	[ses'santa 'tre]
setenta	settanta	[set'tanta]
setenta e um	settantuno	[settan'tuno]
setenta e dois	settantadue	[set'tanta 'due]
setenta e três	settantatre	[set'tanta 'tre]
oitenta	ottanta	[ot'tanta]
oitenta e um	ottantuno	[ottan'tuno]
oitenta e dois	ottantadue	[ot'tanta 'due]
oitenta e três	ottantatre	[ot'tanta 'tre]
noventa	novanta	[no'vanta]
noventa e um	novantuno	[novan'tuno]
noventa e dois	novantadue	[no'vanta 'due]
noventa e três	novantatre	[no'vanta 'tre]

5. Números cardinais. Parte 2

cem	cento	['ʧento]
duzentos	duecento	[due'ʧento]
trezentos	trecento	[tre'ʧento]
quatrocentos	quattrocento	[kwattro'ʧento]
quinhentos	cinquecento	[ʧinkwe'ʧento]
seiscentos	seicento	[sej'ʧento]
setecentos	settecento	[sette'ʧento]
oitocentos	ottocento	[otto'ʧento]
novecentos	novecento	[nove'ʧento]
mil	mille	['mille]
dois mil	duemila	[due'mila]
De quem são ...?	tremila	[tre'mila]
dez mil	diecimila	['djeʧi 'mila]
cem mil	centomila	[ʧento'mila]
um milhão	milione (m)	[mi'ljone]
mil milhões	miliardo (m)	[mi'ljardo]

6. Números ordinais

primeiro	primo	['primo]
segundo	secondo	[se'kondo]
terceiro	terzo	['tertso]
quarto	quarto	['kwarto]
quinto	quinto	['kwinto]

sexto	sesto	['sesto]
sétimo	settimo	['settimo]
oitavo	ottavo	[ot'tavo]
nono	nono	['nono]
décimo	decimo	['detʃimo]

7. Números. Frações

fração (f)	frazione (f)	[fra'tsjone]
um meio	un mezzo	[un 'medʣo]
um terço	un terzo	[un 'tertso]
um quarto	un quarto	[un 'kwarto]

um oitavo	un ottavo	[un ot'tavo]
um décimo	un decimo	[un 'detʃimo]
dois terços	due terzi	['due 'tertsi]
três quartos	tre quarti	[tre 'kwarti]

8. Números. Operações básicas

subtração (f)	sottrazione (f)	[sottra'tsjone]
subtrair (vi, vt)	sottrarre (vt)	[sot'trarre]
divisão (f)	divisione (f)	[divi'zjone]
dividir (vt)	dividere (vt)	[di'videre]

adição (f)	addizione (f)	[addi'tsjone]
somar (vt)	addizionare (vt)	[additsjo'nare]
adicionar (vt)	addizionare (vt)	[additsjo'nare]
multiplicação (f)	moltiplicazione (f)	[moltiplika'tsjone]
multiplicar (vt)	moltiplicare (vt)	[moltipli'kare]

9. Números. Diversos

algarismo, dígito (m)	cifra (f)	['tʃifra]
número (m)	numero (m)	['numero]
numeral (m)	numerale (m)	[nume'rale]
menos (m)	meno (m)	['meno]
mais (m)	più (m)	['pju]
fórmula (f)	formula (f)	['formula]
cálculo (m)	calcolo (m)	['kalkolo]
contar (vt)	contare (vt)	[kon'tare]

calcular (vt)	**calcolare** (vt)	[kalko'lare]
comparar (vt)	**comparare** (vt)	[kompa'rare]
Quanto?	**Quanto?**	['kwanto]
Quantos? -as?	**Quanti?**	['kwanti]
soma (f)	**somma** (f)	['somma]
resultado (m)	**risultato** (m)	[rizul'tato]
resto (m)	**resto** (m)	['resto]
alguns, algumas ...	**qualche ...**	['kwalke]
um pouco de ...	**un po'di ...**	[un po di]
resto (m)	**resto** (m)	['resto]
um e meio	**uno e mezzo**	['uno e 'meddzo]
dúzia (f)	**dozzina** (f)	[dod'dzina]
ao meio	**in due**	[in 'due]
em partes iguais	**in parti uguali**	[in 'parti u'gwali]
metade (f)	**metà** (f), **mezzo** (m)	[me'ta], ['meddzo]
vez (f)	**volta** (f)	['volta]

10. Os verbos mais importantes. Parte 1

abrir (vt)	**aprire** (vt)	[a'prire]
acabar, terminar (vt)	**finire** (vt)	[fi'nire]
aconselhar (vt)	**consigliare** (vt)	[konsiʎ'ʎare]
adivinhar (vt)	**indovinare** (vt)	[indovi'nare]
advertir (vt)	**avvertire** (vt)	[avver'tire]
ajudar (vt)	**aiutare** (vt)	[aju'tare]
almoçar (vi)	**pranzare** (vi)	[pran'tsare]
alugar (~ um apartamento)	**affittare** (vt)	[affit'tare]
amar (vt)	**amare qn**	[a'mare]
ameaçar (vt)	**minacciare** (vt)	[mina'tʃare]
anotar (escrever)	**annotare** (vt)	[anno'tare]
apanhar (vt)	**afferrare** (vt)	[affer'rare]
apressar-se (vr)	**avere fretta**	[a'vere 'fretta]
arrepender-se (vr)	**rincrescere** (vi)	[rin'kreʃere]
assinar (vt)	**firmare** (vt)	[fir'mare]
atirar, disparar (vi)	**sparare** (vi)	[spa'rare]
brincar (vi)	**scherzare** (vi)	[sker'tsare]
brincar, jogar (crianças)	**giocare** (vi)	[dʒo'kare]
buscar (vt)	**cercare** (vt)	[tʃer'kare]
caçar (vi)	**cacciare** (vt)	[ka'tʃare]
cair (vi)	**cadere** (vi)	[ka'dere]
cavar (vt)	**scavare** (vt)	[ska'vare]
cessar (vt)	**cessare** (vt)	[tʃes'sare]
chamar (~ por socorro)	**chiamare** (vt)	[kja'mare]
chegar (vi)	**arrivare** (vi)	[arri'vare]
chorar (vi)	**piangere** (vi)	['pjandʒere]
começar (vt)	**cominciare** (vt)	[komin'tʃare]

comparar (vt)	comparare (vt)	[kompa'rare]
compreender (vt)	capire (vt)	[ka'pire]
concordar (vi)	essere d'accordo	['essere dak'kordo]
confiar (vt)	fidarsi (vr)	[fi'darsi]

confundir (equivocar-se)	confondere (vt)	[kon'fondere]
conhecer (vt)	conoscere	[ko'noʃere]
contar (fazer contas)	contare (vt)	[kon'tare]
contar com (esperar)	contare su ...	[kon'tare su]
continuar (vt)	continuare (vt)	[kontinu'are]

controlar (vt)	controllare (vt)	[kontrol'lare]
convidar (vt)	invitare (vt)	[invi'tare]
correr (vi)	correre (vi)	['korrere]
criar (vt)	creare (vt)	[kre'are]
custar (vt)	costare (vt)	[ko'stare]

11. Os verbos mais importantes. Parte 2

dar (vt)	dare (vt)	['dare]
dar uma dica	dare un suggerimento	[dare un sudʒeri'mento]
decorar (enfeitar)	decorare (vt)	[deko'rare]
defender (vt)	difendere (vt)	[di'fendere]
deixar cair (vt)	lasciar cadere	[la'ʃar ka'dere]

descer (para baixo)	scendere (vi)	['ʃendere]
desculpar (vt)	battaglia (f)	[bat'taʎʎa]
desculpar-se (vr)	scusarsi (vr)	[sku'zarsi]
dirigir (~ uma empresa)	dirigere (vt)	[di'ridʒere]
discutir (notícias, etc.)	discutere (vt)	[di'skutere]
dizer (vt)	dire (vt)	['dire]

duvidar (vt)	dubitare (vi)	[dubi'tare]
encontrar (achar)	trovare (vt)	[tro'vare]
enganar (vt)	ingannare (vt)	[ingan'nare]
entrar (na sala, etc.)	entrare (vi)	[en'trare]
enviar (uma carta)	mandare (vt)	[man'dare]

errar (equivocar-se)	sbagliare (vi)	[zbaʎ'ʎare]
escolher (vt)	scegliere (vt)	['ʃeʎʎere]
esconder (vt)	nascondere (vt)	[na'skondere]
escrever (vt)	scrivere (vt)	['skrivere]
esperar (o autocarro, etc.)	aspettare (vt)	[aspet'tare]

esperar (ter esperança)	sperare (vi, vt)	[spe'rare]
esquecer (vt)	dimenticare (vt)	[dimenti'kare]
estudar (vt)	studiare (vt)	[stu'djare]
exigir (vt)	esigere (vt)	[e'zidʒere]
existir (vi)	esistere (vi)	[e'zistere]

explicar (vt)	spiegare (vt)	[spje'gare]
falar (vi)	parlare (vi, vt)	[par'lare]
faltar (clases, etc.)	mancare le lezioni	[man'kare le le'tsjoni]
fazer (vt)	fare (vt)	['fare]

| ficar em silêncio | tacere (vi) | [ta'tʃere] |
| gabar-se, jactar-se (vr) | vantarsi (vr) | [van'tarsi] |

gostar (apreciar)	piacere (vi)	[pja'tʃere]
guardar (cartas, etc.)	conservare (vt)	[konser'vare]
informar (vt)	informare (vt)	[infor'mare]
insistir (vi)	insistere (vi)	[in'sistere]

insultar (vt)	insultare (vt)	[insul'tare]
interessar-se (vr)	interessarsi di ...	[interes'sarsi di]
ir (a pé)	andare (vi)	[an'dare]
jantar (vi)	cenare (vi)	[tʃe'nare]

12. Os verbos mais importantes. Parte 3

ler (vt)	leggere (vi, vt)	['ledʒere]
libertar (cidade, etc.)	liberare (vt)	[libe'rare]
matar (vt)	uccidere (vt)	[u'tʃidere]
mencionar (vt)	menzionare (vt)	[mentsjo'nare]
mostrar (vt)	mostrare (vt)	[mo'strare]

mudar (modificar)	cambiare (vt)	[kam'bjare]
nadar (vi)	nuotare (vi)	[nuo'tare]
negar-se a ...	rifiutarsi (vr)	[rifju'tarsi]
objetar (vt)	obiettare (vt)	[objet'tare]

observar (vt)	osservare (vt)	[osser'vare]
ordenar (mil.)	ordinare (vt)	[ordi'nare]
ouvir (vt)	sentire (vt)	[sen'tire]
pagar (vt)	pagare (vi, vt)	[pa'gare]
parar (vi)	fermarsi (vr)	[fer'marsi]
participar (vi)	partecipare (vi)	[partetʃi'pare]
pedir (comida)	ordinare (vt)	[ordi'nare]
pedir (um favor, etc.)	chiedere, domandare	['kjedere], [doman'dare]
pegar (tomar)	prendere (vt)	['prendere]
pensar (vt)	pensare (vi, vt)	[pen'sare]

perceber (ver)	accorgersi (vr)	[ak'kordʒersi]
perdoar (vt)	perdonare (vt)	[perdo'nare]
perguntar (vt)	chiedere, domandare	['kjedere], [doman'dare]
permitir (vt)	permettere (vt)	[per'mettere]
pertencer a ...	appartenere (vi)	[apparte'nere]

planear (vt)	pianificare (vt)	[pjanifi'kare]
poder (vi)	potere (v aus)	[po'tere]
possuir (vt)	possedere (vt)	[posse'dere]
preferir (vt)	preferire (vt)	[prefe'rire]
preparar (vt)	cucinare (vi)	[kutʃi'nare]

prever (vt)	prevedere (vt)	[preve'dere]
prometer (vt)	promettere (vt)	[pro'mettere]
pronunciar (vt)	pronunciare (vt)	[pronun'tʃare]
propor (vt)	proporre (vt)	[pro'porre]
punir (castigar)	punire (vt)	[pu'nire]

13. Os verbos mais importantes. Parte 4

quebrar (vt)	rompere (vt)	['rompere]
queixar-se (vr)	lamentarsi (vr)	[lamen'tarsi]
querer (desejar)	volere (vt)	[vo'lere]
recomendar (vt)	raccomandare (vt)	[rakkoman'dare]
repetir (dizer outra vez)	ripetere (vt)	[ri'petere]
repreender (vt)	sgridare (vt)	[zgri'dare]
reservar (~ um quarto)	riservare (vt)	[rizer'vare]
responder (vt)	rispondere (vi, vt)	[ris'pondere]
rezar, orar (vi)	pregare (vi, vt)	[pre'gare]
rir (vi)	ridere (vi)	['ridere]
roubar (vt)	rubare (vt)	[ru'bare]
saber (vt)	sapere (vt)	[sa'pere]
sair (~ de casa)	uscire (vi)	[u'ʃire]
salvar (vt)	salvare (vt)	[sal'vare]
seguir ...	seguire (vt)	[se'gwire]
sentar-se (vr)	sedersi (vr)	[se'dersi]
ser necessário	occorrere	[ok'korrere]
ser, estar	essere (vi)	['essere]
significar (vt)	significare (vt)	[siɲifi'kare]
sorrir (vi)	sorridere (vi)	[sor'ridere]
subestimar (vt)	sottovalutare (vt)	[sottovalu'tare]
surpreender-se (vr)	stupirsi (vr)	[stu'pirsi]
tentar (vt)	tentare (vt)	[ten'tare]
ter (vt)	avere (vt)	[a'vere]
ter fome	avere fame	[a'vere 'fame]
ter medo	avere paura	[a'vere pa'ura]
ter sede	avere sete	[a'vere 'sete]
tocar (com as mãos)	toccare (vt)	[tok'kare]
tomar o pequeno-almoço	fare colazione	['fare kola'tsjone]
trabalhar (vi)	lavorare (vi)	[lavo'rare]
traduzir (vt)	tradurre (vt)	[tra'durre]
unir (vt)	unire (vt)	[u'nire]
vender (vt)	vendere (vt)	['vendere]
ver (vt)	vedere (vt)	[ve'dere]
virar (ex. ~ à direita)	girare (vi)	[dʒi'rare]
voar (vi)	volare (vi)	[vo'lare]

14. Cores

cor (f)	colore (m)	[ko'lore]
matiz (m)	sfumatura (f)	[sfuma'tura]
tom (m)	tono (m)	['tono]
arco-íris (m)	arcobaleno (m)	[arkoba'leno]
branco	bianco	['bjanko]

preto	nero	['nero]
cinzento	grigio	['gridʒo]
verde	verde	['verde]
amarelo	giallo	['dʒallo]
vermelho	rosso	['rosso]
azul	blu	['blu]
azul claro	azzurro	[ad'dzurro]
rosa	rosa	['roza]
laranja	arancione	[aran'tʃone]
violeta	violetto	[vio'letto]
castanho	marrone	[mar'rone]
dourado	d'oro	['doro]
prateado	argenteo	[ar'dʒenteo]
bege	beige	[beʒ]
creme	color crema	[ko'lor 'krema]
turquesa	turchese	[tur'keze]
vermelho cereja	rosso ciliegia (f)	['rosso tʃi'ljedʒa]
lilás	lilla	['lilla]
carmesim	rosso lampone	['rosso lam'pone]
claro	chiaro	['kjaro]
escuro	scuro	['skuro]
vivo	vivo, vivido	['vivo], ['vivido]
de cor	colorato	[kolo'rato]
a cores	a colori	[a ko'lori]
preto e branco	bianco e nero	['bjanko e 'nero]
unicolor	in tinta unita	[in 'tinta u'nita]
multicor	multicolore	[multiko'lore]

15. Questões

Quem?	Chi?	[ki]
Que?	Che cosa?	[ke 'koza]
Onde?	Dove?	['dove]
Para onde?	Dove?	['dove]
De onde?	Di dove?, Da dove?	[di 'dove], [da 'dove]
Quando?	Quando?	['kwando]
Para quê?	Perché?	[per'ke]
Porquê?	Perché?	[per'ke]
Para quê?	Per che cosa?	[per ke 'koza]
Como?	Come?	['kome]
Qual?	Che?	[ke]
Qual? (entre dois ou mais)	Quale?	['kwale]
A quem?	A chi?	[a 'ki]
Sobre quem?	Di chi?	[di 'ki]
Do quê?	Di che cosa?	[di ke 'koza]
Com quem?	Con chi?	[kon 'ki]

Quantos? -as?	Quanti?	['kwanti]
Quanto?	Quanto?	['kwanto]
De quem? (masc.)	Di chi?	[di 'ki]

16. Preposições

com (prep.)	con	[kon]
sem (prep.)	senza	['sentsa]
a, para (exprime lugar)	a	[a]
sobre (ex. falar ~)	di	[di]
antes de ...	prima di ...	['prima di]
diante de ...	di fronte a ...	[di 'fronte a]

sob (debaixo de)	sotto	['sotto]
sobre (em cima de)	sopra	['sopra]
sobre (~ a mesa)	su	[su]
de (vir ~ Lisboa)	da, di	[da], [di]
de (feito ~ pedra)	di	[di]

dentro de (~ dez minutos)	fra ...	[fra]
por cima de ...	attraverso	[attra'verso]

17. Palavras funcionais. Advérbios. Parte 1

Onde?	Dove?	['dove]
aqui	qui	[kwi]
lá, all	lì	[li]

em algum lugar	da qualche parte	[da 'kwalke 'parte]
em lugar nenhum	da nessuna parte	[da nes'suna 'parte]

ao pé de ...	vicino a ...	[vi'tʃino a]
ao pé da janela	vicino alla finestra	[vi'tʃino 'alla fi'nestra]

Para onde?	Dove?	['dove]
para cá	di qui	[di kwi]
para lá	ci	[tʃi]
daqui	da qui	[da kwi]
de lá, dali	da lì	[da 'li]

perto	vicino, accanto	[vi'tʃino], [a'kanto]
longe	lontano	[lon'tano]

perto de ...	vicino a ...	[vi'tʃino a]
ao lado de	vicino	[vi'tʃino]
perto, não fica longe	non lontano	[non lon'tano]

esquerdo	sinistro	[si'nistro]
à esquerda	a sinistra	[a si'nistra]
para esquerda	a sinistra	[a si'nistra]
direito	destro	['destro]
à direita	a destra	[a 'destra]

para direita	a destra	[a 'destra]
à frente	davanti	[da'vanti]
da frente	anteriore	[ante'rjore]
em frente (para a frente)	avanti	[a'vanti]
atrás de ...	dietro	['djetro]
por detrás (vir ~)	da dietro	[da 'djetro]
para trás	indietro	[in'djetro]
meio (m), metade (f)	mezzo (m), centro (m)	['meddzo], ['tʃentro]
no meio	in mezzo, al centro	[in 'meddzo], [al 'tʃentro]
de lado	di fianco	[di 'fjanko]
em todo lugar	dappertutto	[dapper'tutto]
ao redor (olhar ~)	attorno	[at'torno]
de dentro	da dentro	[da 'dentro]
para algum lugar	da qualche parte	[da 'kwalke 'parte]
diretamente	dritto	['dritto]
de volta	indietro	[in'djetro]
de algum lugar	da qualsiasi parte	[da kwal'siazi 'parte]
de um lugar	da qualche posto	[da 'kwalke 'posto]
em primeiro lugar	in primo luogo	[in 'primo lu'ogo]
em segundo lugar	in secondo luogo	[in se'kondo lu'ogo]
em terceiro lugar	in terzo luogo	[in 'tertso lu'ogo]
de repente	all'improvviso	[all improv'vizo]
no início	all'inizio	[all i'nitsio]
pela primeira vez	per la prima volta	[per la 'prima 'volta]
muito antes de ...	molto tempo prima di ...	['molto 'tempo 'prima di]
de novo, novamente	di nuovo	[di nu'ovo]
para sempre	per sempre	[per 'sempre]
nunca	mai	[maj]
de novo	ancora	[an'kora]
agora	adesso	[a'desso]
frequentemente	spesso	['spesso]
então	allora	[al'lora]
urgentemente	urgentemente	[urdʒente'mente]
usualmente	di solito	[di 'solito]
a propósito, ...	a proposito, ...	[a pro'pozito]
é possível	è possibile	[e pos'sibile]
provavelmente	probabilmente	[probabil'mente]
talvez	forse	['forse]
além disso, ...	inoltre ...	[i'noltre]
por isso ...	ecco perché ...	['ekko per'ke]
apesar de ...	nonostante	[nono'stante]
graças a ...	grazie a ...	['gratsie a]
que (pron.)	che cosa	[ke 'koza]
que (conj.)	che	[ke]
algo	qualcosa	[kwal'koza]
alguma coisa	qualcosa	[kwal'koza]

nada	niente	['njente]
quem	chi	[ki]
alguém (~ teve uma ideia ...)	qualcuno	[kwal'kuno]
alguém	qualcuno	[kwal'kuno]

ninguém	nessuno	[nes'suno]
para lugar nenhum	da nessuna parte	[da nes'suna 'parte]
de ninguém	di nessuno	[di nes'suno]
de alguém	di qualcuno	[di kwal'kuno]

tão	così	[ko'zi]
também (gostaria ~ de ...)	anche	['aŋke]
também (~ eu)	anche, pure	['aŋke], ['pure]

18. Palavras funcionais. Advérbios. Parte 2

Porquê?	Perché?	[per'ke]
por alguma razão	per qualche ragione	[per 'kwalke ra'dʒone]
porque ...	perché ...	[per'ke]
por qualquer razão	per qualche motivo	[per 'kwalke mo'tivo]

e (tu ~ eu)	e	[e]
ou (ser ~ não ser)	o ...	[o]
mas (porém)	ma	[ma]
para (~ a minha mãe)	per	[per]

demasiado, muito	troppo	['troppo]
só, somente	solo	['solo]
exatamente	esattamente	[ezatta'mente]
cerca de (~ 10 kg)	circa	['tʃirka]

aproximadamente	approssimativamente	[approsimativa'mente]
aproximado	approssimativo	[approssima'tivo]
quase	quasi	['kwazi]
resto (m)	resto (m)	['resto]

cada	ogni	['oɲi]
qualquer	qualsiasi	[kwal'siazi]
muitos, muitas	molti	['molti]
muito	molto	['molto]
muitas pessoas	molta gente	['molta 'dʒente]
todos	tutto, tutti	['tutto], ['tutti]

em troca de ...	in cambio di ...	[in 'kambio di]
em troca	in cambio	[in 'kambio]
à mão	a mano	[a 'mano]
pouco provável	poco probabile	['poko pro'babile]

provavelmente	probabilmente	[probabil'mente]
de propósito	apposta	[ap'posta]
por acidente	per caso	[per 'kazo]

muito	molto	['molto]
por exemplo	per esempio	[per e'zempjo]

25

entre	**fra**	[fra]
entre (no meio de)	**fra**	[fra]
tanto	**tanto**	['tanto]
especialmente	**soprattutto**	[sopra'tutto]

Conceitos básicos. Parte 2

19. Opostos

rico	ricco	['rikko]
pobre	povero	['povero]
doente	malato	[ma'lato]
são	sano	['sano]
grande	grande	['grande]
pequeno	piccolo	['pikkolo]
rapidamente	rapidamente	[rapida'mente]
lentamente	lentamente	[lenta'mente]
rápido	veloce	[ve'loʧe]
lento	lento	['lento]
alegre	allegro	[al'legro]
triste	triste	['triste]
juntos	insieme	[in'sjeme]
separadamente	separatamente	[separata'mente]
em voz alta (ler ~)	ad alta voce	[ad 'alta 'voʧe]
para si (em silêncio)	in silenzio	[in si'lentsio]
alto	alto	['alto]
baixo	basso	['basso]
profundo	profondo	[pro'fondo]
pouco fundo	basso	['basso]
sim	sì	[si]
não	no	[no]
distante (no espaço)	lontano	[lon'tano]
próximo	vicino	[vi'ʧino]
longe	lontano	[lon'tano]
perto	vicino	[vi'ʧino]
longo	lungo	['lungo]
curto	corto	['korto]
bom, bondoso	buono	[bu'ono]
mau	cattivo	[kat'tivo]
casado	sposato	[spo'zato]

solteiro	celibe	['tʃelibe]
proibir (vt)	vietare (vt)	[vje'tare]
permitir (vt)	permettere (vt)	[per'mettere]
fim (m)	fine (f)	['fine]
começo (m)	inizio (m)	[i'nitsio]
esquerdo	sinistro	[si'nistro]
direito	destro	['destro]
primeiro	primo	['primo]
último	ultimo	['ultimo]
crime (m)	delitto (m)	[de'litto]
castigo (m)	punizione (f)	[puni'tsjone]
ordenar (vt)	ordinare (vt)	[ordi'nare]
obedecer (vt)	obbedire (vi)	[obbe'dire]
reto	dritto	['dritto]
curvo	curvo	['kurvo]
paraíso (m)	paradiso (m)	[para'dizo]
inferno (m)	inferno (m)	[in'ferno]
nascer (vi)	nascere (vi)	['naʃere]
morrer (vi)	morire (vi)	[mo'rire]
forte	forte	['forte]
fraco, débil	debole	['debole]
idoso	vecchio	['vekkio]
jovem	giovane	['dʒovane]
velho	vecchio	['vekkio]
novo	nuovo	[nu'ovo]
duro	duro	['duro]
mole	morbido	['morbido]
tépido	caldo	['kaldo]
frio	freddo	['freddo]
gordo	grasso	['grasso]
magro	magro	['magro]
estreito	stretto	['stretto]
largo	largo	['largo]
bom	buono	[bu'ono]
mau	cattivo	[kat'tivo]
valente	valoroso	[valo'rozo]
cobarde	codardo	[ko'dardo]

20. Dias da semana

segunda-feira (f)	lunedì (m)	[lune'di]
terça-feira (f)	martedì (m)	[marte'di]
quarta-feira (f)	mercoledì (m)	[merkole'di]
quinta-feira (f)	giovedì (m)	[dʒove'di]
sexta-feira (f)	venerdì (m)	[vener'di]
sábado (m)	sabato (m)	['sabato]
domingo (m)	domenica (f)	[do'menika]

hoje	oggi	['odʒi]
amanhã	domani	[do'mani]
depois de amanhã	dopodomani	[dopodo'mani]
ontem	ieri	['jeri]
anteontem	l'altro ieri	['laltro 'jeri]

dia (m)	giorno (m)	['dʒorno]
dia (m) de trabalho	giorno (m) lavorativo	['dʒorno lavora'tivo]
feriado (m)	giorno (m) festivo	['dʒorno fes'tivo]
dia (m) de folga	giorno (m) di riposo	['dʒorno di ri'pozo]
fim (m) de semana	fine (m) settimana	['fine setti'mana]

o dia todo	tutto il giorno	['tutto il 'dʒorno]
no dia seguinte	l'indomani	[lindo'mani]
há dois dias	due giorni fa	['due 'dʒorni fa]
na véspera	il giorno prima	[il 'dʒorno 'prima]
diário	quotidiano	[kwoti'djano]
todos os dias	ogni giorno	['oɲi 'dʒorno]

semana (f)	settimana (f)	[setti'mana]
na semana passada	la settimana scorsa	[la setti'mana 'skorsa]
na próxima semana	la settimana prossima	[la setti'mana 'prossima]
semanal	settimanale	[settima'nale]
cada semana	ogni settimana	['oɲi setti'mana]
duas vezes por semana	due volte alla settimana	['due 'volte 'alla setti'mana]
cada terça-feira	ogni martedì	['oɲi marte'di]

21. Horas. Dia e noite

manhã (f)	mattina (f)	[mat'tina]
de manhã	di mattina	[di mat'tina]
meio-dia (m)	mezzogiorno (m)	[meddzo'dʒorno]
à tarde	nel pomeriggio	[nel pome'ridʒo]

noite (f)	sera (f)	['sera]
à noite (noitinha)	di sera	[di 'sera]
noite (f)	notte (f)	['notte]
à noite	di notte	[di 'notte]
meia-noite (f)	mezzanotte (f)	[meddza'notte]

segundo (m)	secondo (m)	[se'kondo]
minuto (m)	minuto (m)	[mi'nuto]
hora (f)	ora (f)	['ora]

meia hora (f)	mezzora (f)	[med'dzora]
quarto (m) de hora	un quarto d'ora	[un 'kwarto 'dora]
quinze minutos	quindici minuti	['kwinditʃi mi'nuti]
vinte e quatro horas	ventiquattro ore	[venti'kwattro 'ore]

nascer (m) do sol	levata (f) del sole	[le'vata del 'sole]
amanhecer (m)	alba (f)	['alba]
madrugada (f)	mattutino (m)	[mattu'tino]
pôr do sol (m)	tramonto (m)	[tra'monto]

de madrugada	di buon mattino	[di bu'on mat'tino]
hoje de manhã	stamattina	[stamat'tina]
amanhã de manhã	domattina	[domat'tina]

hoje à tarde	oggi pomeriggio	['odʒi pome'ridʒo]
à tarde	nel pomeriggio	[nel pome'ridʒo]
amanhã à tarde	domani pomeriggio	[do'mani pome'ridʒo]

| hoje à noite | stasera | [sta'sera] |
| amanhã à noite | domani sera | [do'mani 'sera] |

às três horas em ponto	alle tre precise	['alle tre pre'tʃize]
por volta das quatro	verso le quattro	['verso le 'kwattro]
às doze	per le dodici	[per le 'doditʃi]

dentro de vinte minutos	fra venti minuti	[fra 'venti mi'nuti]
dentro duma hora	fra un'ora	[fra un 'ora]
a tempo	puntualmente	[puntual'mente]

menos um quarto	un quarto di ...	[un 'kwarto di]
durante uma hora	entro un'ora	['entro un 'ora]
a cada quinze minutos	ogni quindici minuti	['oɲi 'kwinditʃi mi'nuti]
as vinte e quatro horas	giorno e notte	['dʒorno e 'notte]

22. Meses. Estações

janeiro (m)	gennaio (m)	[dʒen'najo]
fevereiro (m)	febbraio (m)	[feb'brajo]
março (m)	marzo (m)	['martso]
abril (m)	aprile (m)	[a'prile]
maio (m)	maggio (m)	['madʒo]
junho (m)	giugno (m)	['dʒuɲo]

julho (m)	luglio (m)	['luʎʎo]
agosto (m)	agosto (m)	[a'gosto]
setembro (m)	settembre (m)	[set'tembre]
outubro (m)	ottobre (m)	[ot'tobre]
novembro (m)	novembre (m)	[no'vembre]
dezembro (m)	dicembre (m)	[di'tʃembre]

primavera (f)	primavera (f)	[prima'vera]
na primavera	in primavera	[in prima'vera]
primaveril	primaverile	[primave'rile]
verão (m)	estate (f)	[e'state]

no verão	in estate	[in e'state]
de verão	estivo	[e'stivo]

outono (m)	autunno (m)	[au'tunno]
no outono	in autunno	[in au'tunno]
outonal	autunnale	[autun'nale]

inverno (m)	inverno (m)	[in'verno]
no inverno	in inverno	[in in'verno]
de inverno	invernale	[inver'nale]
mês (m)	mese (m)	['meze]
este mês	questo mese	['kwesto 'meze]
no próximo mês	il mese prossimo	[il 'meze 'prossimo]
no mês passado	il mese scorso	[il 'meze 'skorso]

há um mês	un mese fa	[un 'meze fa]
dentro de um mês	fra un mese	[fra un 'meze]
dentro de dois meses	fra due mesi	[fra 'due 'mezi]
todo o mês	un mese intero	[un 'meze in'tero]
um mês inteiro	per tutto il mese	[per 'tutto il 'meze]

mensal	mensile	[men'sile]
mensalmente	mensilmente	[mensil'mente]
cada mês	ogni mese	['oɲi 'meze]
duas vezes por mês	due volte al mese	['due 'volte al 'meze]

ano (m)	anno (m)	['anno]
este ano	quest'anno	[kwest'anno]
no próximo ano	l'anno prossimo	['lanno 'prossimo]
no ano passado	l'anno scorso	['lanno 'skorso]
há um ano	un anno fa	[un 'anno fa]
dentro dum ano	fra un anno	[fra un 'anno]
dentro de 2 anos	fra due anni	[fra 'due 'anni]
todo o ano	un anno intero	[un 'anno in'tero]
um ano inteiro	per tutto l'anno	[per 'tutto 'lanno]

cada ano	ogni anno	['oɲi 'anno]
anual	annuale	[annu'ale]
anualmente	annualmente	[annual'mente]
quatro vezes por ano	quattro volte all'anno	['kwattro 'volte all 'anno]

data (~ de hoje)	data (f)	['data]
data (ex. ~ de nascimento)	data (f)	['data]
calendário (m)	calendario (m)	[kalen'dario]

meio ano	mezz'anno (m)	[med'dzanno]
seis meses	semestre (m)	[se'mestre]
estação (f)	stagione (f)	[sta'dʒone]
século (m)	secolo (m)	['sekolo]

23. Tempo. Diversos

tempo (m)	tempo (m)	['tempo]
momento (m)	istante (m)	[i'stante]

instante (m)	momento (m)	[mo'mento]
instantâneo	istantaneo	[istan'taneo]
lapso (m) de tempo	periodo (m)	[pe'riodo]
vida (f)	vita (f)	['vita]
eternidade (f)	eternità (f)	[eterni'ta]
época (f)	epoca (f)	['epoka]
era (f)	era (f)	['era]
ciclo (m)	ciclo (m)	['tʃiklo]
período (m)	periodo (m)	[pe'riodo]
prazo (m)	scadenza (f)	[ska'dentsa]
futuro (m)	futuro (m)	[fu'turo]
futuro	futuro	[fu'turo]
da próxima vez	la prossima volta	[la 'prossima 'volta]
passado (m)	passato (m)	[pas'sato]
passado	scorso	['skorso]
na vez passada	la volta scorsa	[la 'volta 'skorsa]
mais tarde	più tardi	[pju 'tardi]
depois	dopo	['dopo]
atualmente	oggigiorno	[odʒi'dʒorno]
agora	adesso, ora	[a'desso], [ora]
imediatamente	subito	['subito]
em breve, brevemente	fra poco, presto	[fra 'poko], ['presto]
de antemão	in anticipo	[in an'titʃipo]
há muito tempo	tanto tempo fa	['tanto 'tempo fa]
há pouco tempo	di recente	[di re'tʃente]
destino (m)	destino (m)	[de'stino]
recordações (f pl)	ricordi (m pl)	[ri'kordi]
arquivo (m)	archivio (m)	[ar'kiwio]
durante ...	durante ...	[du'rante]
durante muito tempo	a lungo	[a 'lungo]
pouco tempo	per poco tempo	[per 'poko 'tempo]
cedo (levantar-se ~)	presto	['presto]
tarde (deitar-se ~)	tardi	['tardi]
para sempre	per sempre	[per 'sempre]
começar (vt)	cominciare (vt)	[komin'tʃare]
adiar (vt)	posticipare (vt)	[postitʃi'pare]
simultaneamente	simultaneamente	[simultanea'mento]
permanentemente	tutto il tempo	['tutto il 'tempo]
constante (ruído, etc.)	costante	[ko'stante]
temporário	temporaneo	[tempo'raneo]
às vezes	a volte	[a 'volte]
raramente	raramente	[rara'mente]
frequentemente	spesso	['spesso]

24. Linhas e formas

quadrado (m)	quadrato (m)	[kwa'drato]
quadrado	quadrato	[kwa'drato]

Português	Italiano	Pronúncia
círculo (m)	cerchio (m)	['tʃerkio]
redondo	rotondo	[ro'tondo]
triângulo (m)	triangolo (m)	[tri'angolo]
triangular	triangolare	[triango'lare]
oval (f)	ovale (m)	[o'vale]
oval	ovale	[o'vale]
retângulo (m)	rettangolo (m)	[ret'tangolo]
retangular	rettangolare	[rettango'lare]
pirâmide (f)	piramide (f)	[pi'ramide]
rombo, losango (m)	rombo (m)	['rombo]
trapézio (m)	trapezio (m)	[tra'petsio]
cubo (m)	cubo (m)	['kubo]
prisma (m)	prisma (m)	['prizma]
circunferência (f)	circonferenza (f)	[tʃirkonfe'rentsa]
esfera (f)	sfera (f)	['sfera]
globo (m)	palla (f)	['palla]
diâmetro (m)	diametro (m)	[di'ametro]
raio (m)	raggio (m)	['radʒo]
perímetro (m)	perimetro (m)	[pe'rimetro]
centro (m)	centro (m)	['tʃentro]
horizontal	orizzontale	[oriddzon'tale]
vertical	verticale	[verti'kale]
paralela (f)	parallela (f)	[paral'lela]
paralelo	parallelo	[paral'lelo]
linha (f)	linea (f)	['linea]
traço (m)	tratto (m)	['tratto]
reta (f)	linea (f) retta	['linea 'retta]
curva (f)	linea (f) curva	['linea 'kurva]
fino (linha ~a)	sottile	[sot'tile]
contorno (m)	contorno (m)	[kon'torno]
interseção (f)	intersezione (f)	[interse'tsjone]
ângulo (m) reto	angolo (m) retto	['angolo 'retto]
segmento (m)	segmento	[seg'mento]
setor (m)	settore (m)	[set'tore]
lado (de um triângulo, etc.)	lato (m)	['lato]
ângulo (m)	angolo (m)	['angolo]

25. Unidades de medida

Português	Italiano	Pronúncia
peso (m)	peso (m)	['pezo]
comprimento (m)	lunghezza (f)	[lun'gettsa]
largura (f)	larghezza (f)	[lar'gettsa]
altura (f)	altezza (f)	[al'tettsa]
profundidade (f)	profondità (f)	[profondi'ta]
volume (m)	volume (m)	[vo'lume]
área (f)	area (f)	['area]
grama (m)	grammo (m)	['grammo]
miligrama (m)	milligrammo (m)	[milli'grammo]

quilograma (m)	chilogrammo (m)	[kilo'grammo]
tonelada (f)	tonnellata (f)	[tonnel'lata]
libra (453,6 gramas)	libbra (f)	['libbra]
onça (f)	oncia (f)	['ontʃa]
metro (m)	metro (m)	['metro]
milímetro (m)	millimetro (m)	[mil'limetro]
centímetro (m)	centimetro (m)	[tʃen'timetro]
quilómetro (m)	chilometro (m)	[ki'lometro]
milha (f)	miglio (m)	['miʎʎo]
polegada (f)	pollice (m)	['pollitʃe]
pé (304,74 mm)	piede (f)	['pjede]
jarda (914,383 mm)	iarda (f)	[jarda]
metro (m) quadrado	metro (m) quadro	['metro 'kwadro]
hectare (m)	ettaro (m)	['ettaro]
litro (m)	litro (m)	['litro]
grau (m)	grado (m)	['grado]
volt (m)	volt (m)	[volt]
ampere (m)	ampere (m)	[am'pere]
cavalo-vapor (m)	cavallo vapore (m)	[ka'vallo va'pore]
quantidade (f)	quantità (f)	[kwanti'ta]
um pouco de ...	un po'di ...	[un po di]
metade (f)	metà (f)	[me'ta]
dúzia (f)	dozzina (f)	[dod'dzina]
peça (f)	pezzo (m)	['pettso]
dimensão (f)	dimensione (f)	[dimen'sjone]
escala (f)	scala (f)	['skala]
mínimo	minimo	['minimo]
menor, mais pequeno	minore	[mi'nore]
médio	medio	['medio]
máximo	massimo	['massimo]
maior, mais grande	maggiore	[ma'dʒore]

26. Recipientes

boião (m) de vidro	barattolo (m) di vetro	[ba'rattolo di 'vetro]
lata (~ de cerveja)	latta (f), lattina (f)	['latta], [lat'tina]
balde (m)	secchio (m)	['sekkio]
barril (m)	barile (m), botte (f)	[ba'rile], ['botte]
bacia (~ de plástico)	catino (m)	[ka'tino]
tanque (m)	serbatoio (m)	[serba'tojo]
cantil (m) de bolso	fiaschetta (f)	[fias'ketta]
bidão (m) de gasolina	tanica (f)	['tanika]
cisterna (f)	cisterna (f)	[tʃi'sterna]
caneca (f)	tazza (f)	['tattsa]
chávena (f)	tazzina (f)	[tat'tsina]

pires (m)	piattino (m)	[pjat'tino]
copo (m)	bicchiere (m)	[bik'kjere]
taça (f) de vinho	calice (m)	['kalitʃe]
panela, caçarola (f)	casseruola (f)	[kasseru'ola]

| garrafa (f) | bottiglia (f) | [bot'tiʎʎa] |
| gargalo (m) | collo (m) | ['kollo] |

jarro, garrafa (f)	caraffa (f)	[ka'raffa]
jarro (m) de barro	brocca (f)	['brokka]
recipiente (m)	recipiente (m)	[retʃi'pjente]
pote (m)	vaso (m) di coccio	['vazo di 'kotʃo]
vaso (m)	vaso (m)	['vazo]

frasco (~ de perfume)	boccetta (f)	[bo'tʃetta]
frasquinho (ex. ~ de iodo)	fiala (f)	[fi'ala]
tubo (~ de pasta dentífrica)	tubetto (m)	[tu'betto]

saca (ex. ~ de açúcar)	sacco (m)	['sakko]
saco (~ de plástico)	sacchetto (m)	[sak'ketto]
maço (m)	pacchetto (m)	[pak'ketto]

caixa (~ de sapatos, etc.)	scatola (f)	['skatola]
caixa (~ de madeira)	cassa (f)	['kassa]
cesta (f)	cesta (f)	['tʃesta]

27. Materiais

material (m)	materiale (m)	[mate'rjale]
madeira (f)	legno (m)	['leɲo]
de madeira	di legno	[di 'leɲo]

| vidro (m) | vetro (m) | ['vetro] |
| de vidro | di vetro | [di 'vetro] |

| pedra (f) | pietra (f) | ['pjetra] |
| de pedra | di pietra | [di 'pjetra] |

| plástico (m) | plastica (f) | ['plastika] |
| de plástico | di plastica | [di 'plastika] |

| borracha (f) | gomma (f) | ['gomma] |
| de borracha | di gomma | [di 'gomma] |

| tecido, pano (m) | stoffa (f) | ['stoffa] |
| de tecido | di stoffa | [di 'stoffa] |

| papel (m) | carta (f) | ['karta] |
| de papel | di carta | [di 'karta] |

cartão (m)	cartone (m)	[kar'tone]
de cartão	di cartone	[di kar'tone]
polietileno (m)	polietilene (m)	[polieti'lene]
celofane (m)	cellofan (m)	['tʃellofan]

linóleo (m)	linoleum (m)	[li'noleum]
contraplacado (m)	legno (m) compensato	['leɲo kompen'sato]
porcelana (f)	porcellana (f)	[portʃel'lana]
de porcelana	di porcellana	[di portʃel'lana]
barro (f)	argilla (f)	[ar'dʒilla]
de barro	d'argilla	[dar'dʒilla]
cerâmica (f)	ceramica (f)	[tʃe'ramika]
de cerâmica	ceramico	[tʃe'ramiko]

28. Metais

metal (m)	metallo (m)	[me'tallo]
metálico	metallico	[me'talliko]
liga (f)	lega (f)	['lega]
ouro (m)	oro (m)	['oro]
de ouro	d'oro	['doro]
prata (f)	argento (m)	[ar'dʒento]
de prata	d'argento	[dar'dʒento]
ferro (m)	ferro (m)	['ferro]
de ferro	di ferro	[di 'ferro]
aço (m)	acciaio (m)	[a'tʃajo]
de aço	d'acciaio	[da'tʃajo]
cobre (m)	rame (m)	['rame]
de cobre	di rame	[di 'rame]
alumínio (m)	alluminio (m)	[allu'minio]
de alumínio	di alluminio	[allu'minio]
bronze (m)	bronzo (m)	['brondzo]
de bronze	di bronzo	[di 'brondzo]
latão (m)	ottone (m)	[ot'tone]
níquel (m)	nichel (m)	['nikel]
platina (f)	platino (m)	['platino]
mercúrio (m)	mercurio (m)	[mer'kurio]
estanho (m)	stagno (m)	['staɲo]
chumbo (m)	piombo (m)	['pjombo]
zinco (m)	zinco (m)	['dzinko]

O SER HUMANO

O ser humano. O corpo

29. Humanos. Conceitos básicos

ser (m) humano	uomo (m), essere umano (m)	[u'omo], ['essere u'mano]
homem (m)	uomo (m)	[u'omo]
mulher (f)	donna (f)	['donna]
criança (f)	bambino (m)	[bam'bino]
menina (f)	bambina (f)	[bam'bina]
menino (m)	bambino (m)	[bam'bino]
adolescente (m)	adolescente (m, f)	[adole'ʃente]
velho (m)	vecchio (m)	['vekkio]
velha, anciã (f)	vecchia (f)	['vekkia]

30. Anatomia humana

organismo (m)	organismo (m)	[orga'nizmo]
coração (m)	cuore (m)	[ku'ore]
sangue (m)	sangue (m)	['sangue]
artéria (f)	arteria (f)	[ar'teria]
veia (f)	vena (f)	['vena]
cérebro (m)	cervello (m)	[tʃer'vello]
nervo (m)	nervo (m)	['nervo]
nervos (m pl)	nervi (m pl)	['nervi]
vértebra (f)	vertebra (f)	['vertebra]
coluna (f) vertebral	colonna (f) vertebrale	[ko'lonna verte'brale]
estômago (m)	stomaco (m)	['stomako]
intestinos (m pl)	intestini (m pl)	[inte'stini]
intestino (m)	intestino (m)	[inte'stino]
fígado (m)	fegato (m)	['fegato]
rim (m)	rene (m)	['rene]
osso (m)	osso (m)	['osso]
esqueleto (m)	scheletro (m)	['skeletro]
costela (f)	costola (f)	['kostola]
crânio (m)	cranio (m)	['kranio]
músculo (m)	muscolo (m)	['muskolo]
bíceps (m)	bicipite (m)	[bitʃi'pite]
tríceps (m)	tricipite (m)	[tritʃi'pite]
tendão (m)	tendine (m)	['tendine]
articulação (f)	articolazione (f)	[artikola'tsjone]

pulmões (m pl)	polmoni (m pl)	[pol'moni]
órgãos (m pl) genitais	genitali (m pl)	[dʒeni'tali]
pele (f)	pelle (f)	['pelle]

31. Cabeça

cabeça (f)	testa (f)	['testa]
cara (f)	viso (m)	['vizo]
nariz (m)	naso (m)	['nazo]
boca (f)	bocca (f)	['bokka]

olho (m)	occhio (m)	['okkio]
olhos (m pl)	occhi (m pl)	['okki]
pupila (f)	pupilla (f)	[pu'pilla]
sobrancelha (f)	sopracciglio (m)	[sopra'tʃiʎʎo]
pestana (f)	ciglio (m)	['tʃiʎʎo]
pálpebra (f)	palpebra (f)	['palpebra]

língua (f)	lingua (f)	['lingua]
dente (m)	dente (m)	['dente]
lábios (m pl)	labbra (f pl)	['labbra]
maçãs (f pl) do rosto	zigomi (m pl)	['dzigomi]
gengiva (f)	gengiva (f)	[dʒen'dʒiva]
palato (m)	palato (m)	[pa'lato]

narinas (f pl)	narici (f pl)	[na'ritʃi]
queixo (m)	mento (m)	['mento]
mandíbula (f)	mascella (f)	[ma'ʃella]
bochecha (f)	guancia (f)	['gwantʃa]

testa (f)	fronte (f)	['fronte]
têmpora (f)	tempia (f)	['tempia]
orelha (f)	orecchio (m)	[o'rekkio]
nuca (f)	nuca (f)	['nuka]
pescoço (m)	collo (m)	['kollo]
garganta (f)	gola (f)	['gola]

cabelos (m pl)	capelli (m pl)	[ka'pelli]
penteado (m)	pettinatura (f)	[pettina'tura]
corte (m) de cabelo	taglio (m)	['taʎʎo]
peruca (f)	parrucca (f)	['parrukka]

bigode (m)	baffi (m pl)	['baffi]
barba (f)	barba (f)	['barba]
usar, ter (~ barba, etc.)	portare (vt)	[por'tare]
trança (f)	treccia (f)	['tretʃa]
suíças (f pl)	basette (f pl)	[ba'zette]

ruivo	rosso	['rosso]
grisalho	brizzolato	[brittso'lato]
calvo	calvo	['kalvo]
calva (f)	calvizie (f)	[kal'vitsie]
rabo-de-cavalo (m)	coda (f) di cavallo	['koda di ka'vallo]
franja (f)	frangetta (f)	[fran'dʒetta]

32. Corpo humano

mão (f)	mano (f)	['mano]
braço (m)	braccio (m)	['bratʃo]
dedo (m)	dito (m)	['dito]
dedo (m) do pé	dito (m) del piede	['dito del 'pjede]
polegar (m)	pollice (m)	['pollitʃe]
dedo (m) mindinho	mignolo (m)	[mi'ɲolo]
unha (f)	unghia (f)	['ungia]
punho (m)	pugno (m)	['puɲo]
palma (f) da mão	palmo (m)	['palmo]
pulso (m)	polso (m)	['polso]
antebraço (m)	avambraccio (m)	[avam'bratʃo]
cotovelo (m)	gomito (m)	['gomito]
ombro (m)	spalla (f)	['spalla]
perna (f)	gamba (f)	['gamba]
pé (m)	pianta (f) del piede	['pjanta del 'pjede]
joelho (m)	ginocchio (m)	[dʒi'nokkio]
barriga (f) da perna	polpaccio (m)	[pol'patʃo]
anca (f)	anca (f)	['anka]
calcanhar (m)	tallone (m)	[tal'lone]
corpo (m)	corpo (m)	['korpo]
barriga (f)	pancia (f)	['pantʃa]
peito (m)	petto (m)	['petto]
seio (m)	seno (m)	['seno]
lado (m)	flanco (m)	['fjanku]
costas (f pl)	schiena (f)	['skjena]
região (f) lombar	zona (f) lombare	['dzona lom'bare]
cintura (f)	vita (f)	['vita]
umbigo (m)	ombelico (m)	[ombe'liko]
nádegas (f pl)	natiche (f pl)	['natike]
traseiro (m)	sedere (m)	[se'dere]
sinal (m)	neo (m)	['neo]
sinal (m) de nascença	voglia (f)	['voʎʎa]
tatuagem (f)	tatuaggio (m)	[tatu'adʒo]
cicatriz (f)	cicatrice (f)	[tʃika'tritʃe]

Vestuário & Acessórios

33. Roupa exterior. Casacos

roupa (f)	vestiti (m pl)	[ve'stiti]
roupa (f) exterior	soprabito (m)	[so'prabito]
roupa (f) de inverno	abiti (m pl) invernali	['abiti inver'nali]
sobretudo (m)	cappotto (m)	[kap'potto]
casaco (m) de peles	pelliccia (f)	[pel'litʃa]
casaco curto (m) de peles	pellicciotto (m)	[pelli'tʃotto]
casaco (m) acolchoado	piumino (m)	[pju'mino]
casaco, blusão (m)	giubbotto (m), giaccha (f)	[dʒub'botto], ['dʒakka]
impermeável (m)	impermeabile (m)	[imperme'abile]
impermeável	impermeabile	[imperme'abile]

34. Vestuário de homem & mulher

camisa (f)	camicia (f)	[ka'mitʃa]
calças (f pl)	pantaloni (m pl)	[panta'loni]
calças (f pl) de ganga	jeans (m pl)	['dʒins]
casaco (m) de fato	giacca (f)	['dʒakka]
fato (m)	abito (m) da uomo	['abito da u'omo]
vestido (ex. ~ vermelho)	abito (m)	['abito]
saia (f)	gonna (f)	['gonna]
blusa (f)	camicetta (f)	[kami'tʃetta]
casaco (m) de malha	giacca (f) a maglia	['dʒakka a 'maʎʎa]
casaco, blazer (m)	giacca (f) tailleur	['dʒakka ta'jer]
T-shirt, camiseta (f)	maglietta (f)	[maʎ'ʎetta]
calções (Bermudas, etc.)	pantaloni (m pl) corti	[panta'loni 'korti]
fato (m) de treino	tuta (f) sportiva	['tuta spor'tiva]
roupão (m) de banho	accappatoio (m)	[akkappa'tojo]
pijama (m)	pigiama (m)	[pi'dʒama]
suéter (m)	maglione (m)	[maʎ'ʎone]
pulôver (m)	pullover (m)	[pul'lover]
colete (m)	gilè (m)	[dʒi'le]
fraque (m)	frac (m)	[frak]
smoking (m)	smoking (m)	['zmoking]
uniforme (m)	uniforme (f)	[uni'forme]
roupa (f) de trabalho	tuta (f) da lavoro	['tuta da la'voro]
fato-macaco (m)	salopette (f)	[salo'pett]
bata (~ branca, etc.)	camice (m)	[ka'mitʃe]

35. Vestuário. Roupa interior

roupa (f) interior	intimo (m)	['intimo]
cuecas boxer (f pl)	boxer briefs (m)	['bokser brifs]
cuecas (f pl)	mutandina (f)	[mutan'dina]
camisola (f) interior	maglietta (f) intima	[maʎ'ʎetta 'intima]
peúgas (f pl)	calzini (m pl)	[kal'tsini]
camisa (f) de noite	camicia (f) da notte	[ka'mitʃa da 'notte]
sutiã (m)	reggiseno (m)	[redʒi'seno]
meias longas (f pl)	calzini (m pl) alti	[kal'tsini 'alti]
meia-calça (f)	collant (m)	[kol'lant]
meias (f pl)	calze (f pl)	['kaltse]
fato (m) de banho	costume (m) da bagno	[ko'stume da 'baɲo]

36. Adereços de cabeça

chapéu (m)	cappello (m)	[kap'pello]
chapéu (m) de feltro	cappello (m) di feltro	[kap'pello di feltro]
boné (m) de beisebol	cappello (m) da baseball	[kap'pello da 'bejzbol]
boné (m)	coppola (f)	['koppola]
boina (f)	basco (m)	['basko]
capuz (m)	cappuccio (m)	[kap'putʃo]
panamá (m)	panama (m)	['panama]
gorro (m) de malha	berretto (m) a maglia	[ber'retto a 'maʎʎa]
lenço (m)	fazzoletto (m) da capo	[fattso'letto da 'kapo]
chapéu (m) de mulher	cappellino (m) donna	[kappel'lino 'donna]
capacete (m) de proteção	casco (m)	['kasko]
bibico (m)	bustina (f)	[bu'stina]
capacete (m)	casco (m)	['kasko]
chapéu-coco (m)	bombetta (f)	[bom'betta]
chapéu (m) alto	cilindro (m)	[tʃi'lindro]

37. Calçado

calçado (m)	calzature (f pl)	[kaltsa'ture]
botinas (f pl)	stivaletti (m pl)	[stiva'letti]
sapatos (de salto alto, etc.)	scarpe (f pl)	['skarpe]
botas (f pl)	stivali (m pl)	[sti'vali]
pantufas (f pl)	pantofole (f pl)	[pan'tofole]
ténis (m pl)	scarpe (f pl) da tennis	['skarpe da 'tennis]
sapatilhas (f pl)	scarpe (f pl) da ginnastica	['skarpe da dʒin'nastika]
sandálias (f pl)	sandali (m pl)	['sandali]
sapateiro (m)	calzolaio (m)	[kaltso'lajo]
salto (m)	tacco (m)	['takko]

par (m)	paio (m)	['pajo]
atacador (m)	laccio (m)	['latʃo]
apertar os atacadores	allacciare (vt)	[ala'tʃare]
calçadeira (f)	calzascarpe (m)	[kaltsa'skarpe]
graxa (f) para calçado	lucido (m) per le scarpe	['lutʃido per le 'skarpe]

38. Têxtil. Tecidos

algodão (m)	cotone (m)	[ko'tone]
de algodão	di cotone	[di ko'tone]
linho (m)	lino (m)	['lino]
de linho	di lino	[di 'lino]
seda (f)	seta (f)	['seta]
de seda	di seta	[di 'seta]
lã (f)	lana (f)	['lana]
de lã	di lana	[di 'lana]
veludo (m)	velluto (m)	[vel'luto]
camurça (f)	camoscio (m)	[ka'moʃo]
bombazina (f)	velluto (m) a coste	[vel'luto a 'koste]
náilon (m)	nylon (m)	['najlon]
de náilon	di nylon	[di 'najlon]
poliéster (m)	poliestere (m)	[poli'estere]
de poliéster	di poliestere	[di poli'estere]
couro (m)	pelle (f)	['pelle]
de couro	di pelle	[di 'pelle]
pele (f)	pelliccia (f)	[pel'litʃa]
de peles, de pele	di pelliccia	[di pel'litʃa]

39. Acessórios pessoais

luvas (f pl)	guanti (m pl)	['gwanti]
mitenes (f pl)	manopole (f pl)	[ma'nopole]
cachecol (m)	sciarpa (f)	['ʃarpa]
óculos (m pl)	occhiali (m pl)	[ok'kjali]
armação (f) de óculos	montatura (f)	[monta'tura]
guarda-chuva (m)	ombrello (m)	[om'brello]
bengala (f)	bastone (m)	[ba'stone]
escova (f) para o cabelo	spazzola (f) per capelli	['spattsola per ka'pelli]
leque (m)	ventaglio (m)	[ven'taʎʎo]
gravata (f)	cravatta (f)	[kra'vatta]
gravata-borboleta (f)	cravatta (f) a farfalla	[kra'vatta a far'falla]
suspensórios (m pl)	bretelle (f pl)	[bre'telle]
lenço (m)	fazzoletto (m)	[fattso'letto]
pente (m)	pettine (m)	['pettine]
travessão (m)	fermaglio (m)	[fer'maʎʎo]

gancho (m) de cabelo	forcina (f)	[for'tʃina]
fivela (f)	fibbia (f)	['fibbia]
cinto (m)	cintura (f)	[tʃin'tura]
correia (f)	spallina (f)	[spal'lina]
mala (f)	borsa (f)	['borsa]
mala (f) de senhora	borsetta (f)	[bor'setta]
mochila (f)	zaino (m)	['dzajno]

40. Vestuário. Diversos

moda (f)	moda (f)	['moda]
na moda	di moda	[di 'moda]
estilista (m)	stilista (m)	[sti'lista]
colarinho (m), gola (f)	collo (m)	['kollo]
bolso (m)	tasca (f)	['taska]
de bolso	tascabile	[ta'skabile]
manga (f)	manica (f)	['manika]
alcinha (f)	asola (f) per appendere	['azola per ap'pendere]
braguilha (f)	patta (f)	['patta]
fecho (m) de correr	cerniera (f) lampo	[tʃer'njera 'lampo]
fecho (m), colchete (m)	chiusura (f)	[kju'zura]
botão (m)	bottone (m)	[bot'tone]
casa (f) de botão	occhiello (m)	[ok'kjello]
soltar-se (vr)	staccarsi (vr)	[stak'karsi]
coser, costurar (vi)	cucire (vi, vt)	[ku'tʃire]
bordar (vt)	ricamare (vi, vt)	[rika'mare]
bordado (m)	ricamo (m)	[ri'kamo]
agulha (f)	ago (m)	['ago]
fio (m)	filo (m)	['filo]
costura (f)	cucitura (f)	[kutʃi'tura]
sujar-se (vr)	sporcarsi (vr)	[spor'karsi]
mancha (f)	macchia (f)	['makkia]
engelhar-se (vr)	sgualcirsi (vr)	[zgwal'tʃirsi]
rasgar (vt)	strappare (vt)	[strap'pare]
traça (f)	tarma (f)	['tarma]

41. Cuidados pessoais. Cosméticos

pasta (f) de dentes	dentifricio (m)	[denti'fritʃo]
escova (f) de dentes	spazzolino (m) da denti	[spatso'lino da 'denti]
escovar os dentes	lavarsi i denti	[la'varsi i 'denti]
máquina (f) de barbear	rasoio (m)	[ra'zojo]
creme (m) de barbear	crema (f) da barba	['krema da 'barba]
barbear-se (vr)	rasarsi (vr)	[ra'zarsi]
sabonete (m)	sapone (m)	[sa'pone]

champô (m)	shampoo (m)	['ʃampo]
tesoura (f)	forbici (f pl)	['forbitʃi]
lima (f) de unhas	limetta (f)	[li'metta]
corta-unhas (m)	tagliaunghie (m)	[taʎʎa'ungje]
pinça (f)	pinzette (f pl)	[pin'tsette]

cosméticos (m pl)	cosmetica (f)	[ko'zmetika]
máscara (f) facial	maschera (f) di bellezza	['maskera di bel'lettsa]
manicura (f)	manicure (m)	[mani'kure]
fazer a manicura	fare la manicure	['fare la mani'kure]
pedicure (f)	pedicure (m)	[pedi'kure]

mala (f) de maquilhagem	borsa (f) del trucco	['borsa del 'trukko]
pó (m)	cipria (f)	['tʃipria]
caixa (f) de pó	portacipria (m)	[porta-'tʃipria]
blush (m)	fard (m)	[far]

perfume (m)	profumo (m)	[pro'fumo]
água (f) de toilette	acqua (f) da toeletta	['akwa da toe'letta]
loção (f)	lozione (f)	[lo'tsjone]
água-de-colónia (f)	acqua (f) di Colonia	['akwa di ko'lonia]

sombra (f) de olhos	ombretto (m)	[om'bretto]
lápis (m) delineador	eyeliner (m)	[aj'lajner]
máscara (f), rímel (m)	mascara (m)	[ma'skara]

batom (m)	rossetto (m)	[ros'setto]
verniz (m) de unhas	smalto (m)	['zmalto]
laca (f) para cabelos	lacca (f) per capelli	['lakka per ka'pelli]
desodorizante (m)	deodorante (m)	[deodo'rante]

creme (m)	crema (f)	['krema]
creme (m) de rosto	crema (f) per il viso	['krema per il 'vizo]
creme (m) de mãos	crema (f) per le mani	['krema per le 'mani]
creme (m) antirrugas	crema (f) antirughe	['krema anti'ruge]
creme (m) de dia	crema (f) da giorno	['krema da 'dʒorno]
creme (m) de noite	crema (f) da notte	['krema da 'notte]
de dia	da giorno	[da 'dʒorno]
da noite	da notte	[da 'notte]

tampão (m)	tampone (m)	[tam'pone]
papel (m) higiénico	carta (f) igienica	['karta i'dʒenika]
secador (m) elétrico	fon (m)	[fon]

42. Joalheria

joias (f pl)	gioielli (m pl)	[dʒo'jelli]
precioso	prezioso	[pre'tsjozo]
marca (f) de contraste	marchio (m)	['markio]

anel (m)	anello (m)	[a'nello]
aliança (f)	anello (m) nuziale	[a'nello nu'tsjale]
pulseira (f)	braccialetto (m)	[bratʃa'letto]
brincos (m pl)	orecchini (m pl)	[orek'kini]

colar (m)	collana (f)	[kol'lana]
coroa (f)	corona (f)	[ko'rona]
colar (m) de contas	perline (f pl)	[per'line]
diamante (m)	diamante (m)	[dia'mante]
esmeralda (f)	smeraldo (m)	[zme'raldo]
rubi (m)	rubino (m)	[ru'bino]
safira (f)	zaffiro (m)	[dzaf'firo]
pérola (f)	perle (f pl)	['perle]
âmbar (m)	ambra (f)	['ambra]

43. Relógios de pulso. Relógios

relógio (m) de pulso	orologio (m)	[oro'lodʒo]
mostrador (m)	quadrante (m)	[kwa'drante]
ponteiro (m)	lancetta (f)	[lan'tʃetta]
bracelete (f) em aço	braccialetto (m)	[bratʃa'letto]
bracelete (f) em couro	cinturino (m)	[tʃintu'rino]
pilha (f)	pila (f)	['pila]
descarregar-se	essere scarico	['essere 'skariko]
trocar a pilha	cambiare la pila	[kam'bjare la 'pila]
estar adiantado	andare avanti	[an'dare a'vanti]
estar atrasado	andare indietro	[an'dare in'djetro]
relógio (m) de parede	orologio (m) da muro	[oro'lodʒo da 'muro]
ampulheta (f)	clessidra (f)	['klessidra]
relógio (m) de sol	orologio (m) solare	[oro'lodʒo so'lare]
despertador (m)	sveglia (f)	['zveʎʎa]
relojoeiro (m)	orologiaio (m)	[orolo'dʒajo]
reparar (vt)	riparare (vt)	[ripa'rare]

Alimentação. Nutrição

44. Comida

carne (f)	carne (f)	['karne]
galinha (f)	pollo (m)	['pollo]
frango (m)	pollo (m) novello	['pollo no'vello]
pato (m)	anatra (f)	['anatra]
ganso (m)	oca (f)	['oka]
caça (f)	cacciagione (f)	[katʃa'dʒone]
peru (m)	tacchino (m)	[tak'kino]
carne (f) de porco	maiale (m)	[ma'jale]
carne (f) de vitela	vitello (m)	[vi'tello]
carne (f) de carneiro	agnello (m)	[a'ɲello]
carne (f) de vaca	manzo (m)	['mandzo]
carne (f) de coelho	coniglio (m)	[ko'niʎʎo]
chouriço, salsichão (m)	salame (m)	[sa'lame]
salsicha (f)	würstel (m)	['vyrstel]
bacon (m)	pancetta (f)	[pan'tʃetta]
fiambre (f)	prosciutto (m)	[pro'ʃutto]
presunto (m)	prosciutto (m) affumicato	[pro'ʃutto affumi'kato]
patê (m)	pâté (m)	[pa'te]
fígado (m)	fegato (m)	['fegato]
carne (f) moída	carne (f) trita	['karne 'trita]
língua (f)	lingua (f)	['lingua]
ovo (m)	uovo (m)	[u'ovo]
ovos (m pl)	uova (f pl)	[u'ova]
clara (f) do ovo	albume (m)	[al'bume]
gema (f) do ovo	tuorlo (m)	[tu'orlo]
peixe (m)	pesce (m)	['peʃe]
mariscos (m pl)	frutti (m pl) di mare	['frutti di 'mare]
crustáceos (m pl)	crostacei (m pl)	[kro'statʃei]
caviar (m)	caviale (m)	[ka'vjale]
caranguejo (m)	granchio (m)	['graŋkio]
camarão (m)	gamberetto (m)	[gambe'retto]
ostra (f)	ostrica (f)	['ostrika]
lagosta (f)	aragosta (f)	[ara'gosta]
polvo (m)	polpo (m)	['polpo]
lula (f)	calamaro (m)	[kala'maro]
esturjão (m)	storione (m)	[sto'rjone]
salmão (m)	salmone (m)	[sal'mone]
halibute (m)	ippoglosso (m)	[ippo'glosso]
bacalhau (m)	merluzzo (m)	[mer'luttso]

cavala, sarda (f)	scombro (m)	['skombro]
atum (m)	tonno (m)	['tonno]
enguia (f)	anguilla (f)	[an'gwilla]
truta (f)	trota (f)	['trota]
sardinha (f)	sardina (f)	[sar'dina]
lúcio (m)	luccio (m)	['luʧo]
arenque (m)	aringa (f)	[a'ringa]
pão (m)	pane (m)	['pane]
queijo (m)	formaggio (m)	[for'madʒo]
açúcar (m)	zucchero (m)	['dzukkero]
sal (m)	sale (m)	['sale]
arroz (m)	riso (m)	['rizo]
massas (f pl)	pasta (f)	['pasta]
talharim (m)	tagliatelle (f pl)	[taʎʎa'telle]
manteiga (f)	burro (m)	['burro]
óleo (m) vegetal	olio (m) vegetale	['oljo vedʒe'tale]
óleo (m) de girassol	olio (m) di girasole	['oljo di dʒira'sole]
margarina (f)	margarina (f)	[marga'rina]
azeitonas (f pl)	olive (f pl)	[o'live]
azeite (m)	olio (m) d'oliva	['oljo do'liva]
leite (m)	latte (m)	['latte]
leite (m) condensado	latte (m) condensato	['latte konden'sato]
iogurte (m)	yogurt (m)	['jogurt]
nata (f) azeda	panna (f) acida	['panna 'aʧida]
nata (f) do leite	panna (f)	['panna]
maionese (f)	maionese (m)	[majo'neze]
creme (m)	crema (f)	['krema]
grãos (m pl) de cereais	cereali (m pl)	[ʧere'ali]
farinha (f)	farina (f)	[fa'rina]
enlatados (m pl)	cibi (m pl) in scatola	['ʧibi in 'skatola]
flocos (m pl) de milho	fiocchi (m pl) di mais	['fjokki di 'mais]
mel (m)	miele (m)	['mjele]
doce (m)	marmellata (f)	[marmel'lata]
pastilha (f) elástica	gomma (f) da masticare	['gomma da masti'kare]

45. Bebidas

água (f)	acqua (f)	['akwa]
água (f) potável	acqua (f) potabile	['akwa po'tabile]
água (f) mineral	acqua (f) minerale	['akwa mine'rale]
sem gás	liscia, non gassata	['liʃa], [non gas'sata]
gaseificada	gassata	[gas'sata]
com gás	frizzante	[frid'dzante]
gelo (m)	ghiaccio (m)	['gjaʧo]

com gelo	con ghiaccio	[kon 'gjatʃo]
sem álcool	analcolico	[anal'koliko]
bebida (f) sem álcool	bevanda (f) analcolica	[be'vanda anal'kolika]
refresco (m)	bibita (f)	['bibita]
limonada (f)	limonata (f)	[limo'nata]

bebidas (f pl) alcoólicas	bevande (f pl) alcoliche	[be'vande al'kolike]
vinho (m)	vino (m)	['vino]
vinho (m) branco	vino (m) bianco	['vino 'bjanko]
vinho (m) tinto	vino (m) rosso	['vino 'rosso]

licor (m)	liquore (m)	[li'kwore]
champanhe (m)	champagne (m)	[ʃam'paɲ]
vermute (m)	vermouth (m)	['vermut]

uísque (m)	whisky	['wiski]
vodka (f)	vodka (f)	['vodka]
gim (m)	gin (m)	[dʒin]
conhaque (m)	cognac (m)	['koɲak]
rum (m)	rum (m)	[rum]

café (m)	caffè (m)	[kaf'fe]
café (m) puro	caffè (m) nero	[kaf'fe 'nero]
café (m) com leite	caffè latte (m)	[kaf'fe 'latte]
cappuccino (m)	cappuccino (m)	[kappu'tʃino]
café (m) solúvel	caffè (m) solubile	[kaf'fe so'lubile]

leite (m)	latte (m)	['latte]
coquetel (m)	cocktail (m)	['koktejl]
batido (m) de leite	frullato (m)	[frul'lato]

sumo (m)	succo (m)	['sukko]
sumo (m) de tomate	succo (m) di pomodoro	['sukko di pomo'doro]
sumo (m) de laranja	succo (m) d'arancia	['sukko da'rantʃa]
sumo (m) fresco	spremuta (f)	[spre'muta]

cerveja (f)	birra (f)	['birra]
cerveja (f) clara	birra (f) chiara	['birra 'kjara]
cerveja (f) preta	birra (f) scura	['birra 'skura]

chá (m)	tè (m)	[te]
chá (m) preto	tè (m) nero	[te 'nero]
chá (m) verde	tè (m) verde	[te 'verde]

46. Vegetais

legumes (m pl)	ortaggi (m pl)	[or'tadʒi]
verduras (f pl)	verdura (f)	[ver'dura]

tomate (m)	pomodoro (m)	[pomo'doro]
pepino (m)	cetriolo (m)	[tʃetri'olo]
cenoura (f)	carota (f)	[ka'rota]
batata (f)	patata (f)	[pa'tata]
cebola (f)	cipolla (f)	[tʃi'polla]

alho (m)	aglio (m)	['aλλo]
couve (f)	cavolo (m)	['kavolo]
couve-flor (f)	cavolfiore (m)	[kavol'fjore]
couve-de-bruxelas (f)	cavoletti (m pl) di Bruxelles	[kavo'letti di bruk'sel]
brócolos (m pl)	broccolo (m)	['brokkolo]
beterraba (f)	barbabietola (f)	[barba'bjetola]
beringela (f)	melanzana (f)	[melan'tsana]
curgete (f)	zucchina (f)	[ʣuk'kina]
abóbora (f)	zucca (f)	['ʣukka]
nabo (m)	rapa (f)	['rapa]
salsa (f)	prezzemolo (m)	[pret'tsemolo]
funcho, endro (m)	aneto (m)	[a'neto]
alface (f)	lattuga (f)	[lat'tuga]
aipo (m)	sedano (m)	['sedano]
espargo (m)	asparago (m)	[a'sparago]
espinafre (m)	spinaci (m pl)	[spi'natʃi]
ervilha (f)	pisello (m)	[pi'zello]
fava (f)	fave (f pl)	['fave]
milho (m)	mais (m)	['mais]
feijão (m)	fagiolo (m)	[fa'ʤolo]
pimentão (m)	peperone (m)	[pepe'rone]
rabanete (m)	ravanello (m)	[rava'nello]
alcachofra (f)	carciofo (m)	[kar'ʧofo]

47. Frutos. Nozes

fruta (f)	frutto (m)	['frutto]
maçã (f)	mela (f)	['mela]
pera (f)	pera (f)	['pera]
limão (m)	limone (m)	[li'mone]
laranja (f)	arancia (f)	[a'rantʃa]
morango (m)	fragola (f)	['fragola]
tangerina (f)	mandarino (m)	[manda'rino]
ameixa (f)	prugna (f)	['pruɲa]
pêssego (m)	pesca (f)	['peska]
damasco (m)	albicocca (f)	[albi'kokka]
framboesa (f)	lampone (m)	[lam'pone]
ananás (m)	ananas (m)	[ana'nas]
banana (f)	banana (f)	[ba'nana]
melancia (f)	anguria (f)	[an'guria]
uva (f)	uva (f)	['uva]
ginja (f)	amarena (f)	[ama'rena]
cereja (f)	ciliegia (f)	[ʧi'ljeʤa]
meloa (f)	melone (m)	[me'lone]
toranja (f)	pompelmo (m)	[pom'pelmo]
abacate (m)	avocado (m)	[avo'kado]
papaia (f)	papaia (f)	[pa'paja]

manga (f)	mango (m)	['mango]
romã (f)	melagrana (f)	[mela'grana]

groselha (f) vermelha	ribes (m) rosso	['ribes 'rosso]
groselha (f) preta	ribes (m) nero	['ribes 'nero]
groselha (f) espinhosa	uva (f) spina	['uva 'spina]
mirtilo (m)	mirtillo (m)	[mir'tillo]
amora silvestre (f)	mora (f)	['mora]

uvas (f pl) passas	uvetta (f)	[u'vetta]
figo (m)	fico (m)	['fiko]
tâmara (f)	dattero (m)	['dattero]

amendoim (m)	arachide (f)	[a'rakide]
amêndoa (f)	mandorla (f)	['mandorla]
noz (f)	noce (f)	['notʃe]
avelã (f)	nocciola (f)	[no'tʃola]
coco (m)	noce (f) di cocco	['notʃe di 'kokko]
pistáchios (m pl)	pistacchi (m pl)	[pi'stakki]

48. Pão. Bolaria

pastelaria (f)	pasticceria (f)	[pastitʃe'ria]
pão (m)	pane (m)	['pane]
bolacha (f)	biscotti (m pl)	[bi'skotti]

chocolate (m)	cioccolato (m)	[tʃokko'lato]
de chocolate	al cioccolato	[al tʃokko'lato]
rebuçado (m)	caramella (f)	[kara'mella]
bolo (cupcake, etc.)	tortina (f)	[tor'tina]
bolo (m) de aniversário	torta (f)	['torta]

tarte (~ de maçã)	crostata (f)	[kro'stata]
recheio (m)	ripieno (m)	[ri'pjeno]

doce (m)	marmellata (f)	[marmel'lata]
geleia (f) de frutas	marmellata (f) di agrumi	[marmel'lata di a'grumi]
waffle (m)	wafer (m)	['vafer]
gelado (m)	gelato (m)	[dʒe'lato]
pudim (m)	budino (m)	[bu'dino]

49. Pratos cozinhados

prato (m)	piatto (m)	['pjatto]
cozinha (~ portuguesa)	cucina (f)	[ku'tʃina]
receita (f)	ricetta (f)	[ri'tʃetta]
porção (f)	porzione (f)	[por'tsjone]

salada (f)	insalata (f)	[insa'lata]
sopa (f)	minestra (f)	[mi'nestra]
caldo (m)	brodo (m)	['brodo]
sandes (f)	panino (m)	[pa'nino]

ovos (m pl) estrelados	uova (f pl) al tegamino	[u'ova al tega'mino]
hambúrguer (m)	hamburger (m)	[am'burger]
bife (m)	bistecca (f)	[bi'stekka]

conduto (m)	contorno (m)	[kon'torno]
espaguete (m)	spaghetti (m pl)	[spa'getti]
puré (m) de batata	purè (m) di patate	[pu're di pa'tate]
pizza (f)	pizza (f)	['pittsa]
papa (f)	porridge (m)	[por'ridʒe]
omelete (f)	frittata (f)	[frit'tata]

cozido em água	bollito	[bol'lito]
fumado	affumicato	[affumi'kato]
frito	fritto	['fritto]
seco	secco	['sekko]
congelado	congelato	[kondʒe'lato]
em conserva	sottoaceto	[sottoa'ʧeto]

doce (açucarado)	dolce	['dolʧe]
salgado	salato	[sa'lato]
frio	freddo	['freddo]
quente	caldo	['kaldo]
amargo	amaro	[a'maro]
gostoso	buono, gustoso	[bu'ono], [gu'stozo]

cozinhar (em água a ferver)	cuocere, preparare (vt)	[ku'oʧere], [prepa'rare]
fazer, preparar (vt)	cucinare (vi)	[kuʧi'nare]
fritar (vt)	friggere (vt)	['fridʒere]
aquecer (vt)	riscaldare (vt)	[riskal'dare]

salgar (vt)	salare (vt)	[sa'lare]
apimentar (vt)	pepare (vt)	[pe'pare]
ralar (vt)	grattugiare (vt)	[grattu'dʒare]
casca (f)	buccia (f)	['buʧa]
descascar (vt)	sbucciare (vt)	[zbu'ʧare]

50. Especiarias

sal (m)	sale (m)	['sale]
salgado	salato	[sa'lato]
salgar (vt)	salare (vt)	[sa'lare]

pimenta (f) preta	pepe (m) nero	['pepe 'nero]
pimenta (f) vermelha	peperoncino (m)	[peperon'ʧino]
mostarda (f)	senape (f)	[se'nape]
raiz-forte (f)	cren (m)	['kren]

condimento (m)	condimento (m)	[kondi'mento]
especiaria (f)	spezie (f pl)	['spetsie]
molho (m)	salsa (f)	['salsa]
vinagre (m)	aceto (m)	[a'ʧeto]

anis (m)	anice (m)	['aniʧe]
manjericão (m)	basilico (m)	[ba'ziliko]

cravo (m)	chiodi (m pl) di garofano	['kjodi di ga'rofano]
gengibre (m)	zenzero (m)	['dzendzero]
coentro (m)	coriandolo (m)	[kori'andolo]
canela (f)	cannella (f)	[kan'nella]

sésamo (m)	sesamo (m)	[sezamo]
folhas (f pl) de louro	alloro (m)	[al'loro]
páprica (f)	paprica (f)	['paprika]
cominho (m)	cumino, comino (m)	[ku'mino], [ko'mino]
açafrão (m)	zafferano (m)	[dzaffe'rano]

51. Refeições

comida (f)	cibo (m)	['tʃibo]
comer (vt)	mangiare (vi, vt)	[man'dʒare]

pequeno-almoço (m)	colazione (f)	[kola'tsjone]
tomar o pequeno-almoço	fare colazione	['fare kola'tsjone]
almoço (m)	pranzo (m)	['prantso]
almoçar (vi)	pranzare (vi)	[pran'tsare]
jantar (m)	cena (f)	['tʃena]
jantar (vi)	cenare (vi)	[tʃe'nare]

apetite (m)	appetito (m)	[appe'tito]
Bom apetite!	Buon appetito!	[bu'on appe'tito]

abrir (~ uma lata, etc.)	aprire (vt)	[a'prire]
derramar (vt)	rovesciare (vt)	[rove'ʃare]
derramar-se (vr)	rovesciarsi (vi)	[rove'ʃarsi]

ferver (vi)	bollire (vi)	[bol'lire]
ferver (vt)	far bollire	[far bol'lire]
fervido	bollito	[bol'lito]

arrefecer (vt)	raffreddare (vt)	[raffred'dare]
arrefecer-se (vr)	raffreddarsi (vr)	[raffred'darsi]

sabor, gosto (m)	gusto (m)	['gusto]
gostinho (m)	retrogusto (m)	[retro'gusto]

fazer dieta	essere a dieta	['essere a di'eta]
dieta (f)	dieta (f)	[di'eta]
vitamina (f)	vitamina (f)	[vita'mina]
caloria (f)	caloria (f)	[kalo'ria]

vegetariano (m)	vegetariano (m)	[vedʒeta'rjano]
vegetariano	vegetariano	[vedʒeta'rjano]

gorduras (f pl)	grassi (m pl)	['grassi]
proteínas (f pl)	proteine (f pl)	[prote'ine]
carboidratos (m pl)	carboidrati (m pl)	[karboi'drati]
fatia (~ de limão, etc.)	fetta (f), fettina (f)	['fetta], [fet'tina]
pedaço (~ de bolo)	pezzo (m)	['pettso]
migalha (f)	briciola (f)	['britʃola]

52. Por a mesa

colher (f)	cucchiaio (m)	[kuk'kjajo]
faca (f)	coltello (m)	[kol'tello]
garfo (m)	forchetta (f)	[for'ketta]
chávena (f)	tazza (f)	['tattsa]
prato (m)	piatto (m)	['pjatto]
pires (m)	piattino (m)	[pjat'tino]
guardanapo (m)	tovagliolo (m)	[tovaʎ'ʎolo]
palito (m)	stuzzicadenti (m)	[stuttsika'denti]

53. Restaurante

restaurante (m)	ristorante (m)	[risto'rante]
café (m)	caffè (m)	[kaf'fe]
bar (m), cervejaria (f)	pub (m), bar (m)	[pab], [bar]
salão (m) de chá	sala (f) da tè	['sala da 'te]
empregado (m) de mesa	cameriere (m)	[kame'rjere]
empregada (f) de mesa	cameriera (f)	[kame'rjera]
barman (m)	barista (m)	[ba'rista]
ementa (f)	menù (m)	[me'nu]
lista (f) de vinhos	lista (f) dei vini	['lista 'dei 'vini]
reservar uma mesa	prenotare un tavolo	[preno'tare un 'tavolo]
prato (m)	piatto (m)	['pjatto]
pedir (vt)	ordinare (vt)	[ordi'nare]
fazer o pedido	fare un'ordinazione	['fare unordina'tsjone]
aperitivo (m)	aperitivo (m)	[aperi'tivo]
entrada (f)	antipasto (m)	[anti'pasto]
sobremesa (f)	dolce (m)	['doltʃe]
conta (f)	conto (m)	['konto]
pagar a conta	pagare il conto	[pa'gare il 'konto]
dar o troco	dare il resto	['dare il 'resto]
gorjeta (f)	mancia (f)	['mantʃa]

Família, parentes e amigos

54. Informação pessoal. Formulários

nome (m)	nome (m)	['nome]
apelido (m)	cognome (m)	[ko'ɲome]
data (f) de nascimento	data (f) di nascita	['data di 'naʃita]
local (m) de nascimento	luogo (m) di nascita	[lu'ogo di 'naʃita]
nacionalidade (f)	nazionalità (f)	[natsjonali'ta]
lugar (m) de residência	domicilio (m)	[domi'ʧilio]
país (m)	paese (m)	[pa'eze]
profissão (f)	professione (f)	[profes'sjone]
sexo (m)	sesso (m)	['sesso]
estatura (f)	statura (f)	[sta'tura]
peso (m)	peso (m)	['pezo]

55. Membros da família. Parentes

mãe (f)	madre (f)	['madre]
pai (m)	padre (m)	['padre]
filho (m)	figlio (m)	['fiʎʎo]
filha (f)	figlia (f)	['fiʎʎa]
filha (f) mais nova	figlia (f) minore	['fiʎʎa mi'nore]
filho (m) mais novo	figlio (m) minore	['fiʎʎo mi'nore]
filha (f) mais velha	figlia (f) maggiore	['fiʎʎa ma'dʒore]
filho (m) mais velho	figlio (m) maggiore	['fiʎʎo ma'dʒore]
irmão (m)	fratello (m)	[fra'tello]
irmã (f)	sorella (f)	[so'rella]
primo (m)	cugino (m)	[ku'dʒino]
prima (f)	cugina (f)	[ku'dʒina]
mamã (f)	mamma (f)	['mamma]
papá (m)	papà (m)	[pa'pa]
pais (pl)	genitori (m pl)	[dʒeni'tori]
criança (f)	bambino (m)	[bam'bino]
crianças (f pl)	bambini (m pl)	[bam'bini]
avó (f)	nonna (f)	['nonna]
avô (m)	nonno (m)	['nonno]
neto (m)	nipote (m)	[ni'pote]
neta (f)	nipote (f)	[ni'pote]
netos (pl)	nipoti (pl)	[ni'poti]
tio (m)	zio (m)	['tsio]
tia (f)	zia (f)	['tsia]

sobrinho (m)	nipote (m)	[ni'pote]
sobrinha (f)	nipote (f)	[ni'pote]

sogra (f)	suocera (f)	[su'otʃera]
sogro (m)	suocero (m)	[su'otʃero]
genro (m)	genero (m)	['dʒenero]
madrasta (f)	matrigna (f)	[ma'triɲa]
padrasto (m)	patrigno (m)	[pa'triɲo]

criança (f) de colo	neonato (m)	[neo'nato]
bebé (m)	infante (m)	[in'fante]
menino (m)	bimbo (m)	['bimbo]

mulher (f)	moglie (f)	['moʎʎe]
marido (m)	marito (m)	[ma'rito]
esposo (m)	coniuge (m)	['konjudʒe]
esposa (f)	coniuge (f)	['konjudʒe]

casado	sposato	[spo'zato]
casada	sposata	[spo'zata]
solteiro	celibe	['tʃelibe]
solteirão (m)	scapolo (m)	['skapolo]
divorciado	divorziato	[divortsi'ato]
viúva (f)	vedova (f)	['vedova]
viúvo (m)	vedovo (m)	['vedovo]

parente (m)	parente (m)	[pa'rente]
parente (m) próximo	parente (m) stretto	[pa'rente 'stretto]
parente (m) distante	parente (m) lontano	[pa'rente lon'tano]
parentes (m pl)	parenti (m pl)	[pa'renti]

órfão (m)	orfano (m)	['orfano]
órfã (f)	orfana (f)	['orfana]
tutor (m)	tutore (m)	[tu'tore]
adotar (um filho)	adottare (vt)	[adot'tare]
adotar (uma filha)	adottare (vt)	[adot'tare]

56. Amigos. Colegas de trabalho

amigo (m)	amico (m)	[a'miko]
amiga (f)	amica (f)	[a'mika]
amizade (f)	amicizia (f)	[ami'tʃitsia]
ser amigos	essere amici	['essere a'mitʃi]

amigo (m)	amico (m)	[a'miko]
amiga (f)	amica (f)	[a'mika]
parceiro (m)	partner (m)	['partner]

chefe (m)	capo (m)	['kapo]
superior (m)	capo (m), superiore (m)	['kapo], [supe'rjore]
subordinado (m)	subordinato (m)	[subordi'nato]
colega (m)	collega (m)	[kol'lega]
conhecido (m)	conoscente (m)	[kono'ʃente]
companheiro (m) de viagem	compagno (m) di viaggio	[kom'paɲo di 'vjadʒo]

colega (m) de classe	compagno (m) di classe	[kom'paɲo di 'klasse]
vizinho (m)	vicino (m)	[vi'ʧino]
vizinha (f)	vicina (f)	[vi'ʧina]
vizinhos (pl)	vicini (m pl)	[vi'ʧini]

57. Homem. Mulher

mulher (f)	donna (f)	['donna]
rapariga (f)	ragazza (f)	[ra'gattsa]
noiva (f)	sposa (f)	['spoza]

bonita	bella	['bella]
alta	alta	['alta]
esbelta	snella	['znella]
de estatura média	bassa	['bassa]

| loura (f) | bionda (f) | ['bjonda] |
| morena (f) | bruna (f) | ['bruna] |

de senhora	da donna	[da 'donna]
virgem (f)	vergine (f)	['verdʒine]
grávida	incinta	[in'ʧinta]

homem (m)	uomo (m)	[u'omo]
louro (m)	biondo (m)	['bjondo]
moreno (m)	bruno (m)	['bruno]
alto	alto	['alto]
de estatura média	basso	['basso]

rude	sgarbato	[sgar'bato]
atarracado	tozzo	['tottso]
robusto	robusto	[ro'busto]
forte	forte	['forte]
força (f)	forza (f)	['fortsa]

gordo	grasso	['grasso]
moreno	bruno	['bruno]
esbelto	snello	['znello]
elegante	elegante	[ele'gante]

58. Idade

idade (f)	età (f)	[e'ta]
juventude (f)	giovinezza (f)	[dʒovi'nettsa]
jovem	giovane	['dʒovane]

| mais novo | più giovane | [pju 'dʒovane] |
| mais velho | più vecchio | [pju 'vekkio] |

jovem (m)	giovane (m)	['dʒovane]
adolescente (m)	adolescente (m, f)	[adole'ʃente]
rapaz (m)	ragazzo (m)	[ra'gattso]

| velho (m) | vecchio (m) | ['vekkio] |
| velhota (f) | vecchia (f) | ['vekkia] |

adulto	adulto (m)	[a'dulto]
de meia-idade	di mezza età	[di 'meddza e'ta]
idoso, de idade	anziano	[an'tsjano]
velho	vecchio	['vekkio]

reforma (f)	pensionamento (m)	[pensjona'mento]
reformar-se (vr)	andare in pensione	[an'dare in pen'sjone]
reformado (m)	pensionato (m)	[pensjo'nato]

59. Crianças

criança (f)	bambino (m)	[bam'bino]
crianças (f pl)	bambini (m pl)	[bam'bini]
gémeos (m pl)	gemelli (m pl)	[dʒe'melli]

berço (m)	culla (f)	['kulla]
guizo (m)	sonaglio (m)	[so'naʎʎo]
fralda (f)	pannolino (m)	[panno'lino]

chupeta (f)	tettarella (f)	[tetta'rella]
carrinho (m) de bebé	carrozzina (f)	[karrot'tsina]
jardim (m) de infância	scuola (f) materna	['skwola ma'terna]
babysitter (f)	baby-sitter (f)	[bebi'siter]

infância (f)	infanzia (f)	[in'fantsia]
boneca (f)	bambola (f)	['bambola]
brinquedo (m)	giocattolo (m)	[dʒo'kattolo]
jogo (m) de armar	gioco (m) di costruzione	['dʒoko di konstru'tsjone]

bem-educado	educato	[edu'kato]
mal-educado	maleducato	[maledu'kato]
mimado	viziato	[vitsi'ato]

ser travesso	essere disubbidiente	['essere dizubi'djente]
travesso, traquinas	birichino	[biri'kino]
travessura (f)	birichinata (f)	[biriki'nata]
criança (f) travessa	monello (m)	[mo'nello]

| obediente | ubbidiente | [ubidi'ente] |
| desobediente | disubbidiente | [dizubi'djente] |

dócil	docile	['dotʃile]
inteligente	intelligente	[intelli'dʒente]
menino (m) prodígio	bambino (m) prodigio	[bam'bino pro'didʒo]

60. Casais. Vida de família

| beijar (vt) | baciare (vt) | [ba'tʃare] |
| beijar-se (vr) | baciarsi (vr) | [ba'tʃarsi] |

família (f)	famiglia (f)	[fa'miʎʎa]
familiar	familiare	[fami'ljare]
casal (m)	coppia (f)	['koppia]
matrimónio (m)	matrimonio (m)	[matri'monio]
lar (m)	focolare (m) domestico	[foko'lare do'mestiko]
dinastia (f)	dinastia (f)	[dina'stia]

encontro (m)	appuntamento (m)	[appunta'mento]
beijo (m)	bacio (m)	['batʃo]

amor (m)	amore (m)	[a'more]
amar (vt)	amare	[a'mare]
amado, querido	amato	[a'mato]

ternura (f)	tenerezza (f)	[tene'rettsa]
terno, afetuoso	dolce, tenero	['doltʃe], ['tenero]
fidelidade (f)	fedeltà (f)	[fedel'ta]
fiel	fedele	[fe'dele]

recém-casados (m pl)	sposi (m pl) novelli	['spozi no'velli]
lua de mel (f)	luna (f) di miele	['luna di 'mjele]
casar-se (com um homem)	sposarsi (vr)	[spo'zarsi]
casar-se (com uma mulher)	sposarsi (vr)	[spo'zarsi]

boda (f)	nozze (f pl)	['nottse]
bodas (f pl) de ouro	nozze (f pl) d'oro	['nottse 'doro]
aniversário (m)	anniversario (m)	[anniver'sario]

amante (m)	amante (m)	[a'mante]
amante (f)	amante (f)	[a'mante]

adultério (m)	adulterio (m)	[adul'terio]
cometer adultério	tradire	[tra'dire]
ciumento	geloso	[dʒe'lozo]
ser ciumento	essere geloso	['essere dʒe'lozo]
divórcio (m)	divorzio (m)	[di'vortsio]
divorciar-se (vr)	divorziare (vi)	[divor'tsjare]

brigar (discutir)	litigare (vi)	[liti'gare]
fazer as pazes	fare pace	['fare 'patʃe]
juntos	insieme	[in'sjeme]
sexo (m)	sesso (m)	['sesso]

felicidade (f)	felicità (f)	[felitʃi'ta]
feliz	felice	[fe'litʃe]
infelicidade (f)	disgrazia (f)	[dis'gratsia]
infeliz	infelice	[infe'litʃe]

Caráter. Sentimentos. Emoções

61. Sentimentos. Emoções

sentimento (m)	sentimento (m)	[senti'mento]
sentimentos (m pl)	sentimenti (m pl)	[senti'menti]
sentir (vt)	sentire (vt)	[sen'tire]
fome (f)	fame (f)	['fame]
ter fome	avere fame	[a'vere 'fame]
sede (f)	sete (f)	['sete]
ter sede	avere sete	[a'vere 'sete]
sonolência (f)	sonnolenza (f)	[sonno'lentsa]
estar sonolento	avere sonno	[a'vere 'sonno]
cansaço (m)	stanchezza (f)	[staŋ'kettsa]
cansado	stanco	['stanko]
ficar cansado	stancarsi (vr)	[stan'karsi]
humor (m)	umore (m)	[u'more]
tédio (m)	noia (f)	['noja]
aborrecer-se (vr)	annoiarsi (vr)	[anno'jarsi]
isolamento (m)	isolamento (f)	[izola'mento]
isolar-se	isolarsi (vr)	[izo'larsi]
preocupar (vt)	preoccupare (vt)	[preokku'pare]
preocupar-se (vr)	essere preoccupato	['essere preokku'pato]
preocupação (f)	agitazione (f)	[adʒita'tsjone]
ansiedade (f)	preoccupazione (f)	[preokkupa'tsjone]
preocupado	preoccupato	[preokku'pato]
estar nervoso	essere nervoso	['essere ner'vozo]
entrar em pânico	andare in panico	[an'dare in 'paniko]
esperança (f)	speranza (f)	[spe'rantsa]
esperar (vt)	sperare (vi, vt)	[spe'rare]
certeza (f)	certezza (f)	[ʧer'tettsa]
certo	sicuro	[si'kuro]
indecisão (f)	incertezza (f)	[inʧer'tettsa]
indeciso	incerto	[in'ʧerto]
ébrio, bêbado	ubriaco	[ubri'ako]
sóbrio	sobrio	['sobrio]
fraco	debole	['debole]
feliz	fortunato	[fortu'nato]
assustar (vt)	spaventare (vt)	[spaven'tare]
fúria (f)	rabbia (f)	['rabbia]
ira, raiva (f)	rabbia (f)	['rabbia]
depressão (f)	depressione (f)	[depres'sjone]
desconforto (m)	disagio (m)	[di'zadʒo]

conforto (m)	conforto (m)	[kon'forto]
arrepender-se (vr)	rincrescere (vi)	[rin'kreʃere]
arrependimento (m)	rincrescimento (m)	[rinkreʃi'mento]
azar (m), má sorte (f)	sfortuna (f)	[sfor'tuna]
tristeza (f)	tristezza (f)	[tri'stettsa]
vergonha (f)	vergogna (f)	[ver'goɲa]
alegria (f)	allegria (f)	[alle'gria]
entusiasmo (m)	entusiasmo (m)	[entu'zjazmo]
entusiasta (m)	entusiasta (m)	[entu'zjasta]
mostrar entusiasmo	mostrare entusiasmo	[mo'strare entu'zjazmo]

62. Caráter. Personalidade

caráter (m)	carattere (m)	[ka'rattere]
falha (f) de caráter	difetto (m)	[di'fetto]
mente (f)	mente (f)	['mente]
razão (f)	intelletto (m)	[intel'letto]
consciência (f)	coscienza (f)	[ko'ʃentsa]
hábito (m)	abitudine (f)	[abi'tudine]
habilidade (f)	capacità (f)	[kapatʃi'ta]
saber (~ nadar, etc.)	sapere (vt)	[sa'pere]
paciente	paziente	[pa'tsjente]
impaciente	impaziente	[impa'tsjente]
curioso	curioso	[ku'rjozo]
curiosidade (f)	curiosità (f)	[kuriozi'ta]
modéstia (f)	modestia (f)	[mo'destia]
modesto	modesto	[mo'desto]
imodesto	immodesto	[immo'desto]
preguiça (f)	pigrizia (f)	[pi'gritsia]
preguiçoso	pigro	['pigro]
preguiçoso (m)	poltrone (m)	[pol'trone]
astúcia (f)	furberia (f)	[furbe'ria]
astuto	furbo	['furbo]
desconfiança (f)	diffidenza (f)	[diffi'dentsa]
desconfiado	diffidente	[diffi'dente]
generosidade (f)	generosità (f)	[dʒenerozi'ta]
generoso	generoso	[dʒene'rozo]
talentoso	di talento	[di ta'lento]
talento (m)	talento (m)	[ta'lento]
corajoso	coraggioso	[kora'dʒozo]
coragem (f)	coraggio (m)	[ko'radʒo]
honesto	onesto	[o'nesto]
honestidade (f)	onestà (f)	[one'sta]
prudente	prudente	[pru'dente]
valente	valoroso	[valo'rozo]

sério	serio	['serio]
severo	severo	[se'vero]
decidido	deciso	[de'tʃizo]
indeciso	indeciso	[inde'tʃizo]
tímido	timido	['timido]
timidez (f)	timidezza (f)	[timi'dettsa]
confiança (f)	fiducia (f)	[fi'dutʃa]
confiar (vt)	fidarsi (vr)	[fi'darsi]
crédulo	fiducioso	[fidu'tʃozo]
sinceramente	sinceramente	[sintʃera'mente]
sincero	sincero	[sin'tʃero]
sinceridade (f)	sincerità (f)	[sintʃeri'ta]
aberto	aperto	[a'perto]
calmo	tranquillo	[tran'kwillo]
franco	sincero	[sin'tʃero]
ingénuo	ingenuo	[in'dʒenuo]
distraído	distratto	[di'stratto]
engraçado	buffo	['buffo]
ganância (f)	avidità (f)	[avidi'ta]
ganancioso	avido	['avido]
avarento	avaro	[a'varo]
mau	cattivo	[kat'tivo]
teimoso	testardo	[te'stardo]
desagradável	antipatico	[anti'patiko]
egoísta (m)	egoista (m)	[ego'lsta]
egoísta	egoistico	[ego'istiko]
cobarde (m)	codardo (m)	[ko'dardo]
cobarde	codardo	[ko'dardo]

63. O sono. Sonhos

dormir (vi)	dormire (vi)	[dor'mire]
sono (m)	sonno (m)	['sonno]
sonho (m)	sogno (m)	['soɲo]
sonhar (vi)	sognare (vi)	[so'ɲare]
sonolento	sonnolento	[sonno'lento]
cama (f)	letto (m)	['letto]
colchão (m)	materasso (m)	[mate'rasso]
cobertor (m)	coperta (f)	[ko'perta]
almofada (f)	cuscino (m)	[ku'ʃino]
lençol (m)	lenzuolo (m)	[lentsu'olo]
insónia (f)	insonnia (f)	[in'sonnia]
insone	insonne	[in'sonne]
sonífero (m)	sonnifero (m)	[son'nifero]
tomar um sonífero	prendere il sonnifero	['prendere il son'nifero]
estar sonolento	avere sonno	[a'vere 'sonno]

bocejar (vi)	sbadigliare (vi)	[zbadiʎ'ʎare]
ir para a cama	andare a letto	[an'dare a 'letto]
fazer a cama	fare il letto	['fare il 'letto]
adormecer (vi)	addormentarsi (vr)	[addormen'tarsi]

pesadelo (m)	incubo (m)	['inkubo]
ronco (m)	russare (m)	[rus'sare]
roncar (vi)	russare (vi)	[rus'sare]

despertador (m)	sveglia (f)	['zveʎʎa]
acordar, despertar (vt)	svegliare (vt)	[zveʎ'ʎare]
acordar (vi)	svegliarsi (vr)	[zveʎ'ʎarsi]
levantar-se (vr)	alzarsi (vr)	[al'tsarsi]
lavar-se (vr)	lavarsi (vr)	[la'varsi]

64. Humor. Riso. Alegria

humor (m)	umorismo (m)	[umo'rizmo]
sentido (m) de humor	senso (m) dello humour	['senso 'dello u'mur]
divertir-se (vr)	divertirsi (vr)	[diver'tirsi]
alegre	allegro	[al'legro]
alegria (f)	allegria (f)	[alle'gria]

sorriso (m)	sorriso (m)	[sor'rizo]
sorrir (vi)	sorridere (vi)	[sor'ridere]
começar a rir	mettersi a ridere	['mettersi a 'ridere]
rir (vi)	ridere (vi)	['ridere]
riso (m)	riso (m)	['rizo]

anedota (f)	aneddoto (m)	[a'neddoto]
engraçado	divertente	[diver'tente]
ridículo	ridicolo	[ri'dikolo]

brincar, fazer piadas	scherzare (vi)	[sker'tsare]
piada (f)	scherzo (m)	['skertso]
alegria (f)	gioia (f)	['dʒoja]
regozijar-se (vr)	rallegrarsi (vr)	[ralle'grarsi]
alegre	allegro	[al'legro]

65. Discussão, conversação. Parte 1

| comunicação (f) | comunicazione (f) | [komunika'tsjone] |
| comunicar-se (vr) | comunicare (vi) | [komuni'kare] |

conversa (f)	conversazione (f)	[konversa'tsjone]
diálogo (m)	dialogo (m)	[di'alogo]
discussão (f)	discussione (f)	[diskus'sjone]
debate (m)	dibattito (m)	[di'battito]
debater (vt)	discutere (vi)	[di'skutere]

| interlocutor (m) | interlocutore (m) | [interloku'tore] |
| tema (m) | tema (m) | ['tema] |

ponto (m) de vista	punto (m) di vista	['punto di 'vista]
opinião (f)	opinione (f)	[opi'njone]
discurso (m)	discorso (m)	[di'skorso]

discussão (f)	discussione (f)	[diskus'sjone]
discutir (vt)	discutere (vt)	[di'skutere]
conversa (f)	conversazione (f)	[konversa'tsjone]
conversar (vi)	conversare (vi)	[konver'sare]
encontro (m)	incontro (m)	[in'kontro]
encontrar-se (vr)	incontrarsi (vr)	[inkon'trarsi]

provérbio (m)	proverbio (m)	[pro'verbio]
ditado (m)	detto (m)	['detto]
adivinha (f)	indovinello (m)	[indovi'nello]
dizer uma adivinha	fare un indovinello	['fare un indovi'nello]
senha (f)	parola (f) d'ordine	[pa'rola 'dordine]
segredo (m)	segreto (m)	[se'greto]

juramento (m)	giuramento (m)	[dʒura'mento]
jurar (vi)	giurare (vi)	[dʒu'rare]
promessa (f)	promessa (f)	[pro'messa]
prometer (vt)	promettere (vt)	[pro'mettere]

conselho (m)	consiglio (m)	[kon'siʎʎo]
aconselhar (vt)	consigliare (vt)	[konsiʎ'ʎare]
escutar (~ os conselhos)	ubbidire (vi)	[ubi'dire]

novidade, notícia (f)	notizia (f)	[no'titsia]
sensação (f)	sensazione (f)	[sensa'tsjone]
informação (f)	informazioni (f pl)	[informa'tsjoni]
conclusão (f)	conclusione (f)	[konklu'zjone]
voz (f)	voce (f)	['votʃe]
elogio (m)	complimento (m)	[kompli'mento]
amável	gentile	[dʒen'tile]

palavra (f)	parola (f)	[pa'rola]
frase (f)	frase (f)	['fraze]
resposta (f)	risposta (f)	[ris'posta]

verdade (f)	verità (f)	[veri'ta]
mentira (f)	menzogna (f)	[men'tsoɲa]

pensamento (m)	pensiero (m)	[pen'sjero]
ideia (f)	idea (f), pensiero (m)	[i'dea], [pen'sjero]
fantasia (f)	fantasia (f)	[fanta'zia]

66. Discussão, conversação. Parte 2

estimado	rispettato	[rispet'tato]
respeitar (vt)	rispettare (vt)	[rispet'tare]
respeito (m)	rispetto (m)	[ris'petto]
Estimado ..., Caro ...	Egregio ...	[e'gredʒo]
apresentar (vt)	presentare (vt)	[prezen'tare]
intenção (f)	intenzione (f)	[inten'tsjone]

tencionar (vt)	**avere intenzione**	[a'vere inten'tsjone]
desejo (m)	**augurio** (m)	[au'gurio]
desejar (ex. ~ boa sorte)	**augurare** (vt)	[augu'rare]

surpresa (f)	**sorpresa** (f)	[sor'preza]
surpreender (vt)	**sorprendere** (vt)	[sor'prendere]
surpreender-se (vr)	**stupirsi** (vr)	[stu'pirsi]

dar (vt)	**dare** (vt)	['dare]
pegar (tomar)	**prendere** (vt)	['prendere]
devolver (vt)	**rendere** (vt)	['rendere]
retornar (vt)	**restituire** (vt)	[restitu'ire]

desculpar-se (vr)	**scusarsi** (vr)	[sku'zarsi]
desculpa (f)	**scusa** (f)	['skuza]
perdoar (vt)	**perdonare** (vt)	[perdo'nare]

falar (vi)	**parlare** (vi, vt)	[par'lare]
escutar (vt)	**ascoltare** (vi)	[askol'tare]
ouvir até o fim	**ascoltare fino in fondo**	[askol'tare 'fino in 'fondo]
compreender (vt)	**capire** (vt)	[ka'pire]

mostrar (vt)	**mostrare** (vt)	[mo'strare]
olhar para ...	**guardare** (vt)	[gwar'dare]
chamar (dizer em voz alta o nome)	**chiamare** (vt)	[kja'mare]
perturbar (vt)	**disturbare** (vt)	[distur'bare]
entregar (~ em mãos)	**consegnare** (vt)	[konse'ɲare]

pedido (m)	**richiesta** (f)	[ri'kjesta]
pedir (ex. ~ ajuda)	**chiedere** (vt)	['kjedere]
exigência (f)	**esigenza** (f)	[ezi'dʒentsa]
exigir (vt)	**esigere** (vt)	[e'zidʒere]

chamar nomes (vt)	**stuzzicare** (vt)	[stuttsi'kare]
zombar (vt)	**canzonare** (vt)	[kantso'nare]
zombaria (f)	**burla** (f), **beffa** (f)	['burla], ['beffa]
alcunha (f)	**soprannome** (m)	[sopran'nome]

insinuação (f)	**allusione** (f)	[allu'zjone]
insinuar (vt)	**alludere** (vi)	[al'ludere]
subentender (vt)	**intendere** (vt)	[in'tendere]

descrição (f)	**descrizione** (f)	[deskri'tsjone]
descrever (vt)	**descrivere** (vt)	[de'skrivere]
elogio (m)	**lode** (f)	['lode]
elogiar (vt)	**lodare** (vt)	[lo'dare]

desapontamento (m)	**delusione** (f)	[delu'zjone]
desapontar (vt)	**deludere** (vt)	[de'ludere]
desapontar-se (vr)	**rimanere deluso**	[rima'nere de'luzo]

suposição (f)	**supposizione** (f)	[suppozi'tsjone]
supor (vt)	**supporre** (vt)	[sup'porre]
advertência (f)	**avvertimento** (m)	[avverti'mento]
advertir (vt)	**avvertire** (vt)	[avver'tire]

67. Discussão, conversação. Parte 3

convencer (vt)	persuadere (vt)	[persua'dere]
acalmar (vt)	tranquillizzare (vt)	[trankwillid'dzare]
silêncio (o ~ é de ouro)	silenzio (m)	[si'lentsio]
ficar em silêncio	tacere (vi)	[ta'ʧere]
sussurrar (vt)	sussurrare (vt)	[sussur'rare]
sussurro (m)	sussurro (m)	[sus'surro]
francamente	francamente	[franka'mente]
a meu ver ...	secondo me ...	[se'kondo me]
detalhe (~ da história)	dettaglio (m)	[det'taʎʎo]
detalhado	dettagliato	[dettaʎ'ʎato]
detalhadamente	dettagliatamente	[dettaʎʎata'mente]
dica (f)	suggerimento (m)	[sudʒeri'mento]
dar uma dica	suggerire (vt)	[sudʒe'rire]
olhar (m)	sguardo (m)	['zgwardo]
dar uma vista de olhos	gettare uno sguardo	[dʒet'tare 'uno 'zgwardo]
fixo (olhar ~)	fisso	['fisso]
piscar (vi)	battere le palpebre	['battere le 'palpebre]
pestanejar (vt)	ammiccare (vi)	[ammik'kare]
acenar (com a cabeça)	accennare col capo	[aʧen'nare kol 'kapo]
suspiro (m)	sospiro (m)	[sos'piro]
suspirar (vi)	sospirare (vi)	[sospi'rare]
estremecer (vi)	sussultare (vi)	[sussul'tare]
gesto (m)	gesto (m)	['dʒesto]
tocar (com as mãos)	toccare (vt)	[tok'kare]
agarrar (~ pelo braço)	afferrare (vt)	[affer'rare]
bater de leve	picchiettare (vt)	[pikjet'tare]
Cuidado!	Attenzione!	[atten'tsjone]
A sério?	Davvero?	[dav'vero]
Tem certeza?	Sei sicuro?	[sej si'kuro]
Boa sorte!	Buona fortuna!	[bu'ona for'tuna]
Compreendi!	Capito!	[ka'pito]
Que pena!	Peccato!	[pek'kato]

68. Acordo. Recusa

consentimento (~ mútuo)	accordo (m)	[ak'kordo]
consentir (vi)	essere d'accordo	['essere dak'kordo]
aprovação (f)	approvazione (f)	[approva'tsjone]
aprovar (vt)	approvare (vt)	[appro'vare]
recusa (f)	rifiuto (m)	[ri'fjuto]
negar-se (vt)	rifiutarsi (vr)	[rifju'tarsi]
Está ótimo!	Perfetto!	[per'fetto]
Muito bem!	Va bene!	[va 'bene]

Está bem! De acordo!	D'accordo!	[dak'kordo]
proibido	vietato, proibito	[vje'tato], [proi'bito]
é proibido	è proibito	[e proi'bito]
é impossível	è impossibile	[e impos'sibile]
incorreto	sbagliato	[zbaʎ'ʎato]

rejeitar (~ um pedido)	respingere (vt)	[re'spindʒere]
apoiar (vt)	sostenere (vt)	[soste'nere]
aceitar (desculpas, etc.)	accettare (vt)	[atʃet'tare]

confirmar (vt)	confermare (vt)	[konfer'mare]
confirmação (f)	conferma (f)	[kon'ferma]
permissão (f)	permesso (m)	[per'messo]
permitir (vt)	permettere (vt)	[per'mettere]
decisão (f)	decisione (f)	[detʃi'zjone]
não dizer nada	non dire niente	[non 'dire 'njente]

condição (com uma ~)	condizione (f)	[kondi'tsjone]
pretexto (m)	pretesto (m)	[pre'testo]
elogio (m)	lode (f)	['lode]
elogiar (vt)	lodare (vt)	[lo'dare]

69. Sucesso. Boa sorte. Insucesso

êxito, sucesso (m)	successo (m)	[su'tʃesso]
com êxito	con successo	[kon su'tʃesso]
bem sucedido	ben riuscito	[ben riu'ʃito]

sorte (fortuna)	fortuna (f)	[for'tuna]
Boa sorte!	Buona fortuna!	[bu'ona for'tuna]
de sorte	felice, fortunato	[fe'litʃe], [fortu'nato]
sortudo, felizardo	fortunato	[fortu'nato]
fracasso (m)	fiasco (m)	[fi'asko]
pouca sorte (f)	disdetta (f)	[diz'detta]
azar (m), má sorte (f)	sfortuna (f)	[sfor'tuna]
mal sucedido	fallito	[fal'lito]
catástrofe (f)	disastro (m)	[di'zastro]

orgulho (m)	orgoglio (m)	[or'goʎʎo]
orgulhoso	orgoglioso	[orgoʎ'ʎozo]
estar orgulhoso	essere fiero di ...	['essere 'fjero di]
vencedor (m)	vincitore (m)	[vintʃi'tore]
vencer (vi)	vincere (vi)	['vintʃere]
perder (vt)	perdere (vi)	['perdere]
tentativa (f)	tentativo (m)	[tenta'tivo]
tentar (vt)	tentare (vi)	[ten'tare]
chance (m)	chance (f)	[ʃans]

70. Conflitos. Emoções negativas

grito (m)	grido (m)	['grido]
gritar (vi)	gridare (vi)	[gri'dare]

começar a gritar	mettersi a gridare	['mettersi a gri'dare]
discussão (f)	litigio (m)	[li'tidʒo]
discutir (vt)	litigare (vi)	[liti'gare]
escândalo (m)	lite (f)	['lite]
criar escândalo	litigare (vi)	[liti'gare]
conflito (m)	conflitto (m)	[kon'flitto]
mal-entendido (m)	fraintendimento (m)	[fraintendi'mento]

insulto (m)	insulto (m)	[in'sulto]
insultar (vt)	insultare (vt)	[insul'tare]
insultado	offeso	[of'fezo]
ofensa (f)	offesa (f)	[of'feza]
ofender (vt)	offendere (vt)	[of'fendere]
ofender-se (vr)	offendersi (vr)	[of'fendersi]

indignação (f)	indignazione (f)	[indiɲa'tsjone]
indignar-se (vr)	indignarsi (vr)	[indi'ɲarsi]
queixa (f)	lamentela (f)	[lamen'tela]
queixar-se (vr)	lamentarsi (vr)	[lamen'tarsi]

desculpa (f)	scusa (f)	['skuza]
desculpar-se (vr)	scusarsi (vr)	[sku'zarsi]
pedir perdão	chiedere scusa	['kjedere 'skuza]

crítica (f)	critica (f)	['kritika]
criticar (vt)	criticare (vt)	[kriti'kare]
acusação (f)	accusa (f)	[ak'kuza]
acusar (vt)	accusare (vt)	[akku'zare]

vingança (f)	vendetta (f)	[ven'detta]
vingar (vt)	vendicare (vt)	[vendi'kare]
vingar-se (vr)	vendicarsi (vr)	[vendi'karsi]

desprezo (m)	disprezzo (m)	[dis'prettso]
desprezar (vt)	disprezzare (vt)	[dispret'tsare]
ódio (m)	odio (m)	['odio]
odiar (vt)	odiare (vt)	[odi'are]

nervoso	nervoso	[ner'vozo]
estar nervoso	essere nervoso	['essere ner'vozo]
zangado	arrabbiato	[arrab'bjato]
zangar (vt)	fare arrabbiare	['fare arrab'bjare]

humilhação (f)	umiliazione (f)	[umilja'tsjone]
humilhar (vt)	umiliare (vt)	[umi'ljare]
humilhar-se (vr)	umiliarsi (vr)	[umi'ljarsi]

choque (m)	shock (m)	[ʃok]
chocar (vt)	scandalizzare (vt)	[skandalid'dzare]

aborrecimento (m)	problema (m)	[pro'blema]
desagradável	spiacevole	[spja'tʃevole]

medo (m)	spavento (m), paura (f)	[spa'vento], [pa'ura]
terrível (tempestade, etc.)	terribile	[ter'ribile]
assustador (ex. história ~a)	spaventoso	[spaven'toso]

horror (m)	orrore (m)	[or'rore]
horrível (crime, etc.)	orrendo	[orrendo]

começar a tremer	cominciare a tremare	[komin'tʃare a tre'mare]
chorar (vi)	piangere (vi)	['pjandʒere]
começar a chorar	mettersi a piangere	['mettersi a 'pjandʒere]
lágrima (f)	lacrima (f)	['lakrima]

falta (f)	colpa (f)	['kolpa]
culpa (f)	senso (m) di colpa	['senso di 'kolpa]
desonra (f)	vergogna (f)	[ver'goɲa]
protesto (m)	protesta (f)	[pro'testa]
stresse (m)	stress (m)	['stress]

perturbar (vt)	disturbare (vt)	[distur'bare]
zangar-se com ...	essere arrabbiato	['essere arrab'bjato]
zangado	arrabbiato	[arrab'bjato]
terminar (vt)	porre fine a ...	['porre 'fine a]
praguejar	rimproverare (vt)	[rimprove'rare]

assustar-se	spaventarsi (vr)	[spaven'tarsi]
golpear (vt)	colpire (vt)	[kol'pire]
brigar (na rua, etc.)	picchiarsi (vr)	[pik'kjarsi]

resolver (o conflito)	regolare (vt)	[rego'lare]
descontente	scontento	[skon'tento]
furioso	furioso	[fu'rjozo]

Não está bem!	Non sta bene!	[non sta 'bene]
É mau!	Fa male!	[fa 'male]

Medicina

71. Doenças

doença (f)	malattia (f)	[malat'tia]
estar doente	essere malato	['essere ma'lato]
saúde (f)	salute (f)	[sa'lute]
nariz (m) a escorrer	raffreddore (m)	[raffred'dore]
amigdalite (f)	tonsillite (f)	[tonsil'lite]
constipação (f)	raffreddore (m)	[raffred'dore]
constipar-se (vr)	raffreddarsi (vr)	[raffred'darsi]
bronquite (f)	bronchite (f)	[bron'kite]
pneumonia (f)	polmonite (f)	[polmo'nite]
gripe (f)	influenza (f)	[influ'entsa]
míope	miope	['miope]
presbita	presbite	['prezbite]
estrabismo (m)	strabismo (m)	[stra'bizmo]
estrábico	strabico	['strabiko]
catarata (f)	cateratta (f)	[kate'ratta]
glaucoma (m)	glaucoma (m)	[glau'koma]
AVC (m), apoplexia (f)	ictus (m) cerebrale	['Iktus ʧere'brale]
ataque (m) cardíaco	attacco (m) di cuore	[at'tako di ku'ore]
enfarte (m) do miocárdio	infarto (m) miocardico	[in'farto miokar'diko]
paralisia (f)	paralisi (f)	[pa'ralizi]
paralisar (vt)	paralizzare (vt)	[paralid'dzare]
alergia (f)	allergia (f)	[aller'dʒia]
asma (f)	asma (f)	['azma]
diabetes (f)	diabete (m)	[dia'bete]
dor (f) de dentes	mal (m) di denti	[mal di 'denti]
cárie (f)	carie (f)	['karie]
diarreia (f)	diarrea (f)	[diar'rea]
prisão (f) de ventre	stitichezza (f)	[stiti'kettsa]
desarranjo (m) intestinal	disturbo (m) gastrico	[di'sturbo 'gastriko]
intoxicação (f) alimentar	intossicazione (f) alimentare	[intossika'tsjone alimen'tare]
intoxicar-se	intossicarsi (vr)	[intossi'karsi]
artrite (f)	artrite (f)	[ar'trite]
raquitismo (m)	rachitide (f)	[ra'kitide]
reumatismo (m)	reumatismo (m)	[reuma'tizmo]
arteriosclerose (f)	aterosclerosi (f)	[ateroskle'rozi]
gastrite (f)	gastrite (f)	[ga'strite]
apendicite (f)	appendicite (f)	[appendi'ʧite]

| colecistite (f) | colecistite (f) | [koletʃi'stite] |
| úlcera (f) | ulcera (f) | ['ultʃera] |

sarampo (m)	morbillo (m)	[mor'billo]
rubéola (f)	rosolia (f)	[rozo'lia]
iterícia (f)	itterizia (f)	[itte'ritsia]
hepatite (f)	epatite (f)	[epa'tite]

esquizofrenia (f)	schizofrenia (f)	[skidzofre'nia]
raiva (f)	rabbia (f)	['rabbia]
neurose (f)	nevrosi (f)	[ne'vrozi]
comoção (f) cerebral	commozione (f) cerebrale	[kommo'tsjone tʃere'brale]

cancro (m)	cancro (m)	['kankro]
esclerose (f)	sclerosi (f)	[skle'rozi]
esclerose (f) múltipla	sclerosi (f) multipla	[skle'rozi 'multipla]

alcoolismo (m)	alcolismo (m)	[alko'lizmo]
alcoólico (m)	alcolizzato (m)	[alkolid'dzato]
sífilis (f)	sifilide (f)	[si'filide]
SIDA (f)	AIDS (m)	['aids]

tumor (m)	tumore (m)	[tu'more]
maligno	maligno	[ma'liɲo]
benigno	benigno	[be'niɲo]
febre (f)	febbre (f)	['febbre]
malária (f)	malaria (f)	[ma'laria]
gangrena (f)	cancrena (f)	[kan'krena]
enjoo (m)	mal (m) di mare	[mal di 'mare]
epilepsia (f)	epilessia (f)	[epiles'sia]

epidemia (f)	epidemia (f)	[epide'mia]
tifo (m)	tifo (m)	['tifo]
tuberculose (f)	tubercolosi (f)	[tuberko'lozi]
cólera (f)	colera (m)	[ko'lera]
peste (f)	peste (f)	['peste]

72. Sintomas. Tratamentos. Parte 1

sintoma (m)	sintomo (m)	['sintomo]
temperatura (f)	temperatura (f)	[tempera'tura]
febre (f)	febbre (f) alta	['febbre 'alta]
pulso (m)	polso (m)	['polso]

vertigem (f)	capogiro (m)	[kapo'dʒiro]
quente (testa, etc.)	caldo	['kaldo]
calafrio (m)	brivido (m)	['brivido]
pálido	pallido	['pallido]

tosse (f)	tosse (f)	['tosse]
tossir (vi)	tossire (vi)	[tos'sire]
espirrar (vi)	starnutire (vi)	[starnu'tire]
desmaio (m)	svenimento (m)	[zveni'mento]
desmaiar (vi)	svenire (vi)	[zve'nire]

nódoa (f) negra	livido (m)	['livido]
galo (m)	bernoccolo (m)	[ber'nokkolo]
magoar-se (vr)	farsi un livido	['farsi un 'livido]
pisadura (f)	contusione (f)	[kontu'zjone]
aleijar-se (vr)	farsi male	['farsi 'male]
coxear (vi)	zoppicare (vi)	[dzoppi'kare]
deslocação (f)	slogatura (f)	[zloga'tura]
deslocar (vt)	slogarsi (vr)	[zlo'garsi]
fratura (f)	frattura (f)	[frat'tura]
fraturar (vt)	fratturarsi (vr)	[frattu'rarsi]
corte (m)	taglio (m)	['taʎʎo]
cortar-se (vr)	tagliarsi (vr)	[taʎ'ʎarsi]
hemorragia (f)	emorragia (f)	[emorra'dʒia]
queimadura (f)	scottatura (f)	[skotta'tura]
queimar-se (vr)	scottarsi (vr)	[skot'tarsi]
picar (vt)	pungere (vt)	['pundʒere]
picar-se (vr)	pungersi (vr)	['pundʒersi]
lesionar (vt)	ferire (vt)	[fe'rire]
lesão (m)	ferita (f)	[fe'rita]
ferida (f), ferimento (m)	lesione (f)	[le'zjone]
trauma (m)	trauma (m)	['trauma]
delirar (vi)	delirare (vi)	[deli'rare]
gaguejar (vi)	tartagliare (vi)	[tartaʎ'ʎare]
insolação (f)	colpo (m) di sole	['kolpo di 'sole]

73. Sintomas. Tratamentos. Parte 2

dor (f)	dolore (m), male (m)	[do'lore], ['male]
farpa (no dedo)	scheggia (f)	['skedʒa]
suor (m)	sudore (m)	[su'dore]
suar (vi)	sudare (vi)	[su'dare]
vómito (m)	vomito (m)	['vomito]
convulsões (f pl)	convulsioni (f pl)	[konvul'sjoni]
grávida	incinta	[in'tʃinta]
nascer (vi)	nascere (vi)	['naʃere]
parto (m)	parto (m)	['parto]
dar à luz	essere in travaglio	['essere in tra'vaʎʎo]
aborto (m)	aborto (m)	[a'borto]
respiração (f)	respirazione (f)	[respira'tsjone]
inspiração (f)	inspirazione (f)	[inspira'tsjone]
expiração (f)	espirazione (f)	[espira'tsjone]
expirar (vi)	espirare (vi)	[espi'rare]
inspirar (vi)	inspirare (vi)	[inspi'rare]
inválido (m)	invalido (m)	[in'valido]
aleijado (m)	storpio (m)	['storpjo]

71

toxicodependente (m)	battaglia (f)	[bat'taʎʎa]
surdo	sordo	['sordo]
mudo	muto	['muto]
surdo-mudo	sordomuto	[sordo'muto]

louco (adj.)	matto	['matto]
louco (m)	matto (m)	['matto]
louca (f)	matta (f)	['matta]
ficar louco	impazzire (vi)	[impat'tsire]

gene (m)	gene (m)	.['dʒene]
imunidade (f)	immunità (f)	[immuni'ta]
hereditário	ereditario	[eredi'tario]
congénito	innato	[in'nato]

vírus (m)	virus (m)	['virus]
micróbio (m)	microbo (m)	['mikrobo]
bactéria (f)	batterio (m)	[bat'terio]
infeção (f)	infezione (f)	[infe'tsjone]

74. Sintomas. Tratamentos. Parte 3

hospital (m)	ospedale (m)	[ospe'dale]
paciente (m)	paziente (m)	[pa'tsjente]

diagnóstico (m)	diagnosi (f)	[di'aɲozi]
cura (f)	cura (f)	['kura]
tratamento (m) médico	trattamento (m)	[tratta'mento]
curar-se (vr)	curarsi (vr)	[ku'rarsi]
tratar (vt)	curare (vt)	[ku'rare]
cuidar (pessoa)	accudire	[akku'dire]
cuidados (m pl)	assistenza (f)	[assi'stentsa]

operação (f)	operazione (f)	[opera'tsjone]
enfaixar (vt)	bendare (vt)	[ben'dare]
enfaixamento (m)	fasciatura (f)	[faʃa'tura]

vacinação (f)	vaccinazione (f)	[vatʃina'tsjone]
vacinar (vt)	vaccinare (vt)	[vatʃi'nare]
injeção (f)	iniezione (f)	[inje'tsjone]
dar uma injeção	fare una puntura	['fare 'una pun'tura]

ataque (~ de asma, etc.)	attacco (m)	[at'takko]
amputação (f)	amputazione (f)	[amputa'tsjone]
amputar (vt)	amputare (vt)	[ampu'tare]
coma (f)	coma (m)	['koma]
estar em coma	essere in coma	['essere in 'koma]
reanimação (f)	rianimazione (f)	[rianima'tsjone]

recuperar-se (vr)	guarire (vi)	[gwa'rire]
estado (~ de saúde)	stato (f)	['stato]
consciência (f)	conoscenza (f)	[kono'ʃentsa]
memória (f)	memoria (f)	[me'moria]
tirar (vt)	estrarre (vt)	[e'strarre]

chumbo (m), obturação (f)   otturazione (f)   [ottura'tsjone]
chumbar, obturar (vt)   otturare (vt)   [ottu'rare]

hipnose (f)   ipnosi (f)   [ip'nozi]
hipnotizar (vt)   ipnotizzare (vt)   [ipnotid'dzare]

75. Médicos

médico (m)   medico (m)   ['mediko]
enfermeira (f)   infermiera (f)   [infer'mjera]
médico (m) pessoal   medico (m) personale   ['mediko perso'nale]

dentista (m)   dentista (m)   [den'tista]
oculista (m)   oculista (m)   [oku'lista]
terapeuta (m)   internista (m)   [inter'nista]
cirurgião (m)   chirurgo (m)   [ki'rurgo]

psiquiatra (m)   psichiatra (m)   [psiki'atra]
pediatra (m)   pediatra (m)   [pedi'atra]
psicólogo (m)   psicologo (m)   [psi'kologo]
ginecologista (m)   ginecologo (m)   [dzine'kologo]
cardiologista (m)   cardiologo (m)   [kar'djologo]

76. Medicina. Drogas. Acessórios

medicamento (m)   medicina (f)   [medi'tʃina]
remédio (m)   rimedio (m)   [ri'medio]
receitar (vt)   prescrivere (vt)   [pres'krivere]
receita (f)   prescrizione (f)   [preskri'tsjone]

comprimido (m)   compressa (f)   [kom'pressa]
pomada (f)   unguento (m)   [un'gwento]
ampola (f)   fiala (f)   [fi'ala]
preparado (m)   pozione (f)   [po'tsjone]
xarope (m)   sciroppo (m)   [ʃi'roppo]
cápsula (f)   pillola (f)   ['pillola]
remédio (m) em pó   polverina (f)   [polve'rina]

ligadura (f)   benda (f)   ['benda]
algodão (m)   ovatta (f)   [o'vatta]
iodo (m)   iodio (m)   [i'odio]

penso (m) rápido   cerotto (m)   [tʃe'rotto]
conta-gotas (m)   contagocce (m)   [konta'gotʃe]
termómetro (m)   termometro (m)   [ter'mometro]
seringa (f)   siringa (f)   [si'ringa]

cadeira (f) de rodas   sedia (f) a rotelle   ['sedia a ro'telle]
muletas (f pl)   stampelle (f pl)   [stam'pelle]

analgésico (m)   analgesico (m)   [anal'dzeziko]
laxante (m)   lassativo (m)   [lassa'tivo]

73

álcool (m) etílico	**alcol** (m)	[al'kol]
ervas (f pl) medicinais	**erba** (f) **officinale**	['erba offitʃi'nale]
de ervas (chá ~)	**d'erbe**	['derbe]

77. Fumar. Produtos tabágicos

tabaco (m)	**tabacco** (m)	[ta'bakko]
cigarro (m)	**sigaretta** (f)	[siga'retta]
charuto (m)	**sigaro** (m)	['sigaro]
cachimbo (m)	**pipa** (f)	['pipa]
maço (~ de cigarros)	**pacchetto** (m)	[pak'ketto]
fósforos (m pl)	**fiammiferi** (m pl)	[fjam'miferi]
caixa (f) de fósforos	**scatola** (f) **di fiammiferi**	['skatola di fjam'miferi]
isqueiro (m)	**accendino** (m)	[atʃen'dino]
cinzeiro (m)	**portacenere** (m)	[porta·'tʃenere]
cigarreira (f)	**portasigarette** (m)	[porta·siga'rette]
boquilha (f)	**bocchino** (m)	[bok'kino]
filtro (m)	**filtro** (m)	['filtro]
fumar (vi, vt)	**fumare** (vi, vt)	[fu'mare]
acender um cigarro	**accendere una sigaretta**	[a'tʃendere 'una siga'retta]
tabagismo (m)	**fumo** (m)	['fumo]
fumador (m)	**fumatore** (m)	[fuma'tore]
beata (f)	**cicca** (f)	['tʃikka]
fumo (m)	**fumo** (m)	['fumo]
cinza (f)	**cenere** (f)	['tʃenere]

HABITAT HUMANO

Cidade

78. Cidade. Vida na cidade

cidade (f)	città (f)	[ʧit'ta]
capital (f)	capitale (f)	[kapi'tale]
aldeia (f)	villaggio (m)	[vil'ladʒo]
mapa (m) da cidade	mappa (f) della città	['mappa 'della ʧit'ta]
centro (m) da cidade	centro (m) della città	['ʧentro 'della ʧit'ta]
subúrbio (m)	sobborgo (m)	[sob'borgo]
suburbano	suburbano	[subur'bano]
periferia (f)	periferia (f)	[perife'ria]
arredores (m pl)	dintorni (m pl)	[din'torni]
quarteirão (m)	isolato (m)	[izo'lato]
quarteirão (m) residencial	quartiere (m) residenziale	[kwar'tjere reziden'tsjale]
tráfego (m)	traffico (m)	['traffiko]
semáforo (m)	semaforo (m)	[se'maforo]
transporte (m) público	trasporti (m pl) urbani	[tras'porti ur'bani]
cruzamento (m)	incrocio (m)	[in'kroʧo]
passadeira (f)	passaggio (m) pedonale	[pas'sadʒo pedo'nale]
passagem (f) subterrânea	sottopassaggio (m)	[sotto·pas'sadʒo]
cruzar, atravessar (vt)	attraversare (vt)	[attraver'sare]
peão (m)	pedone (m)	[pe'done]
passeio (m)	marciapiede (m)	[marʧa'pjede]
ponte (f)	ponte (m)	['ponte]
margem (f) do rio	banchina (f)	[baŋ'kina]
fonte (f)	fontana (f)	[fon'tana]
alameda (f)	vialetto (m)	[via'letto]
parque (m)	parco (m)	['parko]
bulevar (m)	boulevard (m)	[bul'var]
praça (f)	piazza (f)	['pjattsa]
avenida (f)	viale (m), corso (m)	[vi'ale], ['korso]
rua (f)	via (f), strada (f)	['via], ['strada]
travessa (f)	vicolo (m)	['vikolo]
beco (m) sem saída	vicolo (m) cieco	['vikolo 'ʧjeko]
casa (f)	casa (f)	['kaza]
edifício, prédio (m)	edificio (m)	[edi'fiʧo]
arranha-céus (m)	grattacielo (m)	[gratta'ʧelo]
fachada (f)	facciata (f)	[fa'ʧata]
telhado (m)	tetto (m)	['tetto]

janela (f)	finestra (f)	[fi'nestra]
arco (m)	arco (m)	['arko]
coluna (f)	colonna (f)	[ko'lonna]
esquina (f)	angolo (m)	['angolo]

montra (f)	vetrina (f)	[ve'trina]
letreiro (m)	insegna (f)	[in'seɲa]
cartaz (m)	cartellone (m)	[kartel'lone]
cartaz (m) publicitário	cartellone (m) pubblicitario	[kartel'lone pubbliʧi'tario]
painel (m) publicitário	tabellone (m) pubblicitario	[tabel'lone pubbliʧi'tario]

lixo (m)	pattume (m), spazzatura (f)	[pat'tume], [spattsa'tura]
cesta (f) do lixo	pattumiera (f)	[pattu'mjera]
jogar lixo na rua	sporcare (vi)	[spor'kare]
aterro (m) sanitário	discarica (f) di rifiuti	[dis'karika di ri'fjuti]

cabine (f) telefónica	cabina (f) telefonica	[ka'bina tele'fonika]
candeeiro (m) de rua	lampione (m)	[lam'pjone]
banco (m)	panchina (f)	[paɲ'kina]

polícia (m)	poliziotto (m)	[poli'tsjotto]
polícia (instituição)	polizia (f)	[poli'tsia]
mendigo (m)	mendicante (m)	[mendi'kante]
sem-abrigo (m)	barbone (m)	[bar'bone]

79. Instituições urbanas

loja (f)	negozio (m)	[ne'gotsio]
farmácia (f)	farmacia (f)	[farma'ʧia]
ótica (f)	ottica (f)	['ottika]
centro (m) comercial	centro (m) commerciale	['ʧentro kommer'ʧale]
supermercado (m)	supermercato (m)	[supermer'kato]

padaria (f)	panetteria (f)	[panette'ria]
padeiro (m)	fornaio (m)	[for'najo]
pastelaria (f)	pasticceria (f)	[pastiʧe'ria]
mercearia (f)	drogheria (f)	[droge'ria]
talho (m)	macelleria (f)	[maʧelle'ria]

loja (f) de legumes	fruttivendolo (m)	[frutti'vendolo]
mercado (m)	mercato (m)	[mer'kato]

café (m)	caffè (m)	[kaf'fe]
restaurante (m)	ristorante (m)	[risto'rante]
bar (m), cervejaria (f)	birreria (f), pub (m)	[birre'ria], [pab]
pizzaria (f)	pizzeria (f)	[pittse'ria]

salão (m) de cabeleireiro	salone (m) di parrucchiere	[sa'lone di parruk'kjere]
correios (m pl)	ufficio (m) postale	[uf'fiʧo po'stale]
lavandaria (f)	lavanderia (f) a secco	[lavande'ria a 'sekko]
estúdio (m) fotográfico	studio (m) fotografico	['studio foto'grafiko]

sapataria (f)	negozio (m) di scarpe	[ne'gotsio di 'skarpe]
livraria (f)	libreria (f)	[libre'ria]

loja (f) de artigos de desporto	negozio (m) sportivo	[ne'gotsio spor'tivo]
reparação (f) de roupa	riparazione (f) di abiti	[ripara'tsjone di 'abiti]
aluguer (m) de roupa	noleggio (m) di abiti	[no'ledʒo di 'abiti]
aluguer (m) de filmes	noleggio (m) di film	[no'ledʒo di film]
circo (m)	circo (m)	['tʃirko]
jardim (m) zoológico	zoo (m)	['dzoo]
cinema (m)	cinema (m)	['tʃinema]
museu (m)	museo (m)	[mu'zeo]
biblioteca (f)	biblioteca (f)	[biblio'teka]
teatro (m)	teatro (m)	[te'atro]
ópera (f)	teatro (m) dell'opera	[te'atro dell 'opera]
clube (m) noturno	locale notturno (m)	[lo'kale not'turno]
casino (m)	casinò (m)	[kazi'no]
mesquita (f)	moschea (f)	[mos'kea]
sinagoga (f)	sinagoga (f)	[sina'goga]
catedral (f)	cattedrale (f)	[katte'drale]
templo (m)	tempio (m)	['tempjo]
igreja (f)	chiesa (f)	['kjeza]
instituto (m)	istituto (m)	[isti'tuto]
universidade (f)	università (f)	[universi'ta]
escola (f)	scuola (f)	['skwola]
prefeitura (f)	prefettura (f)	[prefet'tura]
câmara (f) municipal	municipio (m)	[muni'tʃipio]
hotel (m)	albergo (m)	[al'bergo]
banco (m)	banca (f)	['banka]
embaixada (f)	ambasciata (f)	[amba'ʃata]
agência (f) de viagens	agenzia (f) di viaggi	[adʒen'tsia di 'vjadʒi]
agência (f) de informações	ufficio (m) informazioni	[uf'fitʃo informa'tsjoni]
casa (f) de câmbio	ufficio (m) dei cambi	[uf'fitʃo dei 'kambi]
metro (m)	metropolitana (f)	[metropoli'tana]
hospital (m)	ospedale (m)	[ospe'dale]
posto (m) de gasolina	distributore (m) di benzina	[distribu'tore di ben'dzina]
parque (m) de estacionamento	parcheggio (m)	[par'kedʒo]

80. Sinais

letreiro (m)	insegna (f)	[in'seɲa]
inscrição (f)	iscrizione (f)	[iskri'tsjone]
cartaz, póster (m)	cartellone (m)	[kartel'lone]
sinal (m) informativo	segnale (m) di direzione	[se'ɲale di dire'tsjone]
seta (f)	freccia (f)	['fretʃa]
aviso (advertência)	avvertimento (m)	[avverti'mento]
sinal (m) de aviso	avvertimento (m)	[avverti'mento]
avisar, advertir (vt)	avvertire (vt)	[avver'tire]
dia (m) de folga	giorno (m) di riposo	['dʒorno di ri'pozo]

| horário (m) | orario (m) | [o'rario] |
| horário (m) de funcionamento | orario (m) di apertura | [o'rario di aper'tura] |

BEM-VINDOS!	BENVENUTI!	[benve'nuti]
ENTRADA	ENTRATA	[en'trata]
SAÍDA	USCITA	[u'ʃita]

EMPURRE	SPINGERE	['spindʒere]
PUXE	TIRARE	[ti'rare]
ABERTO	APERTO	[a'perto]
FECHADO	CHIUSO	['kjuzo]

| MULHER | DONNE | ['donne] |
| HOMEM | UOMINI | [u'omini] |

DESCONTOS	SCONTI	['skonti]
SALDOS	SALDI	['saldi]
NOVIDADE!	NOVITÀ!	[novi'ta]
GRÁTIS	GRATIS	['gratis]

ATENÇÃO!	ATTENZIONE!	[atten'tsjone]
NÃO HÁ VAGAS	COMPLETO	[kom'pleto]
RESERVADO	RISERVATO	[rizer'vato]

ADMINISTRAÇÃO	AMMINISTRAZIONE	[amministra'tsjone]
SOMENTE PESSOAL	RISERVATO	[rizer'vato
AUTORIZADO	AL PERSONALE	al perso'nale]

CUIDADO CÃO FEROZ	ATTENTI AL CANE	[at'tenti al 'kane]
PROIBIDO FUMAR!	VIETATO FUMARE!	[vje'tato fu'mare]
NÃO TOCAR	NON TOCCARE	[non tok'kare]

PERIGOSO	PERICOLOSO	[periko'lozo]
PERIGO	PERICOLO	[pe'rikolo]
ALTA TENSÃO	ALTA TENSIONE	['alta ten'sjone]
PROIBIDO NADAR	DIVIETO DI BALNEAZIONE	[di'vjeto di balnea'tsjone]
AVARIADO	GUASTO	['gwasto]

INFLAMÁVEL	INFIAMMABILE	[infjam'mabile]
PROIBIDO	VIETATO	[vje'tato]
ENTRADA PROIBIDA	VIETATO L'INGRESSO	[vje'tato lin'greso]
CUIDADO TINTA FRESCA	VERNICE FRESCA	[ver'nitʃe 'freska]

81. Transportes urbanos

autocarro (m)	autobus (m)	['autobus]
elétrico (m)	tram (m)	[tram]
troleicarro (m)	filobus (m)	['filobus]
itinerário (m)	itinerario (m)	[itine'rario]
número (m)	numero (m)	['numero]

ir de ... (carro, etc.)	andare in ...	[an'dare in]
entrar (~ no autocarro)	salire su ...	[sa'lire su]
descer de ...	scendere da ...	['ʃendere da]

paragem (f)	fermata (f)	[fer'mata]
próxima paragem (f)	prossima fermata (f)	['prossima fer'mata]
ponto (m) final	capolinea (m)	[kapo'linea]
horário (m)	orario (m)	[o'rario]
esperar (vt)	aspettare (vt)	[aspet'tare]
bilhete (m)	biglietto (m)	[biʎ'ʎetto]
custo (m) do bilhete	prezzo (m) del biglietto	['prettso del biʎ'ʎetto]
bilheteiro (m)	cassiere (m)	[kas'sjere]
controlo (m) dos bilhetes	controllo (m) dei biglietti	[kon'trollo dei biʎ'ʎeti]
revisor (m)	bigliettaio (m)	[biʎʎet'tajo]
atrasar-se (vr)	essere in ritardo	['essere in ri'tardo]
perder (o autocarro, etc.)	perdere (vt)	['perdere]
estar com pressa	avere fretta	[a'vere 'fretta]
táxi (m)	taxi (m)	['taksi]
taxista (m)	taxista (m)	[ta'ksista]
de táxi (ir ~)	in taxi	[in 'taksi]
praça (f) de táxis	parcheggio (m) di taxi	[par'kedʒo di 'taksi]
chamar um táxi	chiamare un taxi	[kja'mare un 'taksi]
apanhar um táxi	prendere un taxi	['prendere un 'taksi]
tráfego (m)	traffico (m)	['traffiko]
engarrafamento (m)	ingorgo (m)	[in'gorgo]
horas (f pl) de ponta	ore (f pl) di punta	['ore di 'punta]
estacionar (vi)	parcheggiarsi (vr)	[parke'dʒarsi]
estacionar (vt)	parcheggiare (vt)	[parke'dʒare]
parque (m) de estacionamento	parcheggio (m)	[par'kedʒo]
metro (m)	metropolitana (f)	[metropoli'tana]
estação (f)	stazione (f)	[sta'tsjone]
ir de metro	prendere la metropolitana	['prendere la metropoli'tana]
comboio (m)	treno (m)	['treno]
estação (f)	stazione (f) ferroviaria	[sta'tsjone ferro'vjaria]

82. Turismo

monumento (m)	monumento (m)	[monu'mento]
fortaleza (f)	fortezza (f)	[for'tettsa]
palácio (m)	palazzo (m)	[pa'lattso]
castelo (m)	castello (m)	[ka'stello]
torre (f)	torre (f)	['torre]
mausoléu (m)	mausoleo (m)	[mauzo'leo]
arquitetura (f)	architettura (f)	[arkitet'tura]
medieval	medievale	[medje'vale]
antigo	antico	[an'tiko]
nacional	nazionale	[natsio'nale]
conhecido	famoso	[fa'mozo]
turista (m)	turista (m)	[tu'rista]
guia (pessoa)	guida (f)	['gwida]

excursão (f)	escursione (f)	[eskur'sjone]
mostrar (vt)	fare vedere	['fare ve'dere]
contar (vt)	raccontare (vt)	[rakkon'tare]

encontrar (vt)	trovare (vt)	[tro'vare]
perder-se (vr)	perdersi (vr)	['perdersi]
mapa (~ do metrô)	mappa (f)	['mappa]
mapa (~ da cidade)	piantina (f)	[pjan'tina]

lembrança (f), presente (m)	souvenir (m)	[suve'nir]
loja (f) de presentes	negozio (m) di articoli da regalo	[ne'gotsio di ar'tikoli da re'galo]
fotografar (vt)	fare foto	['fare 'foto]
fotografar-se	fotografarsi	[fotogra'farsi]

83. Compras

comprar (vt)	comprare (vt)	[kom'prare]
compra (f)	acquisto (m)	[a'kwisto]
fazer compras	fare acquisti	['fare a'kwisti]
compras (f pl)	shopping (m)	['ʃopping]

estar aberta (loja, etc.)	essere aperto	['essere a'perto]
estar fechada	essere chiuso	['essere 'kjuzo]

calçado (m)	calzature (f pl)	[kaltsa'ture]
roupa (f)	abbigliamento (m)	[abbiʎʎa'mento]
cosméticos (m pl)	cosmetica (f)	[ko'zmetika]
alimentos (m pl)	alimentari (m pl)	[alimen'tari]
presente (m)	regalo (m)	[re'galo]

vendedor (m)	commesso (m)	[kom'messo]
vendedora (f)	commessa (f)	[kom'messa]

caixa (f)	cassa (f)	['kassa]
espelho (m)	specchio (m)	['spekkio]
balcão (m)	banco (m)	['banko]
cabine (f) de provas	camerino (m)	[kame'rino]

provar (vt)	provare (vt)	[pro'vare]
servir (vi)	stare bene	['stare 'bene]
gostar (apreciar)	piacere (vi)	[pja'tʃere]

preço (m)	prezzo (m)	['prettso]
etiqueta (f) de preço	etichetta (f) del prezzo	[eti'ketta del 'prettso]
custar (vt)	costare (vt)	[ko'stare]
Quanto?	Quanto?	['kwanto]
desconto (m)	sconto (m)	['skonto]

não caro	no muy caro	[no muj 'karo]
barato	a buon mercato	[a bu'on mer'kato]
caro	caro	['karo]
É caro	È caro	[e 'karo]
aluguer (m)	noleggio (m)	[no'ledʒo]

alugar (vestidos, etc.)	noleggiare (vt)	[nole'dʒare]
crédito (m)	credito (m)	['kredito]
a crédito	a credito	[a 'kredito]

84. Dinheiro

dinheiro (m)	soldi (m pl)	['soldi]
câmbio (m)	cambio (m)	['kambio]
taxa (f) de câmbio	corso (m) di cambio	['korso di 'kambio]
Caixa Multibanco (m)	bancomat (m)	['bankomat]
moeda (f)	moneta (f)	[mo'neta]

| dólar (m) | dollaro (m) | ['dollaro] |
| euro (m) | euro (m) | ['euro] |

lira (f)	lira (f)	['lira]
marco (m)	marco (m)	['marko]
franco (m)	franco (m)	['franko]
libra (f) esterlina	sterlina (f)	[ster'lina]
iene (m)	yen (m)	[jen]

dívida (f)	debito (m)	['debito]
devedor (m)	debitore (m)	[debi'tore]
emprestar (vt)	prestare (vt)	[pre'stare]
pedir emprestado	prendere in prestito	['prendere in 'prestito]

banco (m)	banca (f)	['banka]
conta (f)	conto (m)	['konto]
depositar na conta	versare sul conto	[ver'sare sul 'konto]
levantar (vt)	prelevare dal conto	[prele'vare dal 'konto]

cartão (m) de crédito	carta (f) di credito	['karta di 'kredito]
dinheiro (m) vivo	contanti (m pl)	[kon'tanti]
cheque (m)	assegno (m)	[as'seɲo]
passar um cheque	emettere un assegno	[e'mettere un as'seɲo]
livro (m) de cheques	libretto (m) di assegni	[li'bretto di as'seɲi]

carteira (f)	portafoglio (m)	[porta·'foʎʎo]
porta-moedas (m)	borsellino (m)	[borsel'lino]
cofre (m)	cassaforte (f)	[kassa'forte]

herdeiro (m)	erede (m)	[e'rede]
herança (f)	eredità (f)	[eredi'ta]
fortuna (riqueza)	fortuna (f)	[for'tuna]

arrendamento (m)	affitto (m)	[af'fitto]
renda (f) de casa	affitto (m)	[af'fitto]
alugar (vt)	affittare (vt)	[affit'tare]

preço (m)	prezzo (m)	['prettso]
custo (m)	costo (m), prezzo (m)	['kosto], ['prettso]
soma (f)	somma (f)	['somma]
gastar (vt)	spendere (vt)	['spendere]
gastos (m pl)	spese (f pl)	['speze]

economizar (vi)	economizzare (vi, vt)	[ekonomid'dzare]
económico	economico	[eko'nomiko]
pagar (vt)	pagare (vi, vt)	[pa'gare]
pagamento (m)	pagamento (m)	[paga'mento]
troco (m)	resto (m)	['resto]
imposto (m)	imposta (f)	[im'posta]
multa (f)	multa (f), ammenda (f)	['multa], [am'menda]
multar (vt)	multare (vt)	[mul'tare]

85. Correios. Serviço postal

correios (m pl)	posta (f), ufficio (m) postale	['posta], [uf'fitʃo po'stale]
correio (m)	posta (f)	['posta]
carteiro (m)	postino (m)	[po'stino]
horário (m)	orario (m) di apertura	[o'rario di aper'tura]
carta (f)	lettera (f)	['lettera]
carta (f) registada	raccomandata (f)	[rakkoman'data]
postal (m)	cartolina (f)	[karto'lina]
telegrama (m)	telegramma (m)	[tele'gramma]
encomenda (f) postal	pacco (m) postale	['pakko po'stale]
remessa (f) de dinheiro	vaglia (m) postale	['vaʎʎa po'stale]
receber (vt)	ricevere (vt)	[ri'tʃevere]
enviar (vt)	spedire (vt)	[spe'dire]
envio (m)	invio (m)	[in'vio]
endereço (m)	indirizzo (m)	[indi'rittso]
código (m) postal	codice (m) postale	['koditʃe po'stale]
remetente (m)	mittente (m)	[mit'tente]
destinatário (m)	destinatario (m)	[destina'tario]
nome (m)	nome (m)	['nome]
apelido (m)	cognome (m)	[ko'ɲome]
tarifa (f)	tariffa (f)	[ta'riffa]
ordinário	ordinario	[ordi'nario]
económico	standard	['standar]
peso (m)	peso (m)	['pezo]
pesar (estabelecer o peso)	pesare (vt)	[pe'zare]
envelope (m)	busta (f)	['busta]
selo (m)	francobollo (m)	[franko'bollo]

Moradia. Casa. Lar

86. Casa. Habitação

casa (f)	casa (f)	['kaza]
em casa	a casa	[a 'kaza]
pátio (m)	cortile (m)	[kor'tile]
cerca (f)	recinto (m)	[re'tʃinto]
tijolo (m)	mattone (m)	[mat'tone]
de tijolos	di mattoni	[di mat'toni]
pedra (f)	pietra (f)	['pjetra]
de pedra	di pietra	[di 'pjetra]
betão (m)	beton (m)	[be'ton]
de betão	di beton	[di be'ton]
novo	nuovo	[nu'ovo]
velho	vecchio	['vekkio]
decrépito	fatiscente	[fati'ʃente]
moderno	moderno	[mo'derno]
de muitos andares	a molti piani	[a 'molti 'pjani]
alto	alto	['alto]
andar (m)	piano (m)	['pjano]
de um andar	di un piano	[di un 'pjano]
andar (m) de baixo	pianoterra (m)	[pjano'terra]
andar (m) de cima	ultimo piano (m)	['ultimo 'pjano]
telhado (m)	tetto (m)	['tetto]
chaminé (f)	ciminiera (f)	[tʃimi'njera]
telha (f)	tegola (f)	['tegola]
de telha	di tegole	[di 'tegole]
sótão (m)	soffitta (f)	[sof'fitta]
janela (f)	finestra (f)	[fi'nestra]
vidro (m)	vetro (m)	['vetro]
parapeito (m)	davanzale (m)	[davan'tsale]
portadas (f pl)	imposte (f pl)	[im'poste]
parede (f)	muro (m)	['muro]
varanda (f)	balcone (m)	[bal'kone]
tubo (m) de queda	tubo (m) pluviale	['tubo plu'vjale]
em cima	su, di sopra	[su], [di 'sopra]
subir (~ as escadas)	andare di sopra	[an'dare di 'sopra]
descer (vi)	scendere (vi)	['ʃendere]
mudar-se (vr)	trasferirsi (vr)	[trasfe'rirsi]

87. Casa. Entrada. Elevador

entrada (f)	entrata (f)	[en'trata]
escada (f)	scala (f)	['skala]
degraus (m pl)	gradini (m pl)	[gra'dini]
corrimão (m)	ringhiera (f)	[rin'gjera]
hall (m) de entrada	hall (f)	[oll]

caixa (f) de correio	cassetta (f) della posta	[kas'setta 'della 'posta]
caixote (m) do lixo	secchio (m) della spazzatura	['sekkio 'della spattsa'tura]
conduta (f) do lixo	scivolo (m) per la spazzatura	['ʃivolo per la spattsa'tura]

elevador (m)	ascensore (m)	[aʃen'sore]
elevador (m) de carga	montacarichi (m)	[monta'kariki]
cabine (f)	cabina (f) di ascensore	[ka'bina de aʃen'sore]
pegar o elevador	prendere l'ascensore	['prendere laʃen'sore]

apartamento (m)	appartamento (m)	[apparta'mento]
moradores (m pl)	inquilini (m pl)	[inkwi'lini]
vizinho (m)	vicino (m)	[vi'ʧino]
vizinha (f)	vicina (f)	[vi'ʧina]
vizinhos (pl)	vicini (m pl)	[vi'ʧini]

88. Casa. Eletricidade

eletricidade (f)	elettricità (f)	[elettriʧi'ta]
lâmpada (f)	lampadina (f)	[lampa'dina]
interruptor (m)	interruttore (m)	[interrut'tore]
fusível (m)	fusibile (m)	[fu'zibile]

fio, cabo (m)	filo (m)	['filo]
instalação (f) elétrica	impianto (m) elettrico	[im'pjanto e'lettriko]
contador (m) de eletricidade	contatore (m) dell'elettricità	[konta'tore dell elettriʧi'ta]
indicação (f), registo (m)	lettura, indicazione (f)	[let'tura], [indika'tsjone]

89. Casa. Portas. Fechaduras

porta (f)	porta (f)	['porta]
portão (m)	cancello (m)	[kan'ʧello]
maçaneta (f)	maniglia (f)	[ma'niʎʎa]
destrancar (vt)	togliere il catenaccio	['toʎʎere il kate'naʧo]
abrir (vt)	aprire (vt)	[a'prire]
fechar (vt)	chiudere (vt)	['kjudere]

chave (f)	chiave (f)	['kjave]
molho (m)	mazzo (m)	['mattso]
ranger (vi)	cigolare (vi)	[ʧigo'lare]
rangido (m)	cigolio (m)	[ʧigo'lio]
dobradiça (f)	cardine (m)	['kardine]
tapete (m) de entrada	zerbino (m)	[dzer'bino]
fechadura (f)	serratura (f)	[serra'tura]

buraco (m) da fechadura	buco (m) della serratura	['buko 'della serra'tura]
ferrolho (m)	chiavistello (m)	[kjavi'stello]
fecho (ferrolho pequeno)	catenaccio (m)	[kate'natʃo]
cadeado (m)	lucchetto (m)	[luk'ketto]

tocar (vt)	suonare (vt)	[suo'nare]
toque (m)	suono (m)	[su'ono]
campainha (f)	campanello (m)	[kampa'nello]
botão (m)	pulsante (m)	[pul'sante]
batida (f)	bussata (f)	[bus'sata]
bater (vi)	bussare (vi)	[bus'sare]

código (m)	codice (m)	['koditʃe]
fechadura (f) de código	serratura (f) a codice	[serra'tura a 'koditʃe]
telefone (m) de porta	citofono (m)	[tʃi'tofono]
número (m)	numero (m)	['numero]
placa (f) de porta	targhetta (f)	[tar'getta]
vigia (f), olho (m) mágico	spioncino (m)	[spion'tʃino]

90. Casa de campo

aldeia (f)	villaggio (m)	[vil'ladʒo]
horta (f)	orto (m)	['orto]
cerca (f)	recinto (m)	[re'tʃinto]
paliçada (f)	steccato (m)	[stek'kato]
cancela (f) do jardim	cancelletto (m)	[kantʃel'letto]

celeiro (m)	granaio (m)	[gra'najo]
adega (f)	cantina (f), scantinato (m)	[kan'tina], [skanti'nato]
galpão, barracão (m)	capanno (m)	[ka'panno]
poço (m)	pozzo (m)	['pottso]

fogão (m)	stufa (f)	['stufa]
atiçar o fogo	attizzare (vt)	[attid'dzare]
lenha (carvão ou ~)	legna (f) da ardere	['leɲa da 'ardere]
acha (lenha)	ciocco (m)	['tʃokko]

varanda (f)	veranda (f)	[ve'randa]
alpendre (m)	terrazza (f)	[ter'rattsa]
degraus (m pl) de entrada	scala (f) d'ingresso	['skala din'gresso]
balouço (m)	altalena (f)	[alta'lena]

91. Moradia. Mansão

casa (f) de campo	casa (f) di campagna	['kaza di kam'paɲa]
vila (f)	villa (f)	['villa]
ala (~ do edifício)	ala (f)	['ala]

jardim (m)	giardino (m)	[dʒar'dino]
parque (m)	parco (m)	['parko]
estufa (f)	serra (f)	['serra]
cuidar de ...	prendersi cura di	['prendersi 'kura di]

piscina (f)	piscina (f)	[pi'ʃina]
ginásio (m)	palestra (f)	[pa'lestra]
campo (m) de ténis	campo (m) da tennis	['kampo da 'tennis]
cinema (m)	home cinema (m)	['om 'tʃinema]
garagem (f)	garage (m)	[ga'raʒ]

| propriedade (f) privada | proprietà (f) privata | [proprie'ta pri'vata] |
| terreno (m) privado | terreno (m) privato | [ter'reno pri'vato] |

| advertência (f) | avvertimento (m) | [avverti'mento] |
| sinal (m) de aviso | cartello (m) di avvertimento | ['kartello di avverti'mento] |

guarda (f)	sicurezza (f)	[siku'rettsa]
guarda (m)	guardia (f) giurata	['gwardia dʒu'rata]
alarme (m)	allarme (f) antifurto	[al'larme anti'furto]

92. Castelo. Palácio

castelo (m)	castello (m)	[ka'stello]
palácio (m)	palazzo (m)	[pa'lattso]
fortaleza (f)	fortezza (f)	[for'tettsa]
muralha (f)	muro (m)	['muro]
torre (f)	torre (f)	['torre]
calabouço (m)	torre (f) principale	['torre printʃi'pale]

grade (f) levadiça	saracinesca (f)	[saratʃi'neska]
passagem (f) subterrânea	tunnel (m)	['tunnel]
fosso (m)	fossato (m)	[fos'sato]
corrente, cadeia (f)	catena (f)	[ka'tena]
seteira (f)	feritoia (f)	[feri'toja]

magnífico	magnifico	[ma'ɲifiko]
majestoso	maestoso	[mae'stozo]
inexpugnável	inespugnabile	[inespu'ɲabile]
medieval	medievale	[medje'vale]

93. Apartamento

apartamento (m)	appartamento (m)	[apparta'mento]
quarto (m)	camera (f), stanza (f)	['kamera], ['stantsa]
quarto (m) de dormir	camera (f) da letto	['kamera da 'letto]
sala (f) de jantar	sala (f) da pranzo	['sala da 'prantso]
sala (f) de estar	salotto (m)	[sa'lotto]
escritório (m)	studio (m)	['studio]

antessala (f)	ingresso (m)	[in'gresso]
quarto (m) de banho	bagno (m)	['baɲo]
toilette (lavabo)	gabinetto (m)	[gabi'netto]

teto (m)	soffitto (m)	[sof'fitto]
chão, soalho (m)	pavimento (m)	[pavi'mento]
canto (m)	angolo (m)	['angolo]

94. Apartamento. Limpeza

arrumar, limpar (vt)	pulire (vt)	[pu'lire]
guardar (no armário, etc.)	mettere via	['mettere 'via]
pó (m)	polvere (f)	['polvere]
empoeirado	impolverato	[impolve'rato]
limpar o pó	spolverare (vt)	[spolve'rare]
aspirador (m)	aspirapolvere (m)	[aspira·'polvere]
aspirar (vt)	passare l'aspirapolvere	[pas'sare laspira·'polvere]
varrer (vt)	spazzare (vi, vt)	[spat'tsare]
sujeira (f)	spazzatura (f)	[spattsa'tura]
arrumação (f), ordem (f)	ordine (m)	['ordine]
desordem (f)	disordine (m)	[di'sordine]
esfregão (m)	frettazzo (m)	[fret'tattso]
pano (m), trapo (m)	strofinaccio (m)	[strofi'natʃo]
vassoura (f)	scopa (f)	['skopa]
pá (f) de lixo	paletta (f)	[pa'letta]

95. Mobiliário. Interior

mobiliário (m)	mobili (m pl)	['mobili]
mesa (f)	tavolo (m)	['tavolo]
cadeira (f)	sedia (f)	['sedia]
cama (f)	letto (m)	['letto]
divã (m)	divano (m)	[di'vano]
cadeirão (m)	poltrona (f)	[pol'trona]
estante (f)	libreria (f)	[libre'ria]
prateleira (f)	ripiano (m)	[ri'pjano]
guarda-vestidos (m)	armadio (m)	[ar'madio]
cabide (m) de parede	attaccapanni (m) da parete	[attakka'panni da pa'rete]
cabide (m) de pé	appendiabiti (m) da terra	[apen'djabiti da terra]
cómoda (f)	comò (m)	[ko'mo]
mesinha (f) de centro	tavolino (m) da salotto	[tavo'lina da sa'lotto]
espelho (m)	specchio (m)	['spekkio]
tapete (m)	tappeto (m)	[tap'peto]
tapete (m) pequeno	tappetino (m)	[tappe'tino]
lareira (f)	camino (m)	[ka'mino]
vela (f)	candela (f)	[kan'dela]
castiçal (m)	candeliere (m)	[kande'ljere]
cortinas (f pl)	tende (f pl)	['tende]
papel (m) de parede	carta (f) da parati	['karta da pa'rati]
estores (f pl)	tende (f pl) alla veneziana	['tende alla vene'tsjana]
candeeiro (m) de mesa	lampada (f) da tavolo	['lampada da 'tavolo]
candeeiro (m) de parede	lampada (f) da parete	['lampada da pa'rete]

candeeiro (m) de pé	lampada (f) a stelo	['lampada a 'stelo]
lustre (m)	lampadario (m)	[lampa'dario]

pé (de mesa, etc.)	gamba (f)	['gamba]
braço (m)	bracciolo (m)	['bratʃolo]
costas (f pl)	spalliera (f)	[spal'ljera]
gaveta (f)	cassetto (m)	[kas'setto]

96. Quarto de dormir

roupa (f) de cama	biancheria (f) da letto	[bjanke'ria da 'letto]
almofada (f)	cuscino (m)	[ku'ʃino]
fronha (f)	federa (f)	['federa]
cobertor (m)	coperta (f)	[ko'perta]
lençol (m)	lenzuolo (m)	[lentsu'olo]
colcha (f)	copriletto (m)	[kopri'letto]

97. Cozinha

cozinha (f)	cucina (f)	[ku'tʃina]
gás (m)	gas (m)	[gas]
fogão (m) a gás	fornello (m) a gas	[for'nello a gas]
fogão (m) elétrico	fornello (m) elettrico	[for'nello e'lettriko]
forno (m)	forno (m)	['forno]
forno (m) de micro-ondas	forno (m) a microonde	['forno a mikro'onde]

frigorífico (m)	frigorifero (m)	[frigo'rifero]
congelador (m)	congelatore (m)	[kondʒela'tore]
máquina (f) de lavar louça	lavastoviglie (f)	[lavasto'viʎʎe]

moedor (m) de carne	tritacarne (m)	[trita'karne]
espremedor (m)	spremifrutta (m)	[spremi'frutta]
torradeira (f)	tostapane (m)	[tosta'pane]
batedeira (f)	mixer (m)	['mikser]

máquina (f) de café	macchina (f) da caffè	['makkina da kaf'fe]
cafeteira (f)	caffettiera (f)	[kaffet'tjera]
moinho (m) de café	macinacaffè (m)	[matʃinakaf'fe]

chaleira (f)	bollitore (m)	[bolli'tore]
bule (m)	teiera (f)	[te'jera]
tampa (f)	coperchio (m)	[ko'perkio]
coador (m) de chá	colino (m) da tè	[ko'lino da te]

colher (f)	cucchiaio (m)	[kuk'kjajo]
colher (f) de chá	cucchiaino (m) da tè	[kuk'kjajno da 'te]
colher (f) de sopa	cucchiaio (m)	[kuk'kjajo]
garfo (m)	forchetta (f)	[for'ketta]
faca (f)	coltello (m)	[kol'tello]

louça (f)	stoviglie (f pl)	[sto'viʎʎe]
prato (m)	piatto (m)	['pjatto]

pires (m)	piattino (m)	[pjat'tino]
cálice (m)	cicchetto (m)	[ʧik'ketto]
copo (m)	bicchiere (m)	[bik'kjere]
chávena (f)	tazzina (f)	[tat'tsina]

açucareiro (m)	zuccheriera (f)	[dzukke'rjera]
saleiro (m)	saliera (f)	[sa'ljera]
pimenteiro (m)	pepiera (f)	[pe'pjera]
manteigueira (f)	burriera (f)	[bur'rjera]

panela, caçarola (f)	pentola (f)	['pentola]
frigideira (f)	padella (f)	[pa'della]
concha (f)	mestolo (m)	['mestolo]
passador (m)	colapasta (m)	[kola'pasta]
bandeja (f)	vassoio (m)	[vas'sojo]

garrafa (f)	bottiglia (f)	[bot'tiʎʎa]
boião (m) de vidro	barattolo (m) di vetro	[ba'rattolo di 'vetro]
lata (f)	latta (f), lattina (f)	['latta], [lat'tina]

abre-garrafas (m)	apribottiglie (m)	[apribot'tiʎʎe]
abre-latas (m)	apriscatole (m)	[apri'skatole]
saca-rolhas (m)	cavatappi (m)	[kava'tappi]
filtro (m)	filtro (m)	['filtro]
filtrar (vt)	filtrare (vt)	[fil'trare]

| lixo (m) | spazzatura (f) | [spattsa'tura] |
| balde (m) do lixo | pattumiera (f) | [pattu'mjera] |

98. Casa de banho

quarto (m) de banho	bagno (m)	['baɲo]
água (f)	acqua (f)	['akwa]
torneira (f)	rubinetto (m)	[rubi'netto]
água (f) quente	acqua (f) calda	['akwa 'kalda]
água (f) fria	acqua (f) fredda	['akwa 'fredda]

pasta (f) de dentes	dentifricio (m)	[denti'friʧo]
escovar os dentes	lavarsi i denti	[la'varsi i 'denti]
escova (f) de dentes	spazzolino (m) da denti	[spatso'lino da 'denti]

barbear-se (vr)	rasarsi (vr)	[ra'zarsi]
espuma (f) de barbear	schiuma (f) da barba	['skjuma da 'barba]
máquina (f) de barbear	rasoio (m)	[ra'zojo]

lavar (vt)	lavare (vt)	[la'vare]
lavar-se (vr)	fare un bagno	['fare un 'baɲo]
duche (m)	doccia (f)	['doʧa]
tomar um duche	fare una doccia	['fare 'una 'doʧa]

banheira (f)	vasca (f) da bagno	['vaska da 'baɲo]
sanita (f)	water (m)	['vater]
lavatório (m)	lavandino (m)	[lavan'dino]
sabonete (m)	sapone (m)	[sa'pone]

saboneteira (f)	porta (m) sapone	['porta sa'pone]
esponja (f)	spugna (f)	['spuɲa]
champô (m)	shampoo (m)	['ʃampo]
toalha (f)	asciugamano (m)	[aʃuga'mano]
roupão (m) de banho	accappatoio (m)	[akkappa'tojo]
lavagem (f)	bucato (m)	[bu'kato]
máquina (f) de lavar	lavatrice (f)	[lava'tritʃe]
lavar a roupa	fare il bucato	['fare il bu'kato]
detergente (m)	detersivo (m) per il bucato	[deter'sivo per il bu'kato]

99. Eletrodomésticos

televisor (m)	televisore (m)	[televi'zore]
gravador (m)	registratore (m) a nastro	[redʒistra'tore a 'nastro]
videogravador (m)	videoregistratore (m)	[video·redʒistra'tore]
rádio (m)	radio (f)	['radio]
leitor (m)	lettore (m)	[let'tore]
projetor (m)	videoproiettore (m)	[video·projet'tore]
cinema (m) em casa	home cinema (m)	['om 'tʃinema]
leitor (m) de DVD	lettore (m) DVD	[let'tore divu'di]
amplificador (m)	amplificatore (m)	[amplifika'tore]
console (f) de jogos	console (f) video giochi	['konsole 'video 'dʒoki]
câmara (f) de vídeo	videocamera (f)	[video·'kamera]
máquina (f) fotográfica	macchina (f) fotografica	['makkina foto'grafika]
câmara (f) digital	fotocamera (f) digitale	[foto'kamera didʒi'tale]
aspirador (m)	aspirapolvere (m)	[aspira·'polvere]
ferro (m) de engomar	ferro (m) da stiro	['ferro da 'stiro]
tábua (f) de engomar	asse (f) da stiro	['asse da 'stiro]
telefone (m)	telefono (m)	[te'lefono]
telemóvel (m)	telefonino (m)	[telefo'nino]
máquina (f) de escrever	macchina (f) da scrivere	['makkina da 'skrivere]
máquina (f) de costura	macchina (f) da cucire	['makkina da ku'tʃire]
microfone (m)	microfono (m)	[mi'krofono]
auscultadores (m pl)	cuffia (f)	['kuffia]
controlo remoto (m)	telecomando (m)	[teleko'mando]
CD (m)	CD (m)	[tʃi'di]
cassete (f)	cassetta (f)	[kas'setta]
disco (m) de vinil	disco (m)	['disko]

100. Reparações. Renovação

renovação (f)	lavori (m pl) di restauro	[la'vori di re'stauro]
renovar (vt), fazer obras	rinnovare (vt)	[rinno'vare]
reparar (vt)	riparare (vt)	[ripa'rare]
consertar (vt)	mettere in ordine	['mettere in 'ordine]

refazer (vt)	rifare (vt)	[ri'fare]
tinta (f)	vernice (f), pittura (f)	[ver'niʧe], [pit'tura]
pintar (vt)	pitturare (vt)	[pittu'rare]
pintor (m)	imbianchino (m)	[imbjaŋ'kino]
pincel (m)	pennello (m)	[pen'nello]
cal (f)	imbiancatura (f)	[imbjanka'tura]
caiar (vt)	imbiancare (vt)	[imbjan'kare]
papel (m) de parede	carta (f) da parati	['karta da pa'rati]
colocar papel de parede	tappezzare (vt)	[tappet'tsare]
verniz (m)	vernice (f)	[ver'niʧe]
envernizar (vt)	verniciare (vt)	[verni'ʧare]

101. Canalizações

água (f)	acqua (f)	['akwa]
água (f) quente	acqua (f) calda	['akwa 'kalda]
água (f) fria	acqua (f) fredda	['akwa 'fredda]
torneira (f)	rubinetto (m)	[rubi'netto]
gota (f)	goccia (f)	['goʧa]
gotejar (vi)	gocciolare (vi)	[goʧo'lare]
vazar (vt)	perdere (vi)	['perdere]
vazamento (m)	perdita (f)	['perdita]
poça (f)	pozza (f)	['pottsa]
tubo (m)	tubo (m)	['tubo]
válvula (f)	valvola (f)	['valvola]
entupir-se (vr)	intasarsi (vr)	[inta'zarsi]
ferramentas (f pl)	strumenti (m pl)	[stru'menti]
chave (f) inglesa	chiave (f) inglese	['kjave in'gleze]
desenroscar (vt)	svitare (vt)	[zvi'tare]
enroscar (vt)	avvitare (vt)	[avvi'tare]
desentupir (vt)	stasare (vt)	[sta'zare]
canalizador (m)	idraulico (m)	[i'drauliko]
cave (f)	seminterrato (m)	[seminter'rato]
sistema (m) de esgotos	fognatura (f)	[foɲa'tura]

102. Fogo. Deflagração

incêndio (m)	fuoco (m)	[fu'oko]
chama (f)	fiamma (f)	['fjamma]
faísca (f)	scintilla (f)	[ʃin'tilla]
fumo (m)	fumo (m)	['fumo]
tocha (f)	fiaccola (f)	['fjakkola]
fogueira (f)	falò (m)	[fa'lo]
gasolina (f)	benzina (f)	[ben'dzina]
querosene (m)	cherosene (m)	[kero'zene]

inflamável	combustibile	[kombu'stibile]
explosivo	esplosivo	[esplo'zivo]
PROIBIDO FUMAR!	VIETATO FUMARE!	[vje'tato fu'mare]

segurança (f)	sicurezza (f)	[siku'rettsa]
perigo (m)	pericolo (m)	[pe'rikolo]
perigoso	pericoloso	[periko'lozo]

incendiar-se (vr)	prendere fuoco	['prendere fu'oko]
explosão (f)	esplosione (f)	[esplo'zjone]
incendiar (vt)	incendiare (vt)	[intʃen'djare]
incendiário (m)	incendiario (m)	[intʃen'djario]
incêndio (m) criminoso	incendio (m) doloso	[in'tʃendio do'lozo]

arder (vi)	divampare (vi)	[divam'pare]
queimar (vi)	bruciare (vi)	[bru'tʃare]
queimar tudo (vi)	bruciarsi (vr)	[bru'tʃarsi]

chamar os bombeiros	chiamare i pompieri	[kja'mare i pom'pjeri]
bombeiro (m)	pompiere (m)	[pom'pjere]
carro (m) de bombeiros	autopompa (f)	[auto'pompa]
corpo (m) de bombeiros	corpo (m) dei pompieri	['korpo dei pom'pjeri]
escada (f) extensível	autoscala (f) da pompieri	[auto'skala da pom'pjeri]

mangueira (f)	manichetta (f)	[mani'ketta]
extintor (m)	estintore (m)	[estin'tore]
capacete (m)	casco (m)	['kasko]
sirene (f)	sirena (f)	[si'rena]

gritar (vi)	gridare (vi)	[gri'dare]
chamar por socorro	chiamare in aiuto	[kja'mare in a'juto]
salvador (m)	soccorritore (m)	[sokkorri'tore]
salvar, resgatar (vt)	salvare (vt)	[sal'vare]

chegar (vi)	arrivare (vi)	[arri'vare]
apagar (vt)	spegnere (vt)	['speɲere]
água (f)	acqua (f)	['akwa]
areia (f)	sabbia (f)	['sabbia]

ruínas (f pl)	rovine (f pl)	[ro'vine]
ruir (vi)	crollare (vi)	[krol'lare]
desmoronar (vi)	cadere (vi)	[ka'dere]
desabar (vi)	collassare (vi)	[kolla'sare]

| fragmento (m) | frammento (m) | [fram'mento] |
| cinza (f) | cenere (f) | ['tʃenere] |

| sufocar (vi) | asfissiare (vi) | [asfis'sjare] |
| perecer (vi) | morire, perire (vi) | [mo'rire], [pe'rire] |

ATIVIDADES HUMANAS

Emprego. Negócios. Parte 1

103. Escritório. O trabalho no escritório

escritório (~ de advogados)	ufficio (m)	[uf'fiʧo]
escritório (do diretor, etc.)	ufficio (m)	[uf'fiʧo]
receção (f)	portineria (f)	[portine'ria]
secretário (m)	segretario (m)	[segre'tario]
secretária (f)	segretaria (f)	[segre'taria]
diretor (m)	direttore (m)	[diret'tore]
gerente (m)	manager (m)	['menedʒer]
contabilista (m)	contabile (m)	[kon'tabile]
empregado (m)	impiegato (m)	[impje'gato]
mobiliário (m)	mobili (m pl)	['mobili]
mesa (f)	scrivania (f)	[skriva'nia]
cadeira (f)	poltrona (f)	[pol'trona]
bloco (m) de gavetas	cassettiera (f)	[kasset'tjera]
cabide (m) de pé	appendiabiti (m) da terra	[apen'djabiti da terra]
computador (m)	computer (m)	[kom'pjuter]
impressora (f)	stampante (f)	[stam'pante]
fax (m)	fax (m)	[faks]
fotocopiadora (f)	fotocopiatrice (f)	[fotokopja'triʧe]
papel (m)	carta (f)	['karta]
artigos (m pl) de escritório	cancelleria (f)	[kanʧelle'ria]
tapete (m) de rato	tappetino (m) del mouse	[tappe'tino del 'maus]
folha (f) de papel	foglio (m)	['foʎʎo]
pasta (f)	cartella (f)	[kar'tella]
catálogo (m)	catalogo (m)	[ka'talogo]
diretório (f) telefónico	elenco (m) del telefono	[e'lenko del te'lefono]
documentação (f)	documentazione (f)	[dokumenta'tsjone]
brochura (f)	opuscolo (m)	[o'puskolo]
flyer (m)	volantino (m)	[volan'tino]
amostra (f)	campione (m)	[kam'pjone]
formação (f)	formazione (f)	[forma'tsjone]
reunião (f)	riunione (f)	[riu'njone]
hora (f) de almoço	pausa (f) pranzo	['pauza 'prantso]
fazer uma cópia	copiare (vt)	[ko'pjare]
tirar cópias	fare copie	['fare 'kopje]
receber um fax	ricevere un fax	[ri'ʧevere un faks]
enviar um fax	spedire un fax	[spe'dire un faks]

fazer uma chamada	telefonare (vi, vt)	[telefo'nare]
responder (vt)	rispondere (vi, vt)	[ris'pondere]
passar (vt)	passare (vt)	[pas'sare]

marcar (vt)	fissare (vt)	[fis'sare]
demonstrar (vt)	dimostrare (vt)	[dimo'strare]
estar ausente	essere assente	['essere as'sente]
ausência (f)	assenza (f)	[as'sentsa]

104. Processos negociais. Parte 1

ocupação (f)	occupazione (f)	[okkupa'tsjone]
firma, empresa (f)	ditta (f)	['ditta]
companhia (f)	compagnia (f)	[kompa'ɲia]
corporação (f)	corporazione (f)	[korpora'tsjone]
empresa (f)	impresa (f)	[im'preza]
agência (f)	agenzia (f)	[adʒen'tsia]

acordo (documento)	accordo (m)	[ak'kordo]
contrato (m)	contratto (m)	[kon'tratto]
acordo (transação)	affare (m)	[af'fare]
encomenda (f)	ordine (m)	['ordine]
cláusulas (f pl), termos (m pl)	termine (m) dell'accordo	['termine dell ak'kordo]

por grosso (adv)	all'ingrosso	[all in'grosso]
por grosso (adj)	all'ingrosso	[all in'grosso]
venda (f) por grosso	vendita (f) all'ingrosso	['vendita all in'grosso]
a retalho	al dettaglio	[al det'taʎʎo]
venda (f) a retalho	vendita (f) al dettaglio	['vendita al det'taʎʎo]

concorrente (m)	concorrente (m)	[konkor'rente]
concorrência (f)	concorrenza (f)	[konkor'rentsa]
competir (vi)	competere (vi)	[kom'petere]

| sócio (m) | socio (m), partner (m) | ['soʧo], ['partner] |
| parceria (f) | partenariato (m) | [partena'rjato] |

crise (f)	crisi (f)	['krizi]
bancarrota (f)	bancarotta (f)	[banka'rotta]
entrar em falência	fallire (vi)	[fal'lire]
dificuldade (f)	difficoltà (f)	[diffikol'ta]
problema (m)	problema (m)	[pro'blema]
catástrofe (f)	disastro (m)	[di'zastro]

economia (f)	economia (f)	[ekono'mia]
económico	economico	[eko'nomiko]
recessão (f) económica	recessione (f) economica	[reʧes'sjone eko'nomika]

| objetivo (m) | scopo (m), obiettivo (m) | ['skopo], [objet'tivo] |
| tarefa (f) | incarico (m) | [in'kariko] |

comerciar (vi, vt)	commerciare (vi)	[kommer'ʧare]
rede (de distribuição)	rete (f)	['rete]
estoque (m)	giacenza (f)	[dʒia'ʧentsa]

sortimento (m)	assortimento (m)	[assorti'mento]
líder (m)	leader (m), capo (m)	['lider], ['kapo]
grande (~ empresa)	grande	['grande]
monopólio (m)	monopolio (m)	[mono'polio]
teoria (f)	teoria (f)	[teo'ria]
prática (f)	pratica (f)	['pratika]
experiência (falar por ~)	esperienza (f)	[espe'rjentsa]
tendência (f)	tendenza (f)	[ten'dentsa]
desenvolvimento (m)	sviluppo (m)	[zvi'luppo]

105. Processos negociais. Parte 2

rentabilidade (f)	profitto (m)	[pro'fitto]
rentável	profittevole	[profit'tevole]
delegação (f)	delegazione (f)	[delega'tsjone]
salário, ordenado (m)	stipendio (m)	[sti'pendio]
corrigir (um erro)	correggere (vt)	[kor'redʒere]
viagem (f) de negócios	viaggio (m) d'affari	['vjadʒo daf'fari]
comissão (f)	commissione (f)	[kommi'sjone]
controlar (vt)	controllare (vt)	[kontrol'lare]
conferência (f)	conferenza (f)	[konfe'rentsa]
licença (f)	licenza (f)	[li'ʧentsa]
confiável	affidabile	[affi'dabile]
emproendimento (m)	iniziativa (f)	[initsja'tiva]
norma (f)	norma (f)	['norma]
circunstância (f)	circostanza (f)	[ʧirko'stantsa]
dever (m)	mansione (f)	[man'sjone]
empresa (f)	impresa (f)	[im'preza]
organização (f)	organizzazione (f)	[organiddza'tsjone]
organizado	organizzato	[organid'dzato]
anulação (f)	annullamento (m)	[annulla'mento]
anular, cancelar (vt)	annullare (vt)	[annul'lare]
relatório (m)	rapporto (m)	[rap'porto]
patente (f)	brevetto (m)	[bre'vetto]
patentear (vt)	brevettare (vt)	[brevet'tare]
planear (vt)	pianificare (vt)	[pjanifi'kare]
prémio (m)	premio (m)	['premio]
profissional	professionale	[professjo'nale]
procedimento (m)	procedura (f)	[proʧe'dura]
examinar (a questão)	esaminare (vt)	[ezami'nare]
cálculo (m)	calcolo (m)	['kalkolo]
reputação (f)	reputazione (f)	[reputa'tsjone]
risco (m)	rischio (m)	['riskio]
dirigir (~ uma empresa)	dirigere (vt)	[di'ridʒere]
informação (f)	informazioni (f pl)	[informa'tsjoni]

| propriedade (f) | proprietà (f) | [proprie'ta] |
| união (f) | unione (f) | [uni'one] |

seguro (m) de vida	assicurazione (f) sulla vita	[assikura'tsjone 'sulla 'vita]
fazer um seguro	assicurare (vt)	[assiku'rare]
seguro (m)	assicurazione (f)	[assikura'tsjone]

leilão (m)	asta (f)	['asta]
notificar (vt)	avvisare (vt)	[avvi'zare]
gestão (f)	gestione (f)	[dʒes'tjone]
serviço (indústria de ~s)	servizio (m)	[ser'vitsio]

fórum (m)	forum (m)	['forum]
funcionar (vi)	funzionare (vi)	[funtsjo'nare]
estágio (m)	stadio (m)	['stadio]
jurídico	giuridico	[dʒu'ridiko]
jurista (m)	esperto (m) legale	[e'sperto le'gale]

106. Produção. Trabalhos

usina (f)	stabilimento (m)	[stabili'mento]
fábrica (f)	fabbrica (f)	['fabbrika]
oficina (f)	officina (f) di produzione	[offi'tʃina di produ'tsjone]
local (m) de produção	stabilimento (m)	[stabili'mento]

indústria (f)	industria (f)	[in'dustria]
industrial	industriale	[industri'ale]
indústria (f) pesada	industria (f) pesante	[in'dustria pe'zante]
indústria (f) ligeira	industria (f) leggera	[in'dustria le'dʒera]

produção (f)	prodotti (m pl)	[pro'dotti]
produzir (vt)	produrre (vt)	[pro'durre]
matérias-primas (f pl)	materia (f) prima	[ma'teria 'prima]

chefe (m) de brigada	caposquadra (m)	[kapo'skwadra]
brigada (f)	squadra (f)	['skwadra]
operário (m)	operaio (m)	[ope'rajo]

dia (m) de trabalho	giorno (m) lavorativo	['dʒorno lavora'tivo]
pausa (f)	pausa (f)	['pauza]
reunião (f)	riunione (f)	[riu'njone]
discutir (vt)	discutere (vt)	[di'skutere]

plano (m)	piano (m)	['pjano]
cumprir o plano	eseguire il piano	[eze'gwire il 'pjano]
taxa (f) de produção	tasso (m) di produzione	['tasso di produ'tsjone]
qualidade (f)	qualità (f)	[kwali'ta]
controlo (m)	controllo (m)	[kon'trollo]
controlo (m) da qualidade	controllo (m) di qualità	[kon'trollo di kwali'ta]

segurança (f) no trabalho	sicurezza (f) sul lavoro	[siku'rettsa sul la'voro]
disciplina (f)	disciplina (f)	[diʃi'plina]
infração (f)	infrazione (f)	[infra'tsjone]
violar (as regras)	violare (vt)	[vio'lare]

greve (f)	sciopero (m)	['ʃopero]
grevista (m)	scioperante (m)	[ʃope'rante]
estar em greve	fare sciopero	['fare 'ʃopero]
sindicato (m)	sindacato (m)	[sinda'kato]

inventar (vt)	inventare (vt)	[inven'tare]
invenção (f)	invenzione (f)	[inven'tsjone]
pesquisa (f)	ricerca (f)	[ri'tʃerka]
melhorar (vt)	migliorare (vt)	[miʎʎo'rare]
tecnologia (f)	tecnologia (f)	[teknolo'dʒia]
desenho (m) técnico	disegno (m) tecnico	[di'zeɲo 'tekniko]

carga (f)	carico (m)	['kariko]
carregador (m)	caricatore (m)	[karika'tore]
carregar (vt)	caricare (vt)	[kari'kare]
carregamento (m)	caricamento (m)	[karika'mento]
descarregar (vt)	scaricare (vt)	[skari'kare]
descarga (f)	scarico (m)	['skariko]

transporte (m)	trasporto (m)	[tras'porto]
companhia (f) de transporte	società (f) di trasporti	[sotʃe'ta di tras'porti]
transportar (vt)	trasportare (vt)	[traspor'tare]

vagão (m) de carga	vagone (m) merci	[va'gone 'mertʃi]
cisterna (f)	cisterna (f)	[tʃi'sterna]
camião (m)	camion (m)	['kamjon]

| máquina-ferramenta (f) | macchina (f) utensile | ['makkina u'tensile] |
| mecanismo (m) | meccanismo (m) | [mekka'nizmo] |

resíduos (m pl) industriais	rifiuti (m pl) industriali	[ri'fjuti industri'ali]
embalagem (f)	imballaggio (m)	[imbal'ladʒo]
embalar (vt)	imballare (vt)	[imbal'lare]

107. Contrato. Acordo

contrato (m)	contratto (m)	[kon'tratto]
acordo (m)	accordo (m)	[ak'kordo]
adenda (f), anexo (m)	allegato (m)	[alle'gato]

assinar o contrato	firmare un contratto	[fir'mare un kon'tratto]
assinatura (f)	firma (f)	['firma]
assinar (vt)	firmare (vt)	[fir'mare]
carimbo (m)	timbro (m)	['timbro]

objeto (m) do contrato	oggetto (m) del contratto	[o'dʒetto del kon'tratto]
cláusula (f)	clausola (f)	['klauzola]
partes (f pl)	parti (f pl)	['parti]
morada (f) jurídica	sede (f) legale	['sede le'gale]

violar o contrato	sciogliere un contratto	['ʃoʎʎere un kon'tratto]
obrigação (f)	obbligo (m)	['obbligo]
responsabilidade (f)	responsabilità (f)	[responsabili'ta]
força (f) maior	forza (f) maggiore	['fortsa ma'dʒore]

litígio (m), disputa (f)	discussione (f)	[diskus'sjone]
multas (f pl)	sanzioni (f pl)	[san'tsjoni]

108. Importação & Exportação

importação (f)	importazione (f)	[importa'tsjone]
importador (m)	importatore (m)	[importa'tore]
importar (vt)	importare (vt)	[impor'tare]
de importação	d'importazione	[dimporta'tsjone]

exportação (f)	esportazione (f)	[esporta'tsjone]
exportador (m)	esportatore (m)	[esporta'tore]
exportar (vt)	esportare (vt)	[espor'tare]
de exportação	d'esportazione	[desporta'tsjone]

mercadoria (f)	merce (f)	['mertʃe]
lote (de mercadorias)	carico (m)	['kariko]

peso (m)	peso (m)	['pezo]
volume (m)	volume (m)	[vo'lume]
metro (m) cúbico	metro (m) cubo	['metro 'kubo]

produtor (m)	produttore (m)	[produt'tore]
companhia (f) de transporte	società (f) di trasporti	[sotʃe'ta di tras'porti]
contentor (m)	container (m)	[kon'tejner]

fronteira (f)	frontiera (f)	[fron'tjera]
alfândega (f)	dogana (f)	[do'gana]
taxa (f) alfandegária	dazio (m) doganale	['datsio doga'nale]
funcionário (m) da alfândega	doganiere (m)	[doga'njere]
contrabando (atividade)	contrabbando (m)	[kontrab'bando]
contrabando (produtos)	merci (f pl) contrabbandate	['mertʃi kontrabban'date]

109. Finanças

ação (f)	azione (f)	[a'tsjone]
obrigação (f)	obbligazione (f)	[obbliga'tsjone]
nota (f) promissória	cambiale (f)	[kam'bjale]

bolsa (f)	borsa (f)	['borsa]
cotação (m) das ações	quotazione (f)	[kwota'tsjone]

tornar-se mais barato	diminuire di prezzo	[diminu'ire di 'prettso]
tornar-se mais caro	aumentare di prezzo	[aumen'tare di 'prettso]

parte (f)	quota (f)	['kwota]
participação (f) maioritária	pacchetto (m) di maggioranza	[pak'ketto di madʒo'rantsa]

investimento (m)	investimento (m)	[investi'mento]
investir (vt)	investire (vt)	[inve'stire]
percentagem (f)	percento (m)	[per'tʃento]

juros (m pl)	interessi (m pl)	[inte'ressi]
lucro (m)	profitto (m)	[pro'fitto]
lucrativo	redditizio	[redi'titsio]
imposto (m)	imposta (f)	[im'posta]

divisa (f)	valuta (f)	[va'luta]
nacional	nazionale	[natsio'nale]
câmbio (m)	cambio (m)	['kambio]

contabilista (m)	contabile (m)	[kon'tabile]
contabilidade (f)	ufficio (m) contabilità	[uf'fitʃo kontabili'ta]

bancarrota (f)	bancarotta (f)	[banka'rotta]
falência (f)	fallimento (m)	[falli'mento]
ruína (f)	rovina (f)	[ro'vina]
arruinar-se (vr)	andare in rovina	[an'dare in ro'vina]
inflação (f)	inflazione (f)	[infla'tsjone]
desvalorização (f)	svalutazione (f)	[zvaluta'tsjone]

capital (m)	capitale (m)	[kapi'tale]
rendimento (m)	reddito (m)	['reddito]
volume (m) de negócios	giro (m) di affari	['dʒiro di af'fari]
recursos (m pl)	risorse (f pl)	[ri'sorse]
recursos (m pl) financeiros	mezzi (m pl) finanziari	['meddzi finan'tsjari]

despesas (f pl) gerais	spese (f pl) generali	['speze dʒene'rali]
reduzir (vt)	ridurre (vt)	[ri'durre]

110. Marketing

marketing (m)	marketing (m)	['marketing]
mercado (m)	mercato (m)	[mer'kato]
segmento (m) do mercado	segmento (m) di mercato	[seg'mento di mer'kato]
produto (m)	prodotto (m)	[pro'dotto]
mercadoria (f)	merce (f)	['mertʃe]

marca (f)	brand (m)	[brend]
marca (f) comercial	marchio (m) di fabbrica	['markio di 'fabbrika]
logotipo (m)	logotipo (m)	[logo'tipo]
logo (m)	logo (m)	[logo]

demanda (f)	domanda (f)	[do'manda]
oferta (f)	offerta (f)	[of'ferta]
necessidade (f)	bisogno (m)	[bi'zoɲo]
consumidor (m)	consumatore (m)	[konsuma'tore]

análise (f)	analisi (f)	[a'nalizi]
analisar (vt)	analizzare (vt)	[analid'dzare]
posicionamento (m)	posizionamento (m)	[pozitsjona'mento]
posicionar (vt)	posizionare (vt)	[pozitsjo'nare]

preço (m)	prezzo (m)	['prettso]
política (f) de preços	politica (f) dei prezzi	[po'litika 'dei 'prettsi]
formação (f) de preços	determinazione (f) dei prezzi	[determina'tsjone del 'prettsi]

111. Publicidade

publicidade (f)	pubblicità (f)	[pubbliʧi'ta]
publicitar (vt)	pubblicizzare (vt)	[pubbliʧid'ʣare]
orçamento (m)	bilancio (m)	[bi'lanʧo]
anúncio (m) publicitário	annuncio (m)	[an'nunʧo]
publicidade (f) televisiva	pubblicità (f) televisiva	[pubbliʧi'ta televi'ziva]
publicidade (f) na rádio	pubblicità (f) radiofonica	[pubbliʧi'ta radio'fonika]
publicidade (f) exterior	pubblicità (f) esterna	[pubbliʧi'ta es'terna]
comunicação (f) de massa	mass media (m pl)	[mass 'media]
periódico (m)	periodico (m)	[pe'rjodiko]
imagem (f)	immagine (f)	[im'madʒine]
slogan (m)	slogan (m)	[zlogan]
mote (m), divisa (f)	motto (m)	['motto]
campanha (f)	campagna (f)	[kam'paɲa]
companha (f) publicitária	campagna (f) pubblicitaria	[kam'paɲa pubbliʧi'taria]
grupo (m) alvo	gruppo (m) di riferimento	['gruppo de riferi'mento]
cartão (m) de visita	biglietto (m) da visita	[biʎ'ʎetto da 'vizita]
flyer (m)	volantino (m)	[volan'tino]
brochura (f)	opuscolo (m)	[o'puskolo]
folheto (m)	pieghevole (m)	[pje'gevole]
boletim (~ informativo)	bollettino (m)	[bollet'tino]
letreiro (m)	insegna (f)	[in'seɲa]
cartaz, póster (m)	cartellone (m)	[kartel'lone]
painel (m) publicitário	tabellone (m) pubblicitario	[tabel'lone pubbliʧi'tario]

112. Banca

banco (m)	banca (f)	['banka]
sucursal, balcão (f)	filiale (f)	[fi'ljale]
consultor (m)	consulente (m)	[konsu'lente]
gerente (m)	direttore (m)	[diret'tore]
conta (f)	conto (m) bancario	['konto ban'kario]
número (m) da conta	numero (m) del conto	['numero del 'konto]
conta (f) corrente	conto (m) corrente	['konto kor'rente]
conta (f) poupança	conto (m) di risparmio	['konto di ris'parmio]
abrir uma conta	aprire un conto	[a'prire un 'konto]
fechar uma conta	chiudere il conto	['kjudere il 'konto]
depositar na conta	versare sul conto	[ver'sare sul 'konto]
levantar (vt)	prelevare dal conto	[prele'vare dal 'konto]
depósito (m)	deposito (m)	[de'pozito]
fazer um depósito	depositare (vt)	[depozi'tare]
transferência (f) bancária	trasferimento (m) telegrafico	[trasferi'mento tele'grafiko]

transferir (vt)	rimettere i soldi	[ri'mettere i 'soldi]
soma (f)	somma (f)	['somma]
Quanto?	Quanto?	['kwanto]

| assinatura (f) | firma (f) | ['firma] |
| assinar (vt) | firmare (vt) | [fir'mare] |

cartão (m) de crédito	carta (f) di credito	['karta di 'kredito]
código (m)	codice (m)	['koditʃe]
número (m)	numero (m)	['numero
do cartão de crédito	della carta di credito	'della 'karta di 'kredito]
Caixa Multibanco (m)	bancomat (m)	['bankomat]

cheque (m)	assegno (m)	[as'seɲo]
passar um cheque	emettere un assegno	[e'mettere un as'seɲo]
livro (m) de cheques	libretto (m) di assegni	[li'bretto di as'seɲi]

empréstimo (m)	prestito (m)	['prestito]
pedir um empréstimo	fare domanda per un prestito	['fare do'manda per un 'prestito]
obter um empréstimo	ottenere un prestito	[otte'nere un 'prestito]
conceder um empréstimo	concedere un prestito	[kon'tʃedere un 'prestito]
garantia (f)	garanzia (f)	[garan'tsia]

113. Telefone. Conversação telefónica

telefone (m)	telefono (m)	[te'lefono]
telemóvel (m)	telefonino (m)	[telefo'nino]
secretária (f) electrónica	segreteria (f) telefonica	[segroto'ria tele'fonika]

| fazer uma chamada | telefonare (vi, vt) | [telefo'nare] |
| chamada (f) | chiamata (f) | [kja'mata] |

marcar um número	comporre un numero	[kom'porre un 'numero]
Alô!	Pronto!	['pronto]
perguntar (vt)	chiedere, domandare	['kjedere], [doman'dare]
responder (vt)	rispondere (vi, vt)	[ris'pondere]

ouvir (vt)	udire, sentire (vt)	[u'dire], [sen'tire]
bem	bene	['bene]
mal	male	['male]
ruído (m)	disturbi (m pl)	[di'sturbi]

auscultador (m)	cornetta (f)	[kor'netta]
pegar o telefone	alzare la cornetta	[al'tsare la kor'netta]
desligar (vi)	riattaccare la cornetta	[riattak'kare la kor'netta]

ocupado	occupato	[okku'pato]
tocar (vi)	squillare (vi)	[skwil'lare]
lista (f) telefónica	elenco (m) telefonico	[e'lenko tele'foniko]

local	locale	[lo'kale]
chamada (f) local	chiamata (f) locale	[kja'mata lo'kale]
de longa distância	interurbano	[interur'bano]

chamada (f) de longa distância	chiamata (f) interurbana	[kja'mata interur'bana]
internacional	internazionale	[internatsjo'nale]
chamada (f) internacional	chiamata (f) internazionale	[kja'mata internatsjo'nale]

114. Telefone móvel

telemóvel (m)	telefonino (m)	[telefo'nino]
ecrã (m)	schermo (m)	['skermo]
botão (m)	tasto (m)	['tasto]
cartão SIM (m)	scheda SIM (f)	['skeda 'sim]

bateria (f)	pila (f)	['pila]
descarregar-se	essere scarico	['essere 'skariko]
carregador (m)	caricabatteria (m)	[karika·batte'ria]

menu (m)	menù (m)	[me'nu]
definições (f pl)	impostazioni (f pl)	[imposta'tsjoni]
melodia (f)	melodia (f)	[melo'dia]
escolher (vt)	scegliere (vt)	['ʃeʎʎere]

calculadora (f)	calcolatrice (f)	[kalkola'tritʃe]
correio (m) de voz	segreteria (f) telefonica	[segrete'ria tele'fonika]
despertador (m)	sveglia (f)	['zveʎʎa]
contatos (m pl)	contatti (m pl)	[kon'tatti]

| mensagem (f) de texto | messaggio (m) SMS | [mes'sadʒo ese'mese] |
| assinante (m) | abbonato (m) | [abbo'nato] |

115. Estacionário

| caneta (f) | penna (f) a sfera | [penna a 'sfera] |
| caneta (f) tinteiro | penna (f) stilografica | ['penna stilo'grafika] |

lápis (m)	matita (f)	[ma'tita]
marcador (m)	evidenziatore (m)	[evidentsja'tore]
caneta (f) de feltro	pennarello (m)	[penna'rello]

| bloco (m) de notas | taccuino (m) | [tak'kwino] |
| agenda (f) | agenda (f) | [a'dʒenda] |

régua (f)	righello (m)	[ri'gello]
calculadora (f)	calcolatrice (f)	[kalkola'tritʃe]
borracha (f)	gomma (f) per cancellare	['gomma per kantʃel'lare]

| pionés (m) | puntina (f) | [pun'tina] |
| clipe (m) | graffetta (f) | [graf'fetta] |

cola (f)	colla (f)	['kolla]
agrafador (m)	pinzatrice (f)	[pintsa'tritʃe]
furador (m)	perforatrice (f)	[perfora'tritʃe]
afia-lápis (m)	temperamatite (m)	[temperama'tite]

116. Vários tipos de documentos

Português	Italiano	Pronúncia
relatório (m)	resoconto (m)	[rezo'konto]
acordo (m)	accordo (m)	[ak'kordo]
ficha (f) de inscrição	modulo (m) di richiesta	['modulo di ri'kjesta]
autêntico	autentico	[au'tentiko]
crachá (m)	tesserino (m)	[tesse'rino]
cartão (m) de visita	biglietto (m) da visita	[biʎ'ʎetto da 'vizita]
certificado (m)	certificato (m)	[tʃertifi'kato]
cheque (m)	assegno (m)	[as'seɲo]
conta (f)	conto (m)	['konto]
constituição (f)	costituzione (f)	[kostitu'tsjone]
contrato (m)	contratto (m)	[kon'tratto]
cópia (f)	copia (f)	['kopia]
exemplar (m)	copia (f)	['kopia]
declaração (f) alfandegária	dichiarazione (f)	[dikjara'tsjone]
documento (m)	documento (m)	[doku'mento]
carta (f) de condução	patente (f) di guida	[pa'tente di 'gwida]
adenda (ao contrato)	allegato (m)	[alle'gato]
questionário (m)	modulo (m)	['modulo]
bilhete (m) de identidade	carta (f) d'identità	['karta didenti'ta]
inquérito (m)	richiesta (f) di informazioni	[ri'kjesta di informa'tsjoni]
convite (m)	biglietto (m) d'invito	[biʎ'ʎetto din'vito]
fatura (f)	fattura (f)	[fat'tura]
lei (f)	legge (f)	['ledʒe]
carta (correio)	lettera (f)	['lettera]
papel (m) timbrado	carta (f) intestata	['karta inte'stata]
lista (f)	lista (f)	['lista]
manuscrito (m)	manoscritto (m)	[mano'skritto]
boletim (~ informativo)	bollettino (m)	[bollet'tino]
bilhete (mensagem breve)	appunto (m), nota (f)	[ap'punto], ['nota]
passe (m)	lasciapassare (m)	[laʃapas'sare]
passaporte (m)	passaporto (m)	[passa'porto]
permissão (f)	permesso (m)	[per'messo]
CV, currículo (m)	curriculum vitae (f)	[kur'rikulum 'vite]
vale (nota promissória)	nota (f) di addebito	['nota di ad'debito]
recibo (m)	ricevuta (f)	[ritʃe'vuta]
talão (f)	scontrino (m)	[skon'trino]
relatório (m)	rapporto (m)	[rap'porto]
mostrar (vt)	mostrare (vt)	[mo'strare]
assinar (vt)	firmare (vt)	[fir'mare]
assinatura (f)	firma (f)	['firma]
carimbo (m)	timbro (m)	['timbro]
texto (m)	testo (m)	['testo]
bilhete (m)	biglietto (m)	[biʎ'ʎetto]
riscar (vt)	cancellare (vt)	[kantʃel'lare]
preencher (vt)	riempire (vt)	[riem'pire]

| guia (f) de remessa | bolla (f) di consegna | ['bolla di kon'seɲa] |
| testamento (m) | testamento (m) | [testa'mento] |

117. Tipos de negócios

serviços (m pl) de contabilidade	servizi (m pl) di contabilità	[ser'vitsi di kontabili'ta]
publicidade (f)	pubblicità (f)	[pubbliʧi'ta]
agência (f) de publicidade	agenzia (f) pubblicitaria	[adʒen'tsia pubbliʧi'taria]
ar (m) condicionado	condizionatori (m pl) d'aria	[konditsjona'tori 'daria]
companhia (f) aérea	compagnia (f) aerea	[kompa'ɲia a'erea]

bebidas (f pl) alcoólicas	bevande (f pl) alcoliche	[be'vande al'kolike]
comércio (m) de antiguidades	antiquariato (m)	[antikwa'rjato]
galeria (f) de arte	galleria (f) d'arte	[galle'ria 'darte]
serviços (m pl) de auditoria	società (f) di revisione contabile	[soʧe'ta di revi'zone kon'tabile]

negócios (m pl) bancários	imprese (f pl) bancarie	[im'preze ban'karie]
bar (m)	bar (m)	[bar]
salão (m) de beleza	salone (m) di bellezza	[sa'lone di bel'lettsa]
livraria (f)	libreria (f)	[libre'ria]
cervejaria (f)	birreria (f)	[birre'ria]
centro (m) de escritórios	business centro (m)	['biznes 'ʧentro]
escola (f) de negócios	scuola (f) di commercio	['skwola di kom'merʧo]

casino (m)	casinò (m)	[kazi'no]
construção (f)	edilizia (f)	[edi'litsia]
serviços (m pl) de consultoria	consulenza (f)	[konsu'lentsa]

estomatologia (f)	odontoiatria (f)	[odontoja'tria]
design (m)	design (m)	[di'zajn]
farmácia (f)	farmacia (f)	[farma'ʧia]
lavandaria (f)	lavanderia (f) a secco	[lavande'ria a 'sekko]
agência (f) de emprego	agenzia (f) di collocamento	[adʒen'tsia di kolloka'mento]

serviços (m pl) financeiros	servizi (m pl) finanziari	[ser'vitsi finan'tsjari]
alimentos (m pl)	industria (f) alimentare	[in'dustria alimen'tare]
agência (f) funerária	agenzia (f) di pompe funebri	[adʒen'tsia di 'pompe 'funebri]
mobiliário (m)	mobili (m pl)	['mobili]
roupa (f)	abbigliamento (m)	[abbiʎʎa'mento]
hotel (m)	albergo, hotel (m)	[al'bergo], [o'tel]

gelado (m)	gelato (m)	[dʒe'lato]
indústria (f)	industria (f)	[in'dustria]
seguro (m)	assicurazione (f)	[assikura'tsjone]
internet (f)	internet (f)	['internet]
investimento (m)	investimenti (m pl)	[investi'menti]

joalheiro (m)	gioielliere (m)	[dʒojel'ljere]
joias (f pl)	gioielli (m pl)	[dʒo'jelli]
lavandaria (f)	lavanderia (f)	[lavande'ria]
serviços (m pl) jurídicos	consulente (m) legale	[konsu'lente le'gale]
indústria (f) ligeira	industria (f) leggera	[in'dustria le'dʒera]

revista (f)	rivista (f)	[ri'vista]
vendas (f pl) por catálogo	vendite (f pl) per corrispondenza	['vendite per korrispon'dentsa]
medicina (f)	medicina (f)	[medi'tʃina]
cinema (m)	cinema (m)	['tʃinema]
museu (m)	museo (m)	[mu'zeo]
agência (f) de notícias	agenzia (f) di stampa	[adʒen'tsia di 'stampa]
jornal (m)	giornale (m)	[dʒor'nale]
clube (m) noturno	locale notturno (m)	[lo'kale not'turno]
petróleo (m)	petrolio (m)	[pe'trolio]
serviço (m) de encomendas	corriere (m) espresso	[kor'rjere e'spresso]
indústria (f) farmacêutica	farmaci (m pl)	['farmatʃi]
poligrafia (f)	stampa (f)	['stampa]
editora (f)	casa (f) editrice	['kaza edi'tritʃe]
rádio (m)	radio (f)	['radio]
imobiliário (m)	beni (m pl) immobili	['beni im'mobili]
restaurante (m)	ristorante (m)	[risto'rante]
empresa (f) de segurança	agenzia (f) di sicurezza	[adʒen'tsia di siku'rettsa]
desporto (m)	sport (m)	[sport]
bolsa (f)	borsa (f)	['borsa]
loja (f)	negozio (m)	[ne'gotsio]
supermercado (m)	supermercato (m)	[supermer'kato]
piscina (f)	piscina (f)	[pi'ʃina]
alfaiataria (f)	sartoria (f)	[sarto'ria]
televisão (f)	televisione (f)	[televi'zjone]
teatro (m)	teatro (m)	[te'atro]
comércio (atividade)	commercio (m)	[kom'mertʃo]
serviços (m pl) de transporte	mezzi (m pl) di trasporto	['meddzi di tras'porto]
viagens (f pl)	viaggio (m)	['vjadʒo]
veterinário (m)	veterinario (m)	[veteri'nario]
armazém (m)	deposito, magazzino (m)	[de'pozito], [magad'dzino]
recolha (f) do lixo	trattamento (m) dei rifiuti	[tratta'mento dei ri'fjuti]

Emprego. Negócios. Parte 2

118. Espetáculo. Feira

feira (f)	fiera (f)	['fjera]
feira (f) comercial	fiera (f) campionaria	['fjera kampjo'naria]
participação (f)	partecipazione (f)	[partetʃipa'tsjone]
participar (vi)	partecipare (vi)	[partetʃi'pare]
participante (m)	partecipante (m)	[partetʃi'pante]
diretor (m)	direttore (m)	[diret'tore]
direção (f)	ufficio (m) organizzativo	[uf'fitʃo organiddza'tivo]
organizador (m)	organizzatore (m)	[organiddza'tore]
organizar (vt)	organizzare (vt)	[organid'dzare]
ficha (f) de inscrição	domanda (f) di partecipazione	[do'manda di partetʃipa'tsjone]
preencher (vt)	riempire (vt)	[riem'pire]
detalhes (m pl)	dettagli (m pl)	[det'taʎʎi]
informação (f)	informazione (f)	[informa'tsjone]
preço (m)	prezzo (m)	['prettso]
incluindo	incluso	[in'kluzo]
incluir (vt)	includere (vt)	[in'kludere]
pagar (vt)	pagare (vi, vt)	[pa'gare]
taxa (f) de inscrição	quota (f) d'iscrizione	['kwota diskri'tsjone]
entrada (f)	entrata (f)	[en'trata]
pavilhão (m)	padiglione (m)	[padiʎ'ʎone]
inscrever (vt)	registrare (vt)	[redʒi'strare]
crachá (m)	tesserino (m)	[tesse'rino]
stand (m)	stand (m)	[stend]
reservar (vt)	prenotare, riservare	[preno'tare], [rizer'vare]
vitrina (f)	vetrina (f)	[ve'trina]
foco, spot (m)	faretto (m)	[fa'retto]
design (m)	design (m)	[di'zajn]
pôr, colocar (vt)	collocare (vt)	[kollo'kare]
ser colocado, -a	collocarsi (vr)	[kollo'karsi]
distribuidor (m)	distributore (m)	[distribu'tore]
fornecedor (m)	fornitore (m)	[forni'tore]
fornecer (vt)	fornire (vt)	[for'nire]
país (m)	paese (m)	[pa'eze]
estrangeiro	straniero	[stra'njero]
produto (m)	prodotto (m)	[pro'dotto]
associação (f)	associazione (f)	[assotʃa'tsjone]

sala (f) de conferências	sala (f) conferenze	['sala konfe'rentse]
congresso (m)	congresso (m)	[kon'gresso]
concurso (m)	concorso (m)	[kon'korso]
visitante (m)	visitatore (m)	[vizita'tore]
visitar (vt)	visitare (vt)	[vizi'tare]
cliente (m)	cliente (m)	[kli'ente]

119. Media

jornal (m)	giornale (m)	[dʒor'nale]
revista (f)	rivista (f)	[ri'vista]
imprensa (f)	stampa (f)	['stampa]
rádio (m)	radio (f)	['radio]
estação (f) de rádio	stazione (f) radio	[sta'tsjone 'radio]
televisão (f)	televisione (f)	[televi'zjone]
apresentador (m)	presentatore (m)	[prezenta'tore]
locutor (m)	annunciatore (m)	[annunʧa'tore]
comentador (m)	commentatore (m)	[kommenta'tore]
jornalista (m)	giornalista (m)	[dʒorna'lista]
correspondente (m)	corrispondente (m)	[korrispon'dente]
repórter (m) fotográfico	fotocronista (m)	[fotokro'nista]
repórter (m)	cronista (m)	[kro'nista]
redator (m)	redattore (m)	[redat'tore]
redator-chefe (m)	redattore capo (m)	[redat'tore 'kapo]
assinar a ...	abbonarsi a ...	[abbo'narsi]
assinatura (f)	abbonamento (m)	[abbona'mento]
assinante (m)	abbonato (m)	[abbo'nato]
ler (vt)	leggere (vi, vt)	['ledʒere]
leitor (m)	lettore (m)	[let'tore]
tiragem (f)	tiratura (f)	[tira'tura]
mensal	mensile	[men'sile]
semanal	settimanale	[settima'nale]
número (jornal, revista)	numero (m)	['numero]
recente	fresco (m)	['fresko]
manchete (f)	testata (f)	[te'stata]
pequeno artigo (m)	trafiletto (m)	[trafi'letto]
coluna (~ semanal)	rubrica (f)	[ru'brika]
artigo (m)	articolo (m)	[ar'tikolo]
página (f)	pagina (f)	['padʒina]
reportagem (f)	servizio (m)	[ser'vitsio]
evento (m)	evento (m)	[e'vento]
sensação (f)	sensazione (f)	[sensa'tsjone]
escândalo (m)	scandalo (m)	['skandalo]
escandaloso	scandaloso	[skanda'lozo]
grande	enorme, grande	[e'norme], ['grande]
programa (m) de TV	trasmissione (f)	[trazmis'sjone]

entrevista (f)	intervista (f)	[inter'vista]
transmissão (f) em direto	trasmissione (f) in diretta	[trazmis'sjone in di'retta]
canal (m)	canale (m)	[ka'nale]

120. Agricultura

agricultura (f)	agricoltura (f)	[agrikol'tura]
camponês (m)	contadino (m)	[konta'dino]
camponesa (f)	contadina (f)	[konta'dina]
agricultor (m)	fattore (m)	[fat'tore]
trator (m)	trattore (m)	[trat'tore]
ceifeira-debulhadora (f)	mietitrebbia (f)	[mjeti'trebbia]
arado (m)	aratro (m)	[a'ratro]
arar (vt)	arare (vt)	[a'rare]
campo (m) lavrado	terreno (m) coltivato	[ter'reno kolti'vato]
rego (m)	solco (m)	['solko]
semear (vt)	seminare (vt)	[semi'nare]
semeadora (f)	seminatrice (f)	[semina'tritʃe]
semeadura (f)	semina (f)	['semina]
gadanha (f)	falce (f)	['faltʃe]
gadanhar (vt)	falciare (vt)	[fal'tʃare]
pá (f)	pala (f)	['pala]
cavar (vt)	scavare (vt)	[ska'vare]
enxada (f)	zappa (f)	['tsappa]
carpir (vt)	zappare (vt)	[tsap'pare]
erva (f) daninha	erbaccia (f)	[er'batʃa]
regador (m)	innaffiatoio (m)	[innaffja'tojo]
regar (vt)	innaffiare (vt)	[innaf'fjare]
rega (f)	innaffiamento (m)	[innaffja'mento]
forquilha (f)	forca (f)	['forka]
ancinho (m)	rastrello (m)	[ra'strello]
fertilizante (m)	concime (m)	[kon'tʃime]
fertilizar (vt)	concimare (vt)	[kontʃi'mare]
estrume (m)	letame (m)	[le'tame]
campo (m)	campo (m)	['kampo]
prado (m)	prato (m)	['prato]
horta (f)	orto (m)	['orto]
pomar (m)	frutteto (m)	[frut'teto]
pastar (vt)	pascolare (vt)	[pasko'lare]
pastor (m)	pastore (m)	[pa'store]
pastagem (f)	pascolo (m)	['paskolo]
pecuária (f)	allevamento (m) di bestiame	[alleva'mento di bes'tjame]
criação (f) de ovelhas	allevamento (m) di pecore	[alleva'mento di 'pekore]

plantação (f)	piantagione (f)	[pjanta'dʒone]
canteiro (m)	filare (m)	[fi'lare]
invernadouro (m)	serra (f) da orto	['serra da 'orto]

| seca (f) | siccità (f) | [sitʃi'ta] |
| seco (verão ~) | secco, arido | ['sekko], ['arrido] |

| cereais (m pl) | cereali (m pl) | [tʃere'ali] |
| colher (vt) | raccogliere (vt) | [rak'koʎʎere] |

moleiro (m)	mugnaio (m)	[mu'ɲajo]
moinho (m)	mulino (m)	[mu'lino]
moer (vt)	macinare (vt)	[matʃi'nare]
farinha (f)	farina (f)	[fa'rina]
palha (f)	paglia (f)	['paʎʎa]

121. Construção. Processo de construção

canteiro (m) de obras	cantiere (m) edile	[kan'tjere 'edile]
construir (vt)	costruire (vt)	[kostru'ire]
construtor (m)	operaio (m) edile	[ope'rajo e'dile]

projeto (m)	progetto (m)	[pro'dʒetto]
arquiteto (m)	architetto (m)	[arki'tetto]
operário (m)	operaio (m)	[ope'rajo]

fundação (f)	fondamenta (f pl)	[fonda'menta]
telhado (m)	tetto (m)	['tetto]
estaca (f)	palo (m) di fondazione	['palo di fonda'tsjone]
parede (f)	muro (m)	['muro]

| varões (m pl) para betão | barre (f pl) di rinforzo | ['barre di rin'fortso] |
| andaime (m) | impalcatura (f) | [impalka'tura] |

betão (m)	beton (m)	[be'ton]
granito (m)	granito (m)	[gra'nito]
pedra (f)	pietra (f)	['pjetra]
tijolo (m)	mattone (m)	[mat'tone]

areia (f)	sabbia (f)	['sabbia]
cimento (m)	cemento (m)	[tʃe'mento]
emboço (m)	intonaco (m)	[in'tonako]
emboçar (vt)	intonacare (vt)	[intona'kare]

tinta (f)	pittura (f)	[pit'tura]
pintar (vt)	pitturare (vt)	[pittu'rare]
barril (m)	botte (f)	['botte]

grua (f), guindaste (m)	gru (f)	[gru]
erguer (vt)	sollevare (vt)	[solle'vare]
baixar (vt)	abbassare (vt)	[abbas'sare]

| buldózer (m) | bulldozer (m) | [bulldo'dzer] |
| escavadora (f) | scavatrice (f) | [skava'tritʃe] |

caçamba (f)	cucchiaia (f)	[kuk'kjaja]
escavar (vt)	scavare (vt)	[ska'vare]
capacete (m) de proteção	casco (m)	['kasko]

122. Ciência. Investigação. Cientistas

ciência (f)	scienza (f)	[ʃi'entsa]
científico	scientifico	[ʃien'tifiko]
cientista (m)	scienziato (m)	[ʃien'tsjato]
teoria (f)	teoria (f)	[teo'ria]

axioma (m)	assioma (m)	[as'sjoma]
análise (f)	analisi (f)	[a'nalizi]
analisar (vt)	analizzare (vt)	[analid'dzare]
argumento (m)	argomento (m)	[argo'mento]
substância (f)	sostanza (f)	[so'stantsa]

hipótese (f)	ipotesi (f)	[i'potezi]
dilema (m)	dilemma (m)	[di'lemma]
tese (f)	tesi (f)	['tezi]
dogma (m)	dogma (m)	['dogma]

doutrina (f)	dottrina (f)	[dot'trina]
pesquisa (f)	ricerca (f)	[ri'tʃerka]
pesquisar (vt)	fare ricerche	['fare ri'tʃerke]
teste (m)	prova (f)	['prova]
laboratório (m)	laboratorio (m)	[labora'torio]

método (m)	metodo (m)	['metodo]
molécula (f)	molecola (f)	[mo'lekola]
monitoramento (m)	monitoraggio (m)	[monito'radʒo]
descoberta (f)	scoperta (f)	[sko'perta]

postulado (m)	postulato (m)	[postu'lato]
princípio (m)	principio (m)	[prin'tʃipjo]
prognóstico (previsão)	previsione (f)	[previ'zjone]
prognosticar (vt)	fare previsioni	[fare previ'zjoni]

síntese (f)	sintesi (f)	['sintezi]
tendência (f)	tendenza (f)	[ten'dentsa]
teorema (m)	teorema (m)	[teo'rema]

| ensinamentos (m pl) | insegnamento (m) | [inse'ɲamento] |
| facto (m) | fatto (m) | ['fatto] |

| expedição (f) | spedizione (f) | [spedi'tsjone] |
| experiência (f) | esperimento (m) | [esperi'mento] |

académico (m)	accademico (m)	[akka'demiko]
bacharel (m)	laureato (m)	[laure'ato]
doutor (m)	dottore (m)	[dot'tore]
docente (m)	professore (m) associato	[profes'sore assotʃi'ato]
mestre (m)	Master (m)	['master]
professor (m) catedrático	professore (m)	[profes'sore]

Profissões e ocupações

123. Procura de emprego. Demissão

trabalho (m)	lavoro (m)	[la'voro]
equipa (f)	organico (m)	[or'ganiko]
pessoal (m)	personale (m)	[perso'nale]
carreira (f)	carriera (f)	[kar'rjera]
perspetivas (f pl)	prospettiva (f)	[prospet'tiva]
mestria (f)	abilità (f pl)	[abili'ta]
seleção (f)	selezione (f)	[sele'tsjone]
agência (f) de emprego	agenzia (f) di collocamento	[adʒen'tsia di kolloka'mento]
CV, currículo (m)	curriculum vitae (f)	[kur'rikulum 'vite]
entrevista (f) de emprego	colloquio (m)	[kol'lokwio]
vaga (f)	posto (m) vacante	['posto va'kante]
salário (m)	salario (m)	[sa'lario]
salário (m) fixo	stipendio (m) fisso	[sti'pendio 'fisso]
pagamento (m)	compenso (m)	[kom'penso]
posto (m)	carica (f)	['karika]
dever (do empregado)	mansione (f)	[man'sjone]
gama (f) de deveres	mansioni (f pl) di lavoro	[man'sjoni di la'voro]
ocupado	occupato	[okku'pato]
despedir, demitir (vt)	licenziare (vt)	[litʃen'tsjare]
demissão (f)	licenziamento (m)	[litʃentsja'mento]
desemprego (m)	disoccupazione (f)	[disokkupa'tsjone]
desempregado (m)	disoccupato (m)	[disokku'pato]
reforma (f)	pensionamento (m)	[pensjona'mento]
reformar-se	andare in pensione	[an'dare in pen'sjone]

124. Gente de negócios

diretor (m)	direttore (m)	[diret'tore]
gerente (m)	dirigente (m)	[diri'dʒente]
patrão, chefe (m)	capo (m)	['kapo]
superior (m)	capo (m), superiore (m)	['kapo], [supe'rjore]
superiores (m pl)	capi (m pl)	['kapi]
presidente (m)	presidente (m)	[prezi'dente]
presidente (m) de direção	presidente (m)	[prezi'dente]
substituto (m)	vice (m)	['vitʃe]
assistente (m)	assistente (m)	[assi'stente]

secretário (m)	segretario (m)	[segre'tario]
secretário (m) pessoal	assistente (m) personale	[assi'stente perso'nale]
homem (m) de negócios	uomo (m) d'affari	[u'omo daf'fari]
empresário (m)	imprenditore (m)	[imprendi'tore]
fundador (m)	fondatore (m)	[fonda'tore]
fundar (vt)	fondare (vt)	[fon'dare]
fundador, sócio (m)	socio (m)	['soʧo]
parceiro, sócio (m)	partner (m)	['partner]
acionista (m)	azionista (m)	[atsio'nista]
milionário (m)	milionario (m)	[miljo'nario]
bilionário (m)	miliardario (m)	[miljar'dario]
proprietário (m)	proprietario (m)	[proprie'tario]
proprietário (m) de terras	latifondista (m)	[latifon'dista]
cliente (m)	cliente (m)	[kli'ente]
cliente (m) habitual	cliente (m) abituale	[kli'ente abitu'ale]
comprador (m)	compratore (m)	[kompra'tore]
visitante (m)	visitatore (m)	[vizita'tore]
profissional (m)	professionista (m)	[professjo'nista]
perito (m)	esperto (m)	[e'sperto]
especialista (m)	specialista (m)	[speʧa'lista]
banqueiro (m)	banchiere (m)	[baŋ'kjere]
corretor (m)	broker (m)	['broker]
caixa (m, f)	cassiere (m)	[kas'sjere]
contabilista (m)	contabile (m)	[kon'tabile]
guarda (m)	guardia (f) giurata	['gwardia dʒu'rata]
investidor (m)	investitore (m)	[investi'tore]
devedor (m)	debitore (m)	[debi'tore]
credor (m)	creditore (m)	[kredi'tore]
mutuário (m)	mutuatario (m)	[mutua'tario]
importador (m)	importatore (m)	[importa'tore]
exportador (m)	esportatore (m)	[esporta'tore]
produtor (m)	produttore (m)	[produt'tore]
distribuidor (m)	distributore (m)	[distribu'tore]
intermediário (m)	intermediario (m)	[interme'djario]
consultor (m)	consulente (m)	[konsu'lente]
representante (m)	rappresentante (m)	[rapprezen'tante]
agente (m)	agente (m)	[a'dʒente]
agente (m) de seguros	assicuratore (m)	[assikura'tore]

125. Profissões de serviços

cozinheiro (m)	cuoco (m)	[ku'oko]
cozinheiro chefe (m)	capocuoco (m)	[kapo·ku'oko]

padeiro (m)	fornaio (m)	[for'najo]
barman (m)	barista (m)	[ba'rista]
empregado (m) de mesa	cameriere (m)	[kame'rjere]
empregada (f) de mesa	cameriera (f)	[kame'rjera]

advogado (m)	avvocato (m)	[avvo'kato]
jurista (m)	esperto (m) legale	[e'sperto le'gale]
notário (m)	notaio (m)	[no'tajo]

eletricista (m)	elettricista (m)	[elettri'tʃista]
canalizador (m)	idraulico (m)	[i'drauliko]
carpinteiro (m)	falegname (m)	[fale'ɲame]

massagista (m)	massaggiatore (m)	[massadʒa'tore]
massagista (f)	massaggiatrice (f)	[massadʒa'tritʃe]
médico (m)	medico (m)	['mediko]

taxista (m)	taxista (m)	[ta'ksista]
condutor (automobilista)	autista (m)	[au'tista]
entregador (m)	fattorino (m)	[fatto'rino]

camareira (f)	cameriera (f)	[kame'rjera]
guarda (m)	guardia (f) giurata	['gwardia dʒu'rata]
hospedeira (f) de bordo	hostess (f)	['ostess]

professor (m)	insegnante (m, f)	[inse'ɲante]
bibliotecário (m)	bibliotecario (m)	[bibliote'kario]
tradutor (m)	traduttore (m)	[tradut'tore]
intérprete (m)	interprete (m)	[in'terprete]
guia (pessoa)	guida (f)	['gwida]

cabeleireiro (m)	parrucchiere (m)	[parruk'kjere]
carteiro (m)	postino (m)	[po'stino]
vendedor (m)	commesso (m)	[kom'messo]

jardineiro (m)	giardiniere (m)	[dʒardi'njere]
criado (m)	domestico (m)	[do'mestiko]
criada (f)	domestica (f)	[do'mestika]
empregada (f) de limpeza	donna (f) delle pulizie	['donna 'delle puli'tsie]

126. Profissões militares e postos

soldado (m) raso	soldato (m) semplice	[sol'dato 'semplitʃe]
sargento (m)	sergente (m)	[ser'dʒente]
tenente (m)	tenente (m)	[te'nente]
capitão (m)	capitano (m)	[kapi'tano]

major (m)	maggiore (m)	[ma'dʒore]
coronel (m)	colonnello (m)	[kolon'nello]
general (m)	generale (m)	[dʒene'rale]
marechal (m)	maresciallo (m)	[mare'ʃallo]
almirante (m)	ammiraglio (m)	[ammi'raʎʎo]
militar (m)	militare (m)	[mili'tare]
soldado (m)	soldato (m)	[sol'dato]

| oficial (m) | ufficiale (m) | [uffi'tʃale] |
| comandante (m) | comandante (m) | [koman'dante] |

guarda (m) fronteiriço	guardia (f) di frontiera	['gwardia di fron'tjera]
operador (m) de rádio	marconista (m)	[marko'nista]
explorador (m)	esploratore (m)	[esplora'tore]
sapador (m)	geniere (m)	[dʒe'njere]
atirador (m)	tiratore (m)	[tira'tore]
navegador (m)	navigatore (m)	[naviga'tore]

127. Oficiais. Padres

| rei (m) | re (m) | [re] |
| rainha (f) | regina (f) | [re'dʒina] |

| príncipe (m) | principe (m) | ['printʃipe] |
| princesa (f) | principessa (f) | [printʃi'pessa] |

| czar (m) | zar (m) | [tsar] |
| czarina (f) | zarina (f) | [tsa'rina] |

presidente (m)	presidente (m)	[prezi'dente]
ministro (m)	ministro (m)	[mi'nistro]
primeiro-ministro (m)	primo ministro (m)	['primo mi'nistro]
senador (m)	senatore (m)	[sena'tore]

diplomata (m)	diplomatico (m)	[diplo'matiko]
cônsul (m)	console (m)	['konsole]
embaixador (m)	ambasciatore (m)	[ambaʃa'tore]
conselheiro (m)	consigliere (m)	[konsiʎ'ʎere]

funcionário (m)	funzionario (m)	[funtsio'nario]
prefeito (m)	prefetto (m)	[pre'fetto]
Presidente (m) da Câmara	sindaco (m)	['sindako]

| juiz (m) | giudice (m) | ['dʒuditʃe] |
| procurador (m) | procuratore (m) | [prokura'tore] |

missionário (m)	missionario (m)	[missio'nario]
monge (m)	monaco (m)	['monako]
abade (m)	abate (m)	[a'bate]
rabino (m)	rabbino (m)	[rab'bino]

vizir (m)	visir (m)	[vi'zir]
xá (m)	scià (m)	['ʃa]
xeque (m)	sceicco (m)	[ʃe'ikko]

128. Profissões agrícolas

apicultor (m)	apicoltore (m)	[apikol'tore]
pastor (m)	pastore (m)	[pa'store]
agrónomo (m)	agronomo (m)	[a'gronomo]

criador (m) de gado	allevatore (m) di bestiame	[alleva'tore di bes'tjame]
veterinário (m)	veterinario (m)	[veteri'nario]

agricultor (m)	fattore (m)	[fat'tore]
vinicultor (m)	vinificatore (m)	[vinifika'tore]
zoólogo (m)	zoologo (m)	[dzo'ologo]
cowboy (m)	cowboy (m)	[kaw'boj]

129. Profissões artísticas

ator (m)	attore (m)	[at'tore]
atriz (f)	attrice (f)	[at'tritʃe]

cantor (m)	cantante (m)	[kan'tante]
cantora (f)	cantante (f)	[kan'tante]

bailarino (m)	danzatore (m)	[dantsa'tore]
bailarina (f)	ballerina (f)	[balle'rina]

artista (m)	artista (m)	[ar'tista]
artista (f)	artista (f)	[ar'tista]

músico (m)	musicista (m)	[muzi'tʃista]
pianista (m)	pianista (m)	[pia'nista]
guitarrista (m)	chitarrista (m)	[kitar'rista]

maestro (m)	direttore (m) d'orchestra	[diret'tore dor'kestra]
compositor (m)	compositore (m)	[kompozi'tore]
empresário (m)	impresario (m)	[impre'zario]

realizador (m)	regista (m)	[re'dʒista]
produtor (m)	produttore (m)	[produt'tore]
argumentista (m)	sceneggiatore (m)	[ʃenedʒa'tore]
crítico (m)	critico (m)	['kritiko]

escritor (m)	scrittore (m)	[skrit'tore]
poeta (m)	poeta (m)	[po'eta]
escultor (m)	scultore (m)	[skul'tore]
pintor (m)	pittore (m)	[pit'tore]

malabarista (m)	giocoliere (m)	[dʒoko'ljere]
palhaço (m)	pagliaccio (m)	[paʎ'ʎatʃo]
acrobata (m)	acrobata (m)	[a'krobata]
mágico (m)	prestigiatore (m)	[prestidʒa'tore]

130. Várias profissões

médico (m)	medico (m)	['mediko]
enfermeira (f)	infermiera (f)	[infer'mjera]
psiquiatra (m)	psichiatra (m)	[psiki'atra]
estomatologista (m)	dentista (m)	[den'tista]
cirurgião (m)	chirurgo (m)	[ki'rurgo]

astronauta (m)	astronauta (m)	[astro'nauta]
astrónomo (m)	astronomo (m)	[a'stronomo]
motorista (m)	autista (m)	[au'tista]
maquinista (m)	macchinista (m)	[makki'nista]
mecânico (m)	meccanico (m)	[mek'kaniko]
mineiro (m)	minatore (m)	[mina'tore]
operário (m)	operaio (m)	[ope'rajo]
serralheiro (m)	operaio (m) metallurgico	[ope'rajo metal'lurdʒiko]
marceneiro (m)	falegname (m)	[fale'ɲame]
torneiro (m)	tornitore (m)	[torni'tore]
construtor (m)	operaio (m) edile	[ope'rajo e'dile]
soldador (m)	saldatore (m)	[salda'tore]
professor (m) catedrático	professore (m)	[profes'sore]
arquiteto (m)	architetto (m)	[arki'tetto]
historiador (m)	storico (m)	['storiko]
cientista (m)	scienziato (m)	[ʃien'tsjato]
físico (m)	fisico (m)	['fiziko]
químico (m)	chimico (m)	['kimiko]
arqueólogo (m)	archeologo (m)	[arke'ologo]
geólogo (m)	geologo (m)	[dʒe'ologo]
pesquisador (cientista)	ricercatore (m)	[ritʃerka'tore]
babysitter (f)	baby-sitter (f)	[bebi'siter]
professor (m)	insegnante (m, f)	[inse'ɲante]
redator (m)	redattore (m)	[redat'tore]
redator-chefe (m)	redattore capo (m)	[redat'tore 'kapo]
correspondente (m)	corrispondente (m)	[korrispon'dente]
datilógrafa (f)	dattilografa (f)	[datti'lografa]
designer (m)	designer (m)	[di'zajner]
especialista (m) em informática	esperto (m) informatico	[e'sperto infor'matiko]
programador (m)	programmatore (m)	[programma'tore]
engenheiro (m)	ingegnere (m)	[indʒe'ɲere]
marujo (m)	marittimo (m)	[ma'rittimo]
marinheiro (m)	marinaio (m)	[mari'najo]
salvador (m)	soccorritore (m)	[sokkorri'tore]
bombeiro (m)	pompiere (m)	[pom'pjere]
polícia (m)	poliziotto (m)	[poli'tsjotto]
guarda-noturno (m)	guardiano (m)	[gwar'djano]
detetive (m)	detective (m)	[de'tektiv]
funcionário (m) da alfândega	doganiere (m)	[doga'njere]
guarda-costas (m)	guardia (f) del corpo	['gwardia del 'korpo]
guarda (m) prisional	guardia (f) carceraria	['gwardia kartʃe'raria]
inspetor (m)	ispettore (m)	[ispet'tore]
desportista (m)	sportivo (m)	[spor'tivo]
treinador (m)	allenatore (m)	[allena'tore]

talhante (m)	macellaio (m)	[matʃel'lajo]
sapateiro (m)	calzolaio (m)	[kaltso'lajo]
comerciante (m)	uomo (m) d'affari	[u'omo daf'fari]
carregador (m)	caricatore (m)	[karika'tore]
estilista (m)	stilista (m)	[sti'lista]
modelo (f)	modella (f)	[mo'della]

131. Ocupações. Estatuto social

aluno, escolar (m)	scolaro (m)	[sko'laro]
estudante (~ universitária)	studente (m)	[stu'dente]
filósofo (m)	filosofo (m)	[fi'lozofo]
economista (m)	economista (m)	[ekono'mista]
inventor (m)	inventore (m)	[inven'tore]
desempregado (m)	disoccupato (m)	[disokku'pato]
reformado (m)	pensionato (m)	[pensjo'nato]
espião (m)	spia (f)	['spia]
preso (m)	detenuto (m)	[dete'nuto]
grevista (m)	scioperante (m)	[ʃope'rante]
burocrata (m)	burocrate (m)	[bu'rokrate]
viajante (m)	viaggiatore (m)	[vjadʒa'tore]
homossexual (m)	omosessuale (m)	[omosessu'ale]
hacker (m)	hacker (m)	['aker]
hippie	hippy	['ippi]
bandido (m)	bandito (m)	[ban'dito]
assassino (m) a soldo	sicario (m)	[si'kario]
toxicodependente (m)	drogato (m)	[dro'gato]
traficante (m)	trafficante (m) di droga	[traffi'kante di 'droga]
prostituta (f)	prostituta (f)	[prosti'tuta]
chulo (m)	magnaccia (m)	[ma'ɲatʃa]
bruxo (m)	stregone (m)	[stre'gone]
bruxa (f)	strega (f)	['strega]
pirata (m)	pirata (m)	[pi'rata]
escravo (m)	schiavo (m)	['skjavo]
samurai (m)	samurai (m)	[samu'raj]
selvagem (m)	selvaggio (m)	[sel'vadʒo]

Desportos

132. Tipos de desportos. Desportistas

desportista (m)	sportivo (m)	[spor'tivo]
tipo (m) de desporto	sport (m)	[sport]
basquetebol (m)	pallacanestro (m)	[pallaka'nestro]
jogador (m) de basquetebol	cestista (m)	[tʃes'tista]
beisebol (m)	baseball (m)	['bejzbol]
jogador (m) de beisebol	giocatore (m) di baseball	[dʒoka'tore di 'bejzbol]
futebol (m)	calcio (m)	['kaltʃo]
futebolista (m)	calciatore (m)	[kaltʃa'tore]
guarda-redes (m)	portiere (m)	[por'tjere]
hóquei (m)	hockey (m)	['okkej]
jogador (m) de hóquei	hockeista (m)	[okke'ista]
voleibol (m)	pallavolo (m)	[palla'volo]
jogador (m) de voleibol	pallavolista (m)	[pallavo'lista]
boxe (m)	pugilato (m)	[pudʒi'lato]
boxeador, pugilista (m)	pugile (m)	['pudʒile]
luta (f)	lotta (f)	['lotta]
lutador (m)	lottatore (m)	[lotta'tore]
karaté (m)	karate (m)	[ka'rate]
karateca (m)	karateka (m)	[kara'teka]
judo (m)	judo (m)	['dʒudo]
judoca (m)	judoista (m)	[dʒudo'ista]
ténis (m)	tennis (m)	['tennis]
tenista (m)	tennista (m)	[ten'nista]
natação (f)	nuoto (m)	[nu'oto]
nadador (m)	nuotatore (m)	[nuota'tore]
esgrima (f)	scherma (f)	['skerma]
esgrimista (m)	schermitore (m)	[skermi'tore]
xadrez (m)	scacchi (m pl)	['skakki]
xadrezista (m)	scacchista (m)	[skak'kista]
alpinismo (m)	alpinismo (m)	[alpi'nizmo]
alpinista (m)	alpinista (m)	[alpi'nista]
corrida (f)	corsa (f)	['korsa]

corredor (m)	corridore (m)	[korri'dore]
atletismo (m)	atletica (f) leggera	[a'tletika le'dʒera]
atleta (m)	atleta (m)	[a'tleta]

| hipismo (m) | ippica (f) | ['ippika] |
| cavaleiro (m) | fantino (m) | [fan'tino] |

patinagem (f) artística	pattinaggio (m) artistico	[patti'nadʒo ar'tistiko]
patinador (m)	pattinatore (m)	[pattina'tore]
patinadora (f)	pattinatrice (f)	[pattina'tritʃe]

halterofilismo (m)	pesistica (f)	[pe'zistika]
halterofilista (m)	pesista (m)	[pe'zista]
corrida (f) de carros	automobilismo (m)	[automobi'lizmo]
piloto (m)	pilota (m)	[pi'lota]

| ciclismo (m) | ciclismo (m) | [tʃik'lizmo] |
| ciclista (m) | ciclista (m) | [tʃik'lista] |

salto (m) em comprimento	salto (m) in lungo	['salto in 'lungo]
salto (m) à vara	salto (m) con l'asta	['salto kon 'lasta]
atleta (m) de saltos	saltatore (m)	[salta'tore]

133. Tipos de desportos. Diversos

futebol (m) americano	football (m) americano	['futboll ameri'kano]
badminton (m)	badminton (m)	['badminton]
biatlo (m)	biathlon (m)	['biatlon]
bilhar (m)	biliardo (m)	[bi'ljardo]

bobsled (m)	bob (m)	[bob]
musculação (f)	culturismo (m)	[kultu'rizmo]
polo (m) aquático	pallanuoto (m)	[pallanu'oto]
andebol (m)	pallamano (m)	[palla'mano]
golfe (m)	golf (m)	[golf]

remo (m)	canottaggio (m)	[kanot'tadʒo]
mergulho (m)	immersione (f) subacquea	[immer'sjone su'bakvea]
corrida (f) de esqui	sci (m) di fondo	[ʃi di 'fondo]
ténis (m) de mesa	tennis (m) da tavolo	['tennis da 'tavolo]

vela (f)	vela (f)	['vela]
rali (m)	rally (m)	['relli]
râguebi (m)	rugby (m)	['ragbi]
snowboard (m)	snowboard (m)	['znobord]
tiro (m) com arco	tiro (m) con l'arco	['tiro kon 'larko]

134. Ginásio

barra (f)	bilanciere (m)	[bilan'tʃere]
halteres (m pl)	manubri (m pl)	[ma'nubri]
aparelho (m) de musculaçao	attrezzo (m) sportivo	[at'trettso spor'tivo]

bicicleta (f) ergométrica	cyclette (f)	[si'klett]
passadeira (f) de corrida	tapis roulant (m)	[ta'pi ru'lan]

barra (f) fixa	sbarra (f)	['zbarra]
barras (f) paralelas	parallele (f pl)	[paral'lele]
cavalo (m)	cavallo (m)	[ka'vallo]
tapete (m) de ginástica	materassino (m)	[materas'sino]

corda (f) de saltar	corda (f) per saltare	['korda per sal'tare]
aeróbica (f)	aerobica (f)	[ae'robika]
ioga (f)	yoga (m)	['joga]

135. Hóquei

hóquei (m)	hockey (m)	['okkej]
jogador (m) de hóquei	hockeista (m)	[okke'ista]
jogar hóquei	giocare a hockey	[dʒo'kare a 'okkej]
gelo (m)	ghiaccio (m)	['gjatʃo]

disco (m)	disco (m)	['disko]
taco (m) de hóquei	bastone (m) da hockey	[bas'tone da 'okkej]
patins (m pl) de gelo	pattini (m pl)	['pattini]

muro (m)	bordo (m)	['bordo]
tiro (m)	tiro (m)	['tiro]

guarda-redes (m)	portiere (m)	[por'tjere]
golo (m)	gol (m)	[gol]
marcar um golo	segnare un gol	[se'ɲare un gol]

tempo (m)	tempo (m)	['tempo]
segundo tempo (m)	secondo tempo (m)	[se'kondo 'temro]
banco (m) de reservas	panchina (f)	[paɲ'kina]

136. Futebol

futebol (m)	calcio (m)	['kaltʃo]
futebolista (m)	calciatore (m)	[kaltʃa'tore]
jogar futebol	giocare a calcio	[dʒo'kare a 'kaltʃo]

Liga Principal (f)	La Prima Divisione	[la 'prima divi'zjone]
clube (m) de futebol	società (f) calcistica	[sotʃe'ta kal'tʃistika]
treinador (m)	allenatore (m)	[allena'tore]
proprietário (m)	proprietario (m)	[proprie'tario]

equipa (f)	squadra (f)	['skwadra]
capitão (m) da equipa	capitano (m) di squadra	[kapi'tano di 'skwadra]
jogador (m)	giocatore (m)	[dʒoka'tore]
jogador (m) de reserva	riserva (f)	[ri'zerva]

atacante (m)	attaccante (m)	[attak'kante]
avançado (m) centro	centrocampista (m)	[tʃentro·kam'pista]

marcador (m)	bomber (m)	['bomber]
defesa (m)	terzino (m)	[ter'tsino]
médio (m)	mediano (m)	[me'djano]
jogo (desafio)	partita (f)	[par'tita]
encontrar-se (vr)	incontrarsi (vr)	[inkon'trarsi]
final (m)	finale (m)	[fi'nale]
meia-final (f)	semifinale (m)	[semifi'nale]
campeonato (m)	campionato (m)	[kampjo'nato]
tempo (m)	tempo (m)	['tempo]
primeiro tempo (m)	primo tempo (m)	['primo 'tempo]
intervalo (m)	intervallo (m)	[inter'vallo]
baliza (f)	porta (f)	['porta]
guarda-redes (m)	portiere (m)	[por'tjere]
trave (f)	palo (m)	['palo]
barra (f) transversal	traversa (f)	[tra'versa]
rede (f)	rete (f)	['rete]
sofrer um golo	subire un gol	[su'bire un gol]
bola (f)	pallone (m)	[pal'lone]
passe (m)	passaggio (m)	[pas'sadʒo]
chute (m)	calcio (m), tiro (m)	['kaltʃo], ['tiro]
chutar (vt)	tirare un calcio	[ti'rare un 'kaltʃo]
tiro (m) livre	calcio (m) di punizione	['kaltʃo di puni'tsjone]
canto (m)	calcio (m) d'angolo	['kaltʃo 'dangolo]
ataque (m)	attacco (m)	[at'takko]
contra-ataque (m)	contrattacco (m)	[kontrat'takko]
combinação (f)	combinazione (f)	[kombina'tsjone]
árbitro (m)	arbitro (m)	['arbitro]
apitar (vi)	fischiare (vi)	[fis'kjare]
apito (m)	fischio (m)	['fiskio]
falta (f)	fallo (m)	['fallo]
cometer a falta	fare un fallo	['fare un 'fallo]
expulsar (vt)	espellere dal campo	[e'spellere dal 'kampo]
cartão (m) amarelo	cartellino (m) giallo	[kartel'lino 'dʒallo]
cartão (m) vermelho	cartellino (m) rosso	[kartel'lino 'rosso]
desqualificação (f)	squalifica (f)	[skwa'lifika]
desqualificar (vt)	squalificare (vt)	[skwalifi'kare]
penálti (m)	rigore (m)	[ri'gore]
barreira (f)	barriera (f)	[bar'rjera]
marcar (vt)	segnare (vt)	[se'ɲare]
golo (m)	gol (m)	[gol]
marcar um golo	segnare un gol	[se'ɲare un gol]
substituição (f)	sostituzione (f)	[sostitu'tsjone]
substituir (vt)	sostituire (vt)	[sostitu'ire]
regras (f pl)	regole (f pl)	['regole]
tática (f)	tattica (f)	['tattika]
estádio (m)	stadio (m)	['stadio]
bancadas (f pl)	tribuna (f)	[tri'buna]

| fã, adepto (m) | tifoso, fan (m) | [ti'fozo], [fan] |
| gritar (vi) | gridare (vi) | [gri'dare] |

| marcador (m) | tabellone (m) segnapunti | [tabel'lone seɲa'punti] |
| resultado (m) | punteggio (m) | [pun'tedʒo] |

derrota (f)	sconfitta (f)	[skon'fitta]
perder (vt)	perdere (vi)	['perdere]
empate (m)	pareggio (m)	[pa'redʒo]
empatar (vi)	pareggiare (vi)	[pare'dʒare]

| vitória (f) | vittoria (f) | [vit'toria] |
| ganhar, vencer (vi, vt) | vincere (vi) | ['vintʃere] |

campeão (m)	campione (m)	[kam'pjone]
melhor	migliore	[miʎ'ʎore]
felicitar (vt)	congratularsi (vr)	[kongratu'larsi]

comentador (m)	commentatore (m)	[kommenta'tore]
comentar (vt)	commentare (vt)	[kommen'tare]
transmissão (f)	trasmissione (f)	[trazmis'sjone]

137. Esqui alpino

esqui (m)	sci (m pl)	[ʃi]
esquiar (vi)	sciare (vi)	[ʃi'are]
estância (f) de esqui	stazione (f) sciistica	[sta'tsjone ʃi'istika]
teleférico (m)	sciovia (f)	[ʃio'via]

bastões (m pl) de esqui	bastoni (m pl) da sci	[bas'toni da ʃi]
declive (m)	pendio (m)	[pen'dio]
slalom (m)	slalom (m)	['zlalom]

138. Ténis. Golfe

golfe (m)	golf (m)	[golf]
clube (m) de golfe	golf club (m)	[golf klab]
jogador (m) de golfe	golfista (m)	[gol'fista]

buraco (m)	buca (f)	['buka]
taco (m)	mazza (f) da golf	['mattsa da golf]
trolley (m)	carrello (m) da golf	[kar'rello da golf]

| ténis (m) | tennis (m) | ['tennis] |
| quadra (f) de ténis | campo (m) da tennis | ['kampo da 'tennis] |

| saque (m) | battuta (f) | [bat'tuta] |
| sacar (vi) | servire (vt) | [ser'vire] |

raquete (f)	racchetta (f)	[rak'ketta]
rede (f)	rete (f)	['rete]
bola (f)	palla (f)	['palla]

139. Xadrez

xadrez (m)	scacchi (m pl)	['skakki]
peças (f pl) de xadrez	pezzi (m pl) degli scacchi	['pettsi 'deʎʎi 'skakki]
xadrezista (m)	scacchista (m)	[skak'kista]
tabuleiro (m) de xadrez	scacchiera (f)	[skak'kjera]
peça (f) de xadrez	pezzo (m)	['pettso]
brancas (f pl)	Bianchi (m pl)	['bjaŋki]
pretas (f pl)	Neri (m pl)	['neri]
peão (m)	pedina (f)	[pe'dina]
bispo (m)	alfiere (m)	[al'fjere]
cavalo (m)	cavallo (m)	[ka'vallo]
torre (f)	torre (f)	['torre]
dama (f)	regina (f)	[re'dʒina]
rei (m)	re (m)	[re]
vez (m)	mossa (m)	['mossa]
mover (vt)	muovere (vt)	[mu'overe]
sacrificar (vt)	sacrificare (vt)	[sakrifi'kare]
roque (m)	arrocco (m)	[ar'rokko]
xeque (m)	scacco (m)	['skakko]
xeque-mate (m)	scacco matto (m)	['skakko 'matto]
torneio (m) de xadrez	torneo (m) di scacchi	[tor'neo di 'skakki]
grão-mestre (m)	gran maestro (m)	[gran ma'estro]
combinação (f)	combinazione (f)	[kombina'tsjone]
partida (f)	partita (f)	[par'tita]
jogo (m) de damas	dama (f)	['dama]

140. Boxe

boxe (m)	pugilato (m), boxe (f)	[pudʒi'lato], [boks]
combate (m)	incontro (m)	[in'kontro]
duelo (m)	incontro (m) di boxe	[in'kontro di boks]
round (m)	round (m)	['raund]
ringue (m)	ring (m)	[ring]
gongo (m)	gong (m)	[gong]
murro, soco (m)	pugno (m)	['puɲo]
knockdown (m)	knock down (m)	[nok 'daun]
nocaute (m)	knock-out (m)	[nok 'aut]
nocautear (vt)	mettere knock-out	['mettere nok 'aut]
luva (f) de boxe	guantone (m) da pugile	[gwan'tone da 'pudʒile]
árbitro (m)	arbitro (m)	['arbitro]
peso-leve (m)	peso (m) leggero	['pezo le'dʒero]
peso-médio (m)	peso (m) medio	['pezo 'medio]
peso-pesado (m)	peso (m) massimo	['pezo 'massimo]

141. Desportos. Diversos

Jogos (m pl) Olímpicos	Giochi (m pl) Olimpici	['dʒoki o'limpitʃi]
vencedor (m)	vincitore (m)	[vintʃi'tore]
vencer (vi)	ottenere la vittoria	[otte'nere la vit'toria]
vencer, ganhar (vi)	vincere (vi)	['vintʃere]
líder (m)	leader (m), capo (m)	['lider], ['kapo]
liderar (vt)	essere alla guida	['essere 'alla 'gwida]
primeiro lugar (m)	primo posto (m)	['primo 'posto]
segundo lugar (m)	secondo posto (m)	[se'kondo 'posto]
terceiro lugar (m)	terzo posto (m)	['tertso 'posto]
medalha (f)	medaglia (f)	[me'daʎʎa]
troféu (m)	trofeo (m)	[tro'feo]
taça (f)	coppa (f)	['koppa]
prémio (m)	premio (m)	['premio]
prémio (m) principal	primo premio (m)	['primo 'premio]
recorde (m)	record (m)	['rekord]
estabelecer um recorde	stabilire un record	[stabi'lire un 'rekord]
final (m)	finale (m)	[fi'nale]
final	finale	[fi'nale]
campeão (m)	campione (m)	[kam'pjone]
campeonato (m)	campionato (m)	[kampjo'nato]
estádio (m)	stadio (m)	['stadio]
bancadas (f pl)	tribuna (f)	[tri'buna]
fã, adepto (m)	tifoso, fan (m)	[ti'fozo], [fan]
adversário (m)	avversario (m)	[avver'sario]
partida (f)	partenza (f)	[par'tentsa]
chegada, meta (f)	traguardo (m)	[tra'gwardo]
derrota (f)	sconfitta (f)	[skon'fitta]
perder (vt)	perdere (vt)	['perdere]
árbitro (m)	arbitro (m)	['arbitro]
júri (m)	giuria (f)	[dʒu'ria]
resultado (m)	punteggio (m)	[pun'tedʒo]
empate (m)	pareggio (m)	[pa'redʒo]
empatar (vi)	pareggiare (vi)	[pare'dʒare]
ponto (m)	punto (m)	['punto]
resultado (m) final	risultato (m)	[rizul'tato]
tempo, período (m)	tempo (m)	['tempo]
intervalo (m)	intervallo (m)	[inter'vallo]
doping (m)	doping (m)	['doping]
penalizar (vt)	penalizzare (vt)	[penalid'dzare]
desqualificar (vt)	squalificare (vt)	[skwalifi'kare]
aparelho (m)	attrezzatura (f)	[attrettsa'tura]
dardo (m)	giavellotto (m)	[dʒavel'lotto]

| peso (m) | peso (m) | ['pezo] |
| bola (f) | biglia (f) | ['biʎʎa] |

alvo, objetivo (m)	obiettivo (m)	[objet'tivo]
alvo (~ de papel)	bersaglio (m)	[ber'saʎʎo]
atirar, disparar (vi)	sparare (vi)	[spa'rare]
preciso (tiro ~)	preciso	[pre'ʧizo]

treinador (m)	allenatore (m)	[allena'tore]
treinar (vt)	allenare (vt)	[alle'nare]
treinar-se (vr)	allenarsi (vr)	[alle'narsi]
treino (m)	allenamento (m)	[allena'mento]

ginásio (m)	palestra (f)	[pa'lestra]
exercício (m)	esercizio (m)	[ezer'ʧitsio]
aquecimento (m)	riscaldamento (m)	[riskalda'mento]

Educação

142. Escola

escola (f)	scuola (f)	['skwola]
diretor (m) de escola	direttore (m) di scuola	[diret'tore di 'skwola]
aluno (m)	allievo (m)	[al'ljevo]
aluna (f)	allieva (f)	[al'ljeva]
escolar (m)	scolaro (m)	[sko'laro]
escolar (f)	scolara (f)	[sko'lara]
ensinar (vt)	insegnare	[inse'ɲare]
aprender (vt)	imparare (vt)	[impa'rare]
aprender de cor	imparare a memoria	[impa'rare a me'moria]
estudar (vi)	studiare (vi)	[stu'djare]
andar na escola	frequentare la scuola	[frekwen'tare la 'skwola]
ir à escola	andare a scuola	[an'dare a 'skwola]
alfabeto (m)	alfabeto (m)	[alfa'beto]
disciplina (f)	materia (f)	[ma'teria]
sala (f) de aula	classe (f)	['klasse]
lição (f)	lezione (f)	[le'tsjone]
recreio (m)	ricreazione (f)	[rikrea'tsjone]
toque (m)	campanella (f)	[kampa'nella]
carteira (f)	banco (m)	['banko]
quadro (m) negro	lavagna (f)	[la'vaɲa]
nota (f)	voto (m)	['voto]
boa nota (f)	voto (m) alto	['voto 'alto]
nota (f) baixa	voto (m) basso	['voto 'basso]
dar uma nota	dare un voto	['dare un 'voto]
erro (m)	errore (m)	[er'rore]
fazer erros	fare errori	['fare er'rori]
corrigir (vt)	correggere (vt)	[kor'redʒere]
cábula (f)	bigliettino (m)	[biʎʎet'tino]
dever (m) de casa	compiti (m pl)	['kompiti]
exercício (m)	esercizio (m)	[ezer'tʃitsio]
estar presente	essere presente	['essere pre'zente]
estar ausente	essere assente	['essere as'sente]
faltar às aulas	mancare le lezioni	[man'kare le le'tsjoni]
punir (vt)	punire (vt)	[pu'nire]
punição (f)	punizione (f)	[puni'tsjone]
comportamento (m)	comportamento (m)	[komporta'mento]

boletim (m) escolar	pagella (f)	[pa'dʒella]
lápis (m)	matita (f)	[ma'tita]
borracha (f)	gomma (f) per cancellare	['gomma per kantʃel'lare]
giz (m)	gesso (m)	['dʒesso]
estojo (m)	astuccio (m) portamatite	[as'tutʃo portama'tite]

pasta (f) escolar	cartella (f)	[kar'tella]
caneta (f)	penna (f)	['penna]
caderno (m)	quaderno (m)	[kwa'derno]
manual (m) escolar	manuale (m)	[manu'ale]
compasso (m)	compasso (m)	[kom'passo]

traçar (vt)	disegnare (vt)	[dize'nare]
desenho (m) técnico	disegno (m) tecnico	[di'zeno 'tekniko]

poesia (f)	poesia (f)	[poe'zia]
de cor	a memoria	[a me'moria]
aprender de cor	imparare a memoria	[impa'rare a me'moria]

férias (f pl)	vacanze (f pl) scolastiche	[va'kantse sko'lastike]
estar de férias	essere in vacanza	['essere in va'kantsa]
passar as férias	passare le vacanze	[pas'sare le va'kantse]

teste (m)	prova (f) scritta	['prova 'skritta]
composição, redação (f)	composizione (f)	[kompozi'tsjone]
ditado (m)	dettato (m)	[det'tato]
exame (m)	esame (m)	[e'zame]
fazer exame	sostenere un esame	[soste'nere un e'zame]
experiência (~ química)	esperimento (m)	[esperi'mento]

143. Colégio. Universidade

academia (f)	accademia (f)	[akka'demia]
universidade (f)	università (f)	[universi'ta]
faculdade (f)	facoltà (f)	[fakol'ta]

estudante (m)	studente (m)	[stu'dente]
estudante (f)	studentessa (f)	[studen'tessa]
professor (m)	docente (m, f)	[do'tʃente]

sala (f) de palestras	aula (f)	['aula]
graduado (m)	diplomato (m)	[diplo'mato]

diploma (m)	diploma (m)	[di'ploma]
tese (f)	tesi (f)	['tezi]

estudo (obra)	ricerca (f)	[ri'tʃerka]
laboratório (m)	laboratorio (m)	[labora'torio]

palestra (f)	lezione (f)	[le'tsjone]
colega (m) de curso	compagno (m) di corso	[kom'pano di 'korso]

bolsa (f) de estudos	borsa (f) di studio	['borsa di 'studio]
grau (m) académico	titolo (m) accademico	['titolo akka'demiko]

144. Ciências. Disciplinas

matemática (f)	matematica (f)	[mate'matika]
álgebra (f)	algebra (f)	['aldʒebra]
geometria (f)	geometria (f)	[dʒeome'tria]
astronomia (f)	astronomia (f)	[astrono'mia]
biologia (f)	biologia (f)	[biolo'dʒia]
geografia (f)	geografia (f)	[dʒeogra'fia]
geologia (f)	geologia (f)	[dʒeolo'dʒia]
história (f)	storia (f)	['storia]
medicina (f)	medicina (f)	[medi'tʃina]
pedagogia (f)	pedagogia (f)	[pedago'dʒia]
direito (m)	diritto (m)	[di'ritto]
física (f)	fisica (f)	['fizika]
química (f)	chimica (f)	['kimika]
filosofia (f)	filosofia (f)	[filozo'fia]
psicologia (f)	psicologia (f)	[psikolo'dʒia]

145. Sistema de escrita. Ortografia

gramática (f)	grammatica (f)	[gram'matika]
vocabulário (m)	lessico (m)	['lessiko]
fonética (f)	fonetica (f)	[fo'netika]
substantivo (m)	sostantivo (m)	[sostan'tivo]
adjetivo (m)	aggettivo (m)	[adʒet'tivo]
verbo (m)	verbo (m)	['verbo]
advérbio (m)	avverbio (m)	[av'verbio]
pronome (m)	pronome (m)	[pro'nome]
interjeição (f)	interiezione (f)	[interje'tsjone]
preposição (f)	preposizione (f)	[prepozi'tsjone]
raiz (f) da palavra	radice (f)	[ra'ditʃe]
terminação (f)	desinenza (f)	[dezi'nentsa]
prefixo (m)	prefisso (m)	[pre'fisso]
sílaba (f)	sillaba (f)	['sillaba]
sufixo (m)	suffisso (m)	[suf'fisso]
acento (m)	accento (m)	[a'tʃento]
apóstrofo (m)	apostrofo (m)	[a'postrofo]
ponto (m)	punto (m)	['punto]
vírgula (f)	virgola (f)	['virgola]
ponto e vírgula (m)	punto (m) e virgola	['punto e 'virgola]
dois pontos (m pl)	due punti	['due 'punti]
reticências (f pl)	puntini (m pl) di sospensione	[pun'tini di sospen'sjone]
ponto (m) de interrogação	punto (m) interrogativo	['punto interroga'tivo]
ponto (m) de exclamação	punto (m) esclamativo	['punto esklama'tivo]

aspas (f pl)	virgolette (f pl)	[virgo'lette]
entre aspas	tra virgolette	[tra virgo'lette]
parênteses (m pl)	parentesi (f pl)	[pa'rentezi]
entre parênteses	tra parentesi	[tra pa'rentezi]

hífen (m)	trattino (m)	[trat'tino]
travessão (m)	lineetta (f)	[line'etta]
espaço (m)	spazio (m)	['spatsio]

letra (f)	lettera (f)	['lettera]
letra (f) maiúscula	lettera (f) maiuscola	['lettera ma'juskola]

vogal (f)	vocale (f)	[vo'kale]
consoante (f)	consonante (f)	[konso'nante]

frase (f)	proposizione (f)	[propozi'tsjone]
sujeito (m)	soggetto (m)	[so'dʒetto]
predicado (m)	predicato (m)	[predi'kato]

linha (f)	riga (f)	['riga]
em uma nova linha	a capo	[a 'kapo]
parágrafo (m)	capoverso (m)	[kapo'verso]

palavra (f)	parola (f)	[pa'rola]
grupo (m) de palavras	gruppo (m) di parole	['gruppo di pa'role]
expressão (f)	espressione (f)	[espres'sjone]
sinónimo (m)	sinonimo (m)	[si'nonimo]
antónimo (m)	antonimo (m)	[an'tonimo]

regra (f)	regola (f)	['regola]
exceção (f)	ecceziono (f)	[etʃe'tsjone]
correto	corretto	[kor'retto]

conjugação (f)	coniugazione (f)	[konjuga'tsjone]
declinação (f)	declinazione (f)	[deklina'tsjone]
caso (m)	caso (m) nominativo	['kazo nomina'tivo]
pergunta (f)	domanda (f)	[do'manda]
sublinhar (vt)	sottolineare (vt)	[sottoline'are]
linha (f) pontilhada	linea (f) tratteggiata	['linea tratte'dʒata]

146. Línguas estrangeiras

língua (f)	lingua (f)	['lingua]
estrangeiro	straniero	[stra'njero]
língua (f) estrangeira	lingua (f) straniera	['lingua stra'njera]
estudar (vt)	studiare (vt)	[stu'djare]
aprender (vt)	imparare (vt)	[impa'rare]

ler (vt)	leggere (vi, vt)	['ledʒere]
falar (vi)	parlare (vi, vt)	[par'lare]
compreender (vt)	capire (vt)	[ka'pire]
escrever (vt)	scrivere (vi, vt)	['skrivere]
rapidamente	rapidamente	[rapida'mente]
devagar	lentamente	[lenta'mente]

fluentemente	correntemente	[korrente'mente]
regras (f pl)	regole (f pl)	['regole]
gramática (f)	grammatica (f)	[gram'matika]
vocabulário (m)	lessico (m)	['lessiko]
fonética (f)	fonetica (f)	[fo'netika]

manual (m) escolar	manuale (m)	[manu'ale]
dicionário (m)	dizionario (m)	[ditsjo'nario]
manual (m) de autoaprendizagem	manuale (m) autodidattico	[manu'ale autodi'dattiko]
guia (m) de conversação	frasario (m)	[fra'zario]

cassete (f)	cassetta (f)	[kas'setta]
vídeo cassete (m)	videocassetta (f)	[video·kas'setta]
CD (m)	CD (m)	[ʧi'di]
DVD (m)	DVD (m)	[divu'di]

alfabeto (m)	alfabeto (m)	[alfa'beto]
soletrar (vt)	compitare (vt)	[kompi'tare]
pronúncia (f)	pronuncia (f)	[pro'nunʧa]

sotaque (m)	accento (m)	[a'ʧento]
com sotaque	con un accento	[kon un a'ʧento]
sem sotaque	senza accento	['sentsa a'ʧento]

palavra (f)	vocabolo (m)	[vo'kabolo]
sentido (m)	significato (m)	[siɲifi'kato]

cursos (m pl)	corso (m)	['korso]
inscrever-se (vr)	iscriversi (vr)	[is'kriversi]
professor (m)	insegnante (m, f)	[inse'ɲante]

tradução (processo)	traduzione (f)	[tradu'tsjone]
tradução (texto)	traduzione (f)	[tradu'tsjone]
tradutor (m)	traduttore (m)	[tradut'tore]
intérprete (m)	interprete (m)	[in'terprete]

poliglota (m)	poliglotta (m)	[poli'glotta]
memória (f)	memoria (f)	[me'moria]

147. Personagens de contos de fadas

Pai (m) Natal	Babbo Natale (m)	['babbo na'tale]
Cinderela (f)	Cenerentola (f)	[ʧene'rentola]
sereia (f)	sirena (f)	[si'rena]
Neptuno (m)	Nettuno (m)	[net'tuno]

mago (m)	mago (m)	['mago]
fada (f)	fata (f)	['fata]
mágico	magico	['madʒiko]
varinha (f) mágica	bacchetta (f) magica	[bak'ketta 'madʒika]

conto (m) de fadas	fiaba (f), favola (f)	['fjaba], ['favola]
milagre (m)	miracolo (m)	[mi'rakolo]

| anão (m) | nano (m) | ['nano] |
| transformar-se em ... | trasformarsi in ... | [trasfor'marsi in] |

fantasma (m)	fantasma (m)	[fan'tazma]
espetro (m)	spettro (m)	['spettro]
monstro (m)	mostro (m)	['mostro]
dragão (m)	drago (m)	['drago]
gigante (m)	gigante (m)	[dʒi'gante]

148. Signos do Zodíaco

Carneiro	Ariete (m)	[a'rjete]
Touro	Toro (m)	['toro]
Gémeos	Gemelli (m pl)	[dʒe'melli]
Caranguejo	Cancro (m)	['kankro]
Leão	Leone (m)	[le'one]
Virgem (f)	Vergine (f)	['verdʒine]

Balança	Bilancia (f)	[bi'lantʃa]
Escorpião	Scorpione (m)	[skor'pjone]
Sagitário	Sagittario (m)	[sadʒit'tario]
Capricórnio	Capricorno (m)	[kapri'korno]
Aquário	Acquario (m)	[a'kwario]
Peixes	Pesci (m pl)	['peʃi]

caráter (m)	carattere (m)	[ka'rattere]
traços (m pl) do caráter	tratti (m pl) del carattere	['tratti del ka'rattere]
comportamento (m)	comportamento (m)	[komporta'mento]
predizer (vt)	predire il futuro	[pre'dire il fu'turo]
adivinha (f)	cartomante (f)	[karto'mante]
horóscopo (m)	oroscopo (m)	[o'roskopo]

Artes

149. Teatro

teatro (m)	teatro (m)	[te'atro]
ópera (f)	opera (f)	['opera]
opereta (f)	operetta (f)	[ope'retta]
balé (m)	balletto (m)	[bal'letto]
cartaz (m)	cartellone (m)	[kartel'lone]
companhia (f) teatral	compagnia (f) teatrale	[kompa'ɲia tea'trale]
turné (digressão)	tournée (f)	[tur'ne]
estar em turné	andare in tournée	[an'dare in tur'ne]
ensaiar (vt)	fare le prove	['fare le 'prove]
ensaio (m)	prova (f)	['prova]
repertório (m)	repertorio (m)	[reper'torio]
apresentação (f)	rappresentazione (f)	[rapprezenta'tsjone]
espetáculo (m)	spettacolo (m)	[spet'takolo]
peça (f)	opera (f) teatrale	['opera tea'trale]
bilhete (m)	biglietto (m)	[biʎ'ʎetto]
bilheteira (f)	botteghino (m)	[botte'gino]
hall (m)	hall (f)	[oll]
guarda-roupa (m)	guardaroba (f)	[gwarda'roba]
senha (f) numerada	cartellino (m) del guardaroba	[kartel'lino del gwarda'roba]
binóculo (m)	binocolo (m)	[bi'nokolo]
lanterninha (m)	maschera (f)	['maskera]
plateia (f)	platea (f)	['platea]
balcão (m)	balconata (f)	[balko'nata]
primeiro balcão (m)	prima galleria (f)	['prima galle'ria]
camarote (m)	palco (m)	['palko]
fila (f)	fila (f)	['fila]
assento (m)	posto (m)	['posto]
público (m)	pubblico (m)	['pubbliko]
espetador (m)	spettatore (m)	[spetta'tore]
aplaudir (vt)	battere le mani	['battere le 'mani]
aplausos (m pl)	applauso (m)	[app'lauzo]
ovação (f)	ovazione (f)	[ova'tsjone]
palco (m)	palcoscenico (m)	[palko'ʃeniko]
pano (m) de boca	sipario (m)	[si'pario]
cenário (m)	scenografia (f)	[ʃenogra'fia]
bastidores (m pl)	quinte (f pl)	['kwinte]
cena (f)	scena (f)	['ʃena]
ato (m)	atto (m)	['atto]
entreato (m)	intervallo (m)	[inter'vallo]

150. Cinema

ator (m)	attore (m)	[at'tore]
atriz (f)	attrice (f)	[at'tritʃe]
cinema (m)	cinema (m)	['tʃinema]
filme (m)	film (m)	[film]
episódio (m)	puntata (f)	[pun'tata]
filme (m) policial	film (m) giallo	[film 'dʒallo]
filme (m) de ação	film (m) d'azione	[film da'tsjone]
filme (m) de aventuras	film (m) d'avventure	[film davven'ture]
filme (m) de ficção científica	film (m) di fantascienza	['film de fanta'ʃentsa]
filme (m) de terror	film (m) d'orrore	[film dor'rore]
comédia (f)	film (m) comico	[film 'komiko]
melodrama (m)	melodramma (m)	[melo'dramma]
drama (m)	dramma (m)	['dramma]
filme (m) ficcional	film (m) a soggetto	[film a so'dʒetto]
documentário (m)	documentario (m)	[dokumen'tario]
desenho (m) animado	cartoni (m pl) animati	[kar'toni ani'mati]
cinema (m) mudo	cinema (m) muto	['tʃinema 'muto]
papel (m)	parte (f)	['parte]
papel (m) principal	parte (f) principale	['parte printʃi'pale]
representar (vt)	recitare (vi, vt)	[retʃi'tare]
estrela (f) de cinema	star (f), stella (f)	[star], ['stella]
conhecido	noto	['noto]
famoso	famoso	[fa'mozo]
popular	popolare	[popo'lare]
argumento (m)	sceneggiatura (m)	[ʃenedʒa'tura]
argumentista (m)	sceneggiatore (m)	[ʃenedʒa'tore]
realizador (m)	regista (m)	[re'dʒista]
produtor (m)	produttore (m)	[produt'tore]
assistente (m)	assistente (m)	[assi'stente]
diretor (m) de fotografia	cameraman (m)	[kamera'men]
duplo (m)	cascatore (m)	[kaska'tore]
duplo (m) de corpo	controfigura (f)	[kontrofi'gura]
filmar (vt)	girare un film	[dʒi'rare un film]
audição (f)	provino (m)	[pro'vino]
filmagem (f)	ripresa (f)	[ri'preza]
equipe (f) de filmagem	troupe (f) cinematografica	[trup tʃinemato'grafika]
set (m) de filmagem	set (m)	[set]
câmara (f)	cinepresa (f)	[tʃine'preza]
cinema (m)	cinema (m)	['tʃinema]
ecrã (m), tela (f)	schermo (m)	['skermo]
exibir um filme	proiettare un film	[projet'tare un film]
pista (f) sonora	colonna (f) sonora	[ko'lonna so'nora]
efeitos (m pl) especiais	effetti (m pl) speciali	[ef'fetti spe'tʃali]

legendas (f pl)	sottotitoli (m pl)	[sotto'titoli]
crédito (m)	titoli (m pl) di coda	['titoli di 'koda]
tradução (f)	traduzione (f)	[tradu'tsjone]

151. Pintura

arte (f)	arte (f)	['arte]
belas-artes (f pl)	belle arti (f pl)	['belle 'arti]
galeria (f) de arte	galleria (f) d'arte	[galle'ria 'darte]
exposição (f) de arte	mostra (f)	['mostra]

pintura (f)	pittura (f)	[pit'tura]
arte (f) gráfica	grafica (f)	['grafika]
arte (f) abstrata	astrattismo (m)	[astrat'tizmo]
impressionismo (m)	impressionismo (m)	[impressio'nizmo]

pintura (f), quadro (m)	quadro (m)	['kwadro]
desenho (m)	disegno (m)	[di'zeɲo]
cartaz, póster (m)	cartellone (m)	[kartel'lone]

ilustração (f)	illustrazione (f)	[illustra'tsjone]
miniatura (f)	miniatura (f)	[minia'tura]
cópia (f)	copia (f)	['kopia]
reprodução (f)	riproduzione (f)	[riprodu'tsjone]

mosaico (m)	mosaico (m)	[mo'zaiko]
vitral (m)	vetrata (f)	[ve'trata]
fresco (m)	affresco (m)	[af'fresko]
gravura (f)	incisione (f)	[intʃi'zjone]

busto (m)	busto (m)	['busto]
escultura (f)	scultura (f)	[skul'tura]
estátua (f)	statua (f)	['statua]
gesso (m)	gesso (m)	['dʒesso]
em gesso	in gesso	[in 'dʒesso]

retrato (m)	ritratto (m)	[ri'tratto]
autorretrato (m)	autoritratto (m)	[autori'tratto]
paisagem (f)	paesaggio (m)	[pae'zadʒo]
natureza (f) morta	natura (f) morta	[na'tura 'morta]
caricatura (f)	caricatura (f)	[karika'tura]
esboço (m)	abbozzo (m)	[ab'bottso]

tinta (f)	colore (m)	[ko'lore]
aguarela (f)	acquerello (m)	[akwe'rello]
óleo (m)	olio (m)	['oljo]
lápis (m)	matita (f)	[ma'tita]
tinta da China (f)	inchiostro (m) di china	[in'kjostro di 'kina]
carvão (m)	carbone (m)	[kar'bone]

desenhar (vt)	disegnare (vt)	[dize'ɲare]
pintar (vt)	dipingere (vt)	[di'pindʒere]
posar (vi)	posare (vi)	[po'zare]
modelo (m)	modello (m)	[mo'dello]

modelo (f)	modella (f)	[mo'della]
pintor (m)	pittore (m)	[pit'tore]
obra (f)	opera (f) d'arte	['opera 'darte]
obra-prima (f)	capolavoro (m)	[kapo·la'voro]
estúdio (m)	laboratorio (m)	[labora'torio]

tela (f)	tela (f)	['tela]
cavalete (m)	cavalletto (m)	[kaval'letto]
paleta (f)	tavolozza (f)	[tavo'lottsa]

moldura (f)	cornice (f)	[kor'nitʃe]
restauração (f)	restauro (m)	[re'stauro]
restaurar (vt)	restaurare (vt)	[restau'rare]

152. Literatura & Poesia

literatura (f)	letteratura (f)	[lettera'tura]
autor (m)	autore (m)	[au'tore]
pseudónimo (m)	pseudonimo (m)	[pseu'donimo]

livro (m)	libro (m)	['libro]
volume (m)	volume (m)	[vo'lume]
índice (m)	sommario (m), indice (m)	[som'mario], ['inditʃe]
página (f)	pagina (f)	['padʒina]
protagonista (m)	protagonista (m)	[protago'nista]

conto (m)	racconto (m)	[rak'konto]
novela (f)	romanzo (m) breve	[ro'mandzo 'breve]
romance (m)	romanzo (m)	[rn'mandzo]
obra (f)	opera (f)	['opera]
fábula (m)	favola (f)	['favola]
romance (m) policial	giallo (m)	['dʒallo]

poesia (obra)	verso (m)	['verso]
poesia (arte)	poesia (f)	[poe'zia]
poema (m)	poema (m)	[po'ema]
poeta (m)	poeta (m)	[po'eta]

ficção (f)	narrativa (f)	[narra'tiva]
ficção (f) científica	fantascienza (f)	[fanta'ʃentsa]
aventuras (f pl)	avventure (f pl)	[avven'ture]
literatura (f) didática	letteratura (f) formativa	[lettera'tura forma'tiva]
literatura (f) infantil	libri (m pl) per l'infanzia	['libri per lin'fansia]

153. Circo

circo (m)	circo (m)	['tʃirko]
circo (m) ambulante	tendone (m) del circo	[ten'done del 'tʃirko]
programa (m)	programma (m)	[pro'gramma]
apresentação (f)	spettacolo (m)	[spet'takolo]
número (m)	numero (m)	['numero]
arena (f)	arena (f)	[a'rena]

pantomima (f)	pantomima (m)	[panto'mima]
palhaço (m)	pagliaccio (m)	[paʎ'ʎatʃo]
acrobata (m)	acrobata (m)	[a'krobata]
acrobacia (f)	acrobatica (f)	[akro'batika]
ginasta (m)	ginnasta (m)	[dʒin'nasta]
ginástica (f)	ginnastica (m)	[dʒin'nastika]
salto (m) mortal	salto (m) mortale	['salto mor'tale]
homem forte (m)	forzuto (m)	[for'tsuto]
domador (m)	domatore (m)	[doma'tore]
cavaleiro (m) equilibrista	cavallerizzo (m)	[kavalle'riddzo]
assistente (m)	assistente (m)	[assi'stente]
truque (m)	acrobazia (f)	[akroba'tsia]
truque (m) de mágica	gioco (m) di prestigio	['dʒoko di pre'stidʒo]
mágico (m)	prestigiatore (m)	[prestidʒa'tore]
malabarista (m)	giocoliere (m)	[dʒoko'ljere]
fazer malabarismos	giocolare (vi)	[dʒoko'lare]
domador (m)	ammaestratore (m)	[ammaestra'tore]
adestramento (m)	ammaestramento (m)	[ammaestra'mento]
adestrar (vt)	ammaestrare (vt)	[ammae'strare]

154. Música. Música popular

música (f)	musica (f)	['muzika]
músico (m)	musicista (m)	[muzi'tʃista]
instrumento (m) musical	strumento (m) musicale	[stru'mento muzi'kale]
tocar ...	suonare ...	[suo'nare]
guitarra (f)	chitarra (f)	[ki'tarra]
violino (m)	violino (m)	[vio'lino]
violoncelo (m)	violoncello (m)	[violon'tʃello]
contrabaixo (m)	contrabbasso (m)	[kontrab'basso]
harpa (f)	arpa (f)	['arpa]
piano (m)	pianoforte (m)	[pjano'forte]
piano (m) de cauda	pianoforte (m) a coda	[pjano'forte a 'koda]
órgão (m)	organo (m)	['organo]
instrumentos (m pl) de sopro	strumenti (m pl) a fiato	[stru'menti a 'fjato]
oboé (m)	oboe (m)	['oboe]
saxofone (m)	sassofono (m)	[sas'sofono]
clarinete (m)	clarinetto (m)	[klari'netto]
flauta (f)	flauto (m)	['flauto]
trompete (m)	tromba (f)	['tromba]
acordeão (m)	fisarmonica (f)	[fizar'monika]
tambor (m)	tamburo (m)	[tam'buro]
duo, dueto (m)	duetto (m)	[du'etto]
trio (m)	trio (m)	['trio]
quarteto (m)	quartetto (m)	[kwar'tetto]

| coro (m) | coro (m) | ['koro] |
| orquestra (f) | orchestra (f) | [or'kestra] |

música (f) pop	musica (f) pop	['muzika pop]
música (f) rock	musica (f) rock	['muzika rok]
grupo (m) de rock	gruppo (m) rock	['gruppo rok]
jazz (m)	jazz (m)	[dʒaz]

| ídolo (m) | idolo (m) | ['idolo] |
| fã, admirador (m) | ammiratore (m) | [ammira'tore] |

concerto (m)	concerto (m)	[kon'tʃerto]
sinfonia (f)	sinfonia (f)	[sinfo'nia]
composição (f)	composizione (f)	[kompozi'tsjone]
compor (vt)	comporre (vt)	[kom'porre]

canto (m)	canto (m)	['kanto]
canção (f)	canzone (f)	[kan'tsone]
melodia (f)	melodia (f)	[melo'dia]
ritmo (m)	ritmo (m)	['ritmo]
blues (m)	blues (m)	[bluz]

notas (f pl)	note (f pl)	['note]
batuta (f)	bacchetta (f)	[bak'ketta]
arco (m)	arco (m)	['arko]
corda (f)	corda (f)	['korda]
estojo (m)	custodia (f)	[ku'stodia]

Descanso. Entretenimento. Viagens

155. Viagens

turismo (m)	turismo (m)	[tu'rizmo]
turista (m)	turista (m)	[tu'rista]
viagem (f)	viaggio (m)	['vjadʒo]
aventura (f)	avventura (f)	[avven'tura]
viagem (f)	viaggio (m)	['vjadʒo]
férias (f pl)	vacanza (f)	[va'kantsa]
estar de férias	essere in vacanza	['essere in va'kantsa]
descanso (m)	riposo (m)	[ri'pozo]
comboio (m)	treno (m)	['treno]
de comboio (chegar ~)	in treno	[in 'treno]
avião (m)	aereo (m)	[a'ereo]
de avião	in aereo	[in a'ereo]
de carro	in macchina	[in 'makkina]
de navio	in nave	[in 'nave]
bagagem (f)	bagaglio (m)	[ba'gaʎʎo]
mala (f)	valigia (f)	[va'lidʒa]
carrinho (m)	carrello (m)	[kar'rello]
passaporte (m)	passaporto (m)	[passa'porto]
visto (m)	visto (m)	['visto]
bilhete (m)	biglietto (m)	[biʎ'ʎetto]
bilhete (m) de avião	biglietto (m) aereo	[biʎ'ʎetto a'ereo]
guia (m) de viagem	guida (f)	['gwida]
mapa (m)	carta (f) geografica	['karta dʒeo'grafika]
local (m), area (f)	località (f)	[lokali'ta]
lugar, sítio (m)	luogo (m)	[lu'ogo]
exotismo (m)	ogetti (m pl) esotici	[o'dʒetti e'zotiʧi]
exótico	esotico	[e'zotiko]
surpreendente	sorprendente	[sorpren'dente]
grupo (m)	gruppo (m)	['gruppo]
excursão (f)	escursione (f)	[eskur'sjone]
guia (m)	guida (f)	['gwida]

156. Hotel

hotel (m)	albergo, hotel (m)	[al'bergo], [o'tel]
motel (m)	motel (m)	[mo'tel]
três estrelas	tre stelle	[tre 'stelle]

| cinco estrelas | cinque stelle | ['tʃinkwe 'stelle] |
| ficar (~ num hotel) | alloggiare (vi) | [allo'dʒare] |

quarto (m)	camera (f)	['kamera]
quarto (m) individual	camera (f) singola	['kamera 'singola]
quarto (m) duplo	camera (f) doppia	['kamera 'doppia]
reservar um quarto	prenotare una camera	[preno'tare 'una 'kamera]

| meia pensão (f) | mezza pensione (f) | ['meddza pen'sjone] |
| pensão (f) completa | pensione (f) completa | [pen'sjone kom'pleta] |

com banheira	con bagno	[kon 'baɲo]
com duche	con doccia	[kon 'dotʃa]
televisão (m) satélite	televisione (f) satellitare	[televi'zjone satelli'tare]
ar (m) condicionado	condizionatore (m)	[konditsiona'tore]
toalha (f)	asciugamano (m)	[aʃuga'mano]
chave (f)	chiave (f)	['kjave]

administrador (m)	amministratore (m)	[amministra'tore]
camareira (f)	cameriera (f)	[kame'rjera]
bagageiro (m)	portabagagli (m)	[porta·ba'gaʎʎi]
porteiro (m)	portiere (m)	[por'tjere]

restaurante (m)	ristorante (m)	[risto'rante]
bar (m)	bar (m)	[bar]
pequeno-almoço (m)	colazione (f)	[kola'tsjone]
jantar (m)	cena (f)	['tʃena]
buffet (m)	buffet (m)	[buf'fe]

| hall (m) de entrada | hall (f) | [oll] |
| elevador (m) | ascensore (m) | [aʃen'sore] |

| NÃO PERTURBE | NON DISTURBARE | [non distur'bare] |
| PROIBIDO FUMAR! | VIETATO FUMARE! | [vje'tato fu'mare] |

157. Livros. Leitura

livro (m)	libro (m)	['libro]
autor (m)	autore (m)	[au'tore]
escritor (m)	scrittore (m)	[skrit'tore]
escrever (vt)	scrivere (vi, vt)	['skrivere]

leitor (m)	lettore (m)	[let'tore]
ler (vt)	leggere (vi, vt)	['ledʒere]
leitura (f)	lettura (f)	[let'tura]

| para si | in silenzio | [in si'lentsio] |
| em voz alta | ad alta voce | [ad 'alta 'votʃe] |

publicar (vt)	pubblicare (vt)	[pubbli'kare]
publicação (f)	pubblicazione (f)	[publika'tsjone]
editor (m)	editore (m)	[edi'tore]
editora (f)	casa (f) editrice	['kaza edi'tritʃe]
sair (vi)	uscire (vi)	[u'ʃire]

| lançamento (m) | uscita (f) | [u'ʃita] |
| tiragem (f) | tiratura (f) | [tira'tura] |

| livraria (f) | libreria (f) | [libre'ria] |
| biblioteca (f) | biblioteca (f) | [biblio'teka] |

novela (f)	romanzo (m) breve	[ro'mandzo 'breve]
conto (m)	racconto (m)	[rak'konto]
romance (m)	romanzo (m)	[ro'mandzo]
romance (m) policial	giallo (m)	['dʒallo]

memórias (f pl)	memorie (f pl)	[me'morie]
lenda (f)	leggenda (f)	[le'dʒenda]
mito (m)	mito (m)	['mito]

poesia (f)	poesia (f), versi (m pl)	[poe'zia], ['versi]
autobiografia (f)	autobiografia (f)	[auto·biogra'fia]
obras (f pl) escolhidas	opere (f pl) scelte	['opere 'ʃelte]
ficção (f) científica	fantascienza (f)	[fanta'ʃentsa]

título (m)	titolo (m)	['titolo]
introdução (f)	introduzione (f)	[introdu'tsjone]
folha (f) de rosto	frontespizio (m)	[fronte'spitsio]

capítulo (m)	capitolo (m)	[ka'pitolo]
excerto (m)	frammento (m)	[fram'mento]
episódio (m)	episodio (m)	[epi'zodio]

tema (m)	soggetto (m)	[so'dʒetto]
conteúdo (m)	contenuto (m)	[konte'nuto]
índice (m)	sommario (m)	[som'mario]
protagonista (m)	protagonista (m)	[protago'nista]

tomo, volume (m)	volume (m)	[vo'lume]
capa (f)	copertina (f)	[koper'tina]
encadernação (f)	rilegatura (f)	[rilega'tura]
marcador (m) de livro	segnalibro (m)	[seɲa'libro]

página (f)	pagina (f)	['padʒina]
folhear (vt)	sfogliare (vt)	[sfoʎ'ʎare]
margem (f)	margini (m pl)	['mardʒini]
anotação (f)	annotazione (f)	[annota'tsjone]
nota (f) de rodapé	nota (f)	['nota]

texto (m)	testo (m)	['testo]
fonte (f)	carattere (m)	[ka'rattere]
gralha (f)	refuso (m)	[re'fuzo]

tradução (f)	traduzione (f)	[tradu'tsjone]
traduzir (vt)	tradurre (vt)	[tra'durre]
original (m)	originale (m)	[oridʒi'nale]

famoso	famoso	[fa'mozo]
desconhecido	sconosciuto	[skono'ʃuto]
interessante	interessante	[interes'sante]
best-seller (m)	best seller (m)	[best 'seller]

dicionário (m)	dizionario (m)	[ditsjo'nario]
manual (m) escolar	manuale (m)	[manu'ale]
enciclopédia (f)	enciclopedia (f)	[entʃiklope'dia]

158. Caça. Pesca

caça (f)	caccia (f)	['katʃa]
caçar (vi)	cacciare (vt)	[ka'tʃare]
caçador (m)	cacciatore (m)	[katʃa'tore]

atirar (vi)	sparare (vi)	[spa'rare]
caçadeira (f)	fucile (m)	[fu'tʃile]
cartucho (m)	cartuccia (f)	[kar'tutʃa]
chumbo (m) de caça	pallini (m pl)	[pal'lini]

armadilha (f)	tagliola (f)	[taʎ'ʎoʎa]
armadilha (com corda)	trappola (f)	['trappola]
cair na armadilha	cadere in trappola	[ka'dere in 'trappola]
pôr a armadilha	tendere una trappola	['tendere 'una 'trappola]

caçador (m) furtivo	bracconiere (m)	[brakko'njere]
caça (f)	cacciagione (m)	[katʃa'dʒone]
cão (m) de caça	cane (m) da caccia	['kane da 'katʃa]
safári (m)	safari (m)	[sa'fari]
animal (m) empalhado	animale (m) impagliato	[ani'male impaʎ'ʎato]

pescador (m)	pescatore (m)	[peska'tore]
pesca (f)	pesca (f)	['peska]
pescar (vt)	pescare (vi)	[pe'skare]

cana (f) de pesca	canna (f) da pesca	['kanna da 'peska]
linha (f) de pesca	lenza (f)	['lentsa]
anzol (m)	amo (m)	['amo]

| boia (f) | galleggiante (m) | [galle'dʒante] |
| isca (f) | esca (f) | ['eska] |

| lançar a linha | lanciare la canna | [lan'tʃare la 'kanna] |
| morder (vt) | abboccare (vi) | [abbok'kare] |

| pesca (f) | pescato (m) | [pe'skato] |
| buraco (m) no gelo | buco (m) nel ghiaccio | ['buko nel 'gjatʃo] |

| rede (f) | rete (f) | ['rete] |
| barco (m) | barca (f) | ['barka] |

pescar com rede	prendere con la rete	['prendere kon la 'rete]
lançar a rede	gettare la rete	[dʒet'tare la 'rete]
puxar a rede	tirare le reti	[ti'rare le 'reti]
cair nas malhas	cadere nella rete	[ka'dere 'nella 'rete]

baleeiro (m)	baleniere (m)	[bale'njere]
baleeira (f)	baleniera (f)	[bale'njera]
arpão (m)	rampone (m)	[ram'pone]

159. Jogos. Bilhar

bilhar (m)	biliardo (m)	[bi'ljardo]
sala (f) de bilhar	sala (f) da biliardo	['sala da bi'ljardo]
bola (f) de bilhar	bilia (f)	['bilia]
embolsar uma bola	imbucare (vt)	[imbu'kare]
taco (m)	stecca (f) da biliardo	['stekka da bi'ljardo]
caçapa (f)	buca (f)	['buka]

160. Jogos. Jogar cartas

ouros (m pl)	quadri (m pl)	['kwadri]
espadas (f pl)	picche (f pl)	['pikke]
copas (f pl)	cuori (m pl)	[ku'ori]
paus (m pl)	fiori (m pl)	['fjori]
ás (m)	asso (m)	['asso]
rei (m)	re (m)	[re]
dama (f)	donna (f)	['donna]
valete (m)	fante (m)	['fante]
carta (f) de jogar	carta (f) da gioco	['karta da 'dʒoko]
cartas (f pl)	carte (f pl)	['karte]
trunfo (m)	briscola (f)	['briskola]
baralho (m)	mazzo (m) di carte	['mattso di 'karte]
ponto (m)	punto (m)	['punto]
dar, distribuir (vt)	dare le carte	['dare le 'karte]
embaralhar (vt)	mescolare (vt)	[mesko'lare]
vez, jogada (f)	turno (m)	['turno]
batoteiro (m)	baro (m)	['baro]

161. Casino. Roleta

casino (m)	casinò (m)	[kazi'no]
roleta (f)	roulette (f)	[ru'lett]
aposta (f)	puntata (f)	[pun'tata]
apostar (vt)	puntare su ...	[pun'tare su]
vermelho (m)	rosso	['rosso]
preto (m)	nero (m)	['nero]
apostar no vermelho	puntare sul rosso	[pun'tare sul 'rosso]
apostar no preto	puntare sul nero	[pun'tare sul 'nero]
crupiê (m, f)	croupier (m)	[kru'pje]
girar a roda	far girare la ruota	[far dʒi'rare la ru'ota]
regras (f pl) do jogo	regole (f pl) del gioco	['regole del 'dʒoko]
ficha (f)	fiche (f)	[fiʃ]
ganhar (vi, vt)	vincere (vi, vt)	['vintʃere]
ganho (m)	vincita (f)	['vintʃita]

perder (dinheiro)	perdere (vt)	['perdere]
perda (f)	perdita (f)	['perdita]

jogador (m)	giocatore (m)	[dʒoka'tore]
blackjack (m)	black jack (m)	[blek 'dʒek]
jogo (m) de dados	gioco (m) dei dadi	['dʒoko dei 'dadi]
dados (m pl)	dadi (m pl)	['dadi]
máquina (f) de jogo	slot machine (f)	[zlot ma'ʃin]

162. Descanso. Jogos. Diversos

passear (vi)	passeggiare (vi)	[passe'dʒare]
passeio (m)	passeggiata (f)	[passe'dʒata]
viagem (f) de carro	gita (f)	['dʒita]
aventura (f)	avventura (f)	[avven'tura]
piquenique (m)	picnic (m)	['piknik]

jogo (m)	gioco (m)	['dʒoko]
jogador (m)	giocatore (m)	[dʒoka'tore]
partida (f)	partita (f)	[par'tita]

colecionador (m)	collezionista (m)	[kolletsjo'nista]
colecionar (vt)	collezionare (vt)	[kolletsio'nare]
coleção (f)	collezione (f)	[kolle'tsjone]

palavras (f pl) cruzadas	cruciverba (m)	[kruʧi'verba]
hipódromo (m)	ippodromo (m)	[ip'podromo]
discoteca (f)	discoteca (f)	[disko'teka]

sauna (f)	sauna (f)	['sauna]
lotaria (f)	lotteria (f)	[lotte'ria]

campismo (m)	campeggio (m)	[kam'pedʒo]
acampamento (m)	campo (m)	['kampo]
tenda (f)	tenda (f) da campeggio	['tenda da kam'pedʒo]
bússola (f)	bussola (f)	['bussola]
campista (m)	campeggiatore (m)	[kampedʒa'tore]

ver (vt), assistir à ...	guardare (vt)	[gwar'dare]
telespectador (m)	telespettatore (m)	[telespetta'tore]
programa (m) de TV	trasmissione (f)	[trazmis'sjone]

163. Fotografia

máquina (f) fotográfica	macchina (f) fotografica	['makkina foto'grafika]
foto, fotografia (f)	fotografia (f)	[fotogra'fia]

fotógrafo (m)	fotografo (m)	[fo'tografo]
estúdio (m) fotográfico	studio (m) fotografico	['studio foto'grafiko]
álbum (m) de fotografias	album (m) di fotografie	['album di fotogra'fie]
objetiva (f)	obiettivo (m)	[objet'tivo]
teleobjetiva (f)	teleobiettivo (m)	[teleobjet'tivo]

143

filtro (m)	**filtro** (m)	['filtro]
lente (f)	**lente** (f)	['lente]
ótica (f)	**ottica** (f)	['ottika]
abertura (f)	**diaframma** (m)	[dia'framma]
exposição (f)	**tempo** (m) **di esposizione**	['tempo di espozi'tsjone]
visor (m)	**mirino** (m)	[mi'rino]
câmara (f) digital	**fotocamera** (f) **digitale**	[foto'kamera didʒi'tale]
tripé (m)	**cavalletto** (m)	[kaval'letto]
flash (m)	**flash** (m)	[fleʃ]
fotografar (vt)	**fotografare** (vt)	[fotogra'fare]
tirar fotos	**fare foto**	['fare 'foto]
fotografar-se	**fotografarsi**	[fotogra'farsi]
foco (m)	**fuoco** (m)	[fu'oko]
focar (vt)	**mettere a fuoco**	['mettere a fu'oko]
nítido	**nitido**	['nitido]
nitidez (f)	**nitidezza** (f)	[niti'dettsa]
contraste (m)	**contrasto** (m)	[kon'trasto]
contrastante	**contrastato**	[kontra'stato]
retrato (m)	**foto** (f)	['foto]
negativo (m)	**negativa** (f)	[nega'tiva]
filme (m)	**pellicola** (f) **fotografica**	[pel'likola foto'grafika]
fotograma (m)	**fotogramma** (m)	[foto'gramma]
imprimir (vt)	**stampare** (vt)	[stam'pare]

164. Praia. Natação

praia (f)	**spiaggia** (f)	['spjadʒa]
areia (f)	**sabbia** (f)	['sabbia]
deserto	**deserto**	[de'zerto]
bronzeado (m)	**abbronzatura** (f)	[abbrondza'tura]
bronzear-se (vr)	**abbronzarsi** (vr)	[abbron'dzarsi]
bronzeado	**abbronzato**	[abbron'dzato]
protetor (m) solar	**crema** (f) **solare**	['krema so'lare]
biquíni (m)	**bikini** (m)	[bi'kini]
fato (m) de banho	**costume** (m) **da bagno**	[ko'stume da 'baɲo]
calção (m) de banho	**slip** (m) **da bagno**	[zlip da 'baɲo]
piscina (f)	**piscina** (f)	[pi'ʃina]
nadar (vi)	**nuotare** (vi)	[nuo'tare]
duche (f)	**doccia** (f)	['dotʃa]
mudar de roupa	**cambiarsi** (vr)	[kam'bjarsi]
toalha (f)	**asciugamano** (m)	[aʃuga'mano]
barco (m)	**barca** (f)	['barka]
lancha (f)	**motoscafo** (m)	[moto'skafo]
esqui (m) aquático	**sci** (m) **nautico**	[ʃi 'nautiko]

barco (m) de pedais	pedalò (m)	[peda'lo]
surf (m)	surf (m)	[serf]
surfista (m)	surfista (m)	[sur'fista]
equipamento (m) de mergulho	autorespiratore (m)	[autorespira'tore]
barbatanas (f pl)	pinne (f pl)	['pinne]
máscara (f)	maschera (f)	['maskera]
mergulhador (m)	subacqueo (m)	[su'bakveo]
mergulhar (vi)	tuffarsi (vr)	[tuf'farsi]
debaixo d'água	sott'acqua	[so'takva]
guarda-sol (m)	ombrellone (m)	[ombrel'lone]
espreguiçadeira (f)	sdraio (f)	['zdrajo]
óculos (m pl) de sol	occhiali (m pl) da sole	[ok'kjali da 'sole]
colchão (m) de ar	materasso (m) ad aria	[mate'rasso ad 'aria]
brincar (vi)	giocare (vi)	[dʒo'kare]
ir nadar	fare il bagno	['fare il 'baɲo]
bola (f) de praia	pallone (m)	[pal'lone]
encher (vt)	gonfiare (vt)	[gon'fjare]
inflável, de ar	gonfiabile	[gon'fjabile]
onda (f)	onda (f)	['onda]
boia (f)	boa (f)	['boa]
afogar-se (pessoa)	annegare (vi)	[anne'gare]
salvar (vt)	salvare (vt)	[sal'vare]
colete (m) salva-vidas	giubbotto (m) di salvataggio	[dʒub'botto di salva'tadʒo]
observar (vt)	osservare (vt)	[osser'vare]
nadador-salvador (m)	bagnino (m)	[ba'ɲino]

EQUIPAMENTO TÉCNICO. TRANSPORTES

Equipamento técnico. Transportes

165. Computador

computador (m)	computer (m)	[kom'pjuter]
portátil (m)	computer (m) portatile	[kom'pjuter por'tatile]
ligar (vt)	accendere (vt)	[a't∫endere]
desligar (vt)	spegnere (vt)	['speɲere]
teclado (m)	tastiera (f)	[tas'tjera]
tecla (f)	tasto (m)	['tasto]
rato (m)	mouse (m)	['maus]
tapete (m) de rato	tappetino (m) del mouse	[tappe'tino del 'maus]
botão (m)	tasto (m)	['tasto]
cursor (m)	cursore (m)	[kur'sore]
monitor (m)	monitor (m)	['monitor]
ecrã (m)	schermo (m)	['skermo]
disco (m) rígido	disco (m) rigido	['disko 'ridʒido]
capacidade (f) do disco rígido	spazio (m) sul disco rigido	['spatsio sul 'disko 'ridʒido]
memória (f)	memoria (f)	[me'moria]
memória RAM (f)	memoria (f) operativa	[me'moria opera'tiva]
ficheiro (m)	file (m)	[fajl]
pasta (f)	cartella (f)	[kar'tella]
abrir (vt)	aprire (vt)	[a'prire]
fechar (vt)	chiudere (vt)	['kjudere]
guardar (vt)	salvare (vt)	[sal'vare]
apagar, eliminar (vt)	eliminare (vt)	[elimi'nare]
copiar (vt)	copiare (vt)	[ko'pjare]
ordenar (vt)	ordinare (vt)	[ordi'nare]
copiar (vt)	trasferire (vt)	[trasfe'rire]
programa (m)	programma (m)	[pro'gramma]
software (m)	software (m)	['softwea]
programador (m)	programmatore (m)	[programma'tore]
programar (vt)	programmare (vt)	[program'mare]
hacker (m)	hacker (m)	['aker]
senha (f)	password (f)	['password]
vírus (m)	virus (m)	['virus]
detetar (vt)	trovare (vt)	[tro'vare]
byte (m)	byte (m)	[bajt]

megabyte (m)	megabyte (m)	['megabajt]
dados (m pl)	dati (m pl)	['dati]
base (f) de dados	database (m)	['databejz]

cabo (m)	cavo (m)	['kavo]
desconectar (vt)	sconnettere (vt)	[skon'nettere]
conetar (vt)	collegare (vt)	[kolle'gare]

166. Internet. E-mail

internet (f)	internet (f)	['internet]
browser (m)	navigatore (m)	[naviga'tore]
motor (m) de busca	motore (m) di ricerca	[mo'tore di ri'tʃerka]
provedor (m)	provider (m)	[pro'vajder]

webmaster (m)	webmaster (m)	web'master]
website, sítio web (m)	sito web (m)	['sito web]
página (f) web	pagina web (f)	['padʒina web]

endereço (m)	indirizzo (m)	[indi'rittso]
livro (m) de endereços	rubrica (f) indirizzi	[ru'brika indi'rittsi]

caixa (f) de correio	casella (f) di posta	[ka'zella di 'posta]
correio (m)	posta (f)	['posta]
cheia (caixa de correio)	battaglia (f)	[bat'taʎʎa]

mensagem (f)	messaggio (m)	[mes'sadʒo]
mensagens (f pl) recebidas	messaggi (m pl) in arrivo	[mes'sadʒi in ar'rivo]
mensagens (f pl) enviadas	messaggi (m pl) in uscita	[mes'sadʒo in u'ʃita]
remetente (m)	mittente (m)	[mit'tente]
enviar (vt)	inviare (vt)	[in'vjare]
envio (m)	invio (m)	[in'vio]
destinatário (m)	destinatario (m)	[destina'tario]
receber (vt)	ricevere (vt)	[ri'tʃevere]

correspondência (f)	corrispondenza (f)	[korrispon'dentsa]
corresponder-se (vr)	essere in corrispondenza	['essere in korrispon'dentsa]

ficheiro (m)	file (m)	[fajl]
fazer download, baixar	scaricare (vt)	[skari'kare]
criar (vt)	creare (vt)	[kre'are]
apagar, eliminar (vt)	eliminare (vt)	[elimi'nare]
eliminado	eliminato	[elimi'nato]

conexão (f)	connessione (f)	[konne'sjone]
velocidade (f)	velocità (f)	[velotʃi'ta]
modem (m)	modem (m)	['modem]
acesso (m)	accesso (m)	[a'tʃesso]
porta (f)	porta (f)	['porta]

conexão (f)	collegamento (m)	[kollega'mento]
conetar (vi)	collegarsi a ...	[kolle'garsi a]
escolher (vt)	scegliere (vt)	['ʃeʎʎere]
buscar (vt)	cercare (vt)	[tʃer'kare]

147

167. Eletricidade

eletricidade (f)	elettricità (f)	[elettritʃi'ta]
elétrico	elettrico	[e'lettriko]
central (f) elétrica	centrale (f) elettrica	[tʃen'trale e'lettrika]
energia (f)	energia (f)	[ener'dʒia]
energia (f) elétrica	energia (f) elettrica	[ener'dʒia e'lettrika]
lâmpada (f)	lampadina (f)	[lampa'dina]
lanterna (f)	torcia (f) elettrica	['tortʃa e'lettrika]
poste (m) de iluminação	lampione (m)	[lam'pjone]
luz (f)	luce (f)	['lutʃe]
ligar (vt)	accendere (vt)	[a'tʃendere]
desligar (vt)	spegnere (vt)	['speɲere]
apagar a luz	spegnere la luce	['speɲere la 'lutʃe]
fundir (vi)	fulminarsi (vr)	[fulmi'narsi]
curto-circuito (m)	corto circuito (m)	['korto tʃir'kwito]
rutura (f)	rottura (f)	[rot'tura]
contacto (m)	contatto (m)	[kon'tatto]
interruptor (m)	interruttore (m)	[interrut'tore]
tomada (f)	presa (f) elettrica	['preza e'lettrika]
ficha (f)	spina (f)	['spina]
extensão (f)	prolunga (f)	[pro'lunga]
fusível (m)	fusibile (m)	[fu'zibile]
fio, cabo (m)	filo (m)	['filo]
instalação (f) elétrica	impianto (m) elettrico	[im'pjanto e'lettriko]
ampere (m)	ampere (m)	[am'pere]
amperagem (f)	intensità di corrente	[intensi'ta di kor'rente]
volt (m)	volt (m)	[volt]
voltagem (f)	tensione (f)	[ten'sjone]
aparelho (m) elétrico	apparecchio (m) elettrico	[appa'rekkjo e'lettriko]
indicador (m)	indicatore (m)	[indika'tore]
eletricista (m)	elettricista (m)	[elettri'tʃista]
soldar (vt)	saldare (vt)	[sal'dare]
ferro (m) de soldar	saldatoio (m)	[salda'tojo]
corrente (f) elétrica	corrente (f)	[kor'rente]

168. Ferramentas

ferramenta (f)	utensile (m)	[uten'sile]
ferramentas (f pl)	utensili (m pl)	[uten'sili]
equipamento (m)	impianto (m)	[im'pjanto]
martelo (m)	martello (m)	[mar'tello]
chave (f) de fendas	giravite (m)	[dʒira'vite]
machado (m)	ascia (f)	['aʃa]

serra (f)	sega (f)	['sega]
serrar (vt)	segare (vt)	[se'gare]
plaina (f)	pialla (f)	['pjalla]
aplainar (vt)	piallare (vt)	[pjal'lare]
ferro (m) de soldar	saldatoio (m)	[salda'tojo]
soldar (vt)	saldare (vt)	[sal'dare]

lima (f)	lima (f)	['lima]
tenaz (f)	tenaglie (f pl)	[te'naʎʎe]
alicate (m)	pinza (f) a punte piatte	['pintsa a 'punte 'pjatte]
formão (m)	scalpello (m)	[skal'pello]

broca (f)	punta (f) da trapano	['punta da 'trapano]
berbequim (f)	trapano (m) elettrico	['trapano e'lettriko]
furar (vt)	trapanare (vt)	[trapa'nare]

faca (f)	coltello (m)	[kol'tello]
canivete (m)	coltello (m) da tasca	[kol'tello da 'taska]
lâmina (f)	lama (f)	['lama]

afiado	affilato	[affi'lato]
cego	smussato	[zmu'sato]
embotar-se (vr)	smussarsi (vr)	[zmus'sarsi]
afiar, amolar (vt)	affilare (vt)	[affi'lare]

parafuso (m)	bullone (m)	[bul'lone]
porca (f)	dado (m)	['dado]
rosca (f)	filettatura (f)	[filetta'tura]
parafuso (m) para madeira	vite (f)	['vite]

| prego (m) | chiodo (m) | [ki'odo] |
| cabeça (f) do prego | testa (f) di chiodo | ['testa di ki'odo] |

régua (f)	regolo (m)	['regolo]
fita (f) métrica	nastro (m) metrico	['nastro 'metriko]
nível (m)	livella (f)	[li'vella]
lupa (f)	lente (f) d'ingradimento	['lente dingrandi'mento]

medidor (m)	strumento (m) di misurazione	[stru'mento di mizura'tsjone]
medir (vt)	misurare (vt)	[mizu'rare]
escala (f)	scala (f) graduata	['skala gradu'ata]
indicação (f), registo (m)	lettura, indicazione (f)	[let'tura], [indika'tsjone]

| compressor (m) | compressore (m) | [kompres'sore] |
| microscópio (m) | microscopio (m) | [mikro'skopio] |

bomba (f)	pompa (f)	['pompa]
robô (m)	robot (m)	[ro'bo]
laser (m)	laser (m)	['lazer]

chave (f) de boca	chiave (f)	['kjave]
fita (f) adesiva	nastro (m) adesivo	['nastro ade'zivo]
cola (f)	colla (f)	['kolla]
lixa (f)	carta (f) smerigliata	['karta zmeriʎ'ʎata]
mola (f)	molla (f)	['molla]

| íman (m) | magnete (m) | [ma'ɲete] |
| luvas (f pl) | guanti (m pl) | ['gwanti] |

corda (f)	corda (f)	['korda]
cordel (m)	cordone (m)	[kor'done]
fio (m)	filo (m)	['filo]
cabo (m)	cavo (m)	['kavo]

marreta (f)	mazza (f)	['mattsa]
pé de cabra (m)	palanchino (m)	[palaŋ'kino]
escada (f) de mão	scala (f) a pioli	['skala a pi'oli]
escadote (m)	scala (m) a libretto	['skala a li'bretto]

enroscar (vt)	avvitare (vt)	[avvi'tare]
desenroscar (vt)	svitare (vt)	[zvi'tare]
apertar (vt)	stringere (vt)	['strindʒere]
colar (vt)	incollare (vt)	[inkol'lare]
cortar (vt)	tagliare (vt)	[taʎ'ʎare]

falha (mau funcionamento)	guasto (m)	['gwasto]
conserto (m)	riparazione (f)	[ripara'tsjone]
consertar, reparar (vt)	riparare (vt)	[ripa'rare]
regular, ajustar (vt)	regolare (vt)	[rego'lare]

verificar (vt)	verificare (vt)	[verifi'kare]
verificação (f)	controllo (m)	[kon'trollo]
indicação (f), registo (m)	lettura, indicazione (f)	[let'tura], [indika'tsjone]

| seguro | sicuro | [si'kuro] |
| complicado | complesso | [kom'plesso] |

enferrujar (vi)	arrugginire (vi)	[arrudʒi'nire]
enferrujado	arrugginito	[arrudʒi'nito]
ferrugem (f)	ruggine (f)	['rudʒine]

Transportes

169. Avião

avião (m)	aereo (m)	[a'ereo]
bilhete (m) de avião	biglietto (m) aereo	[biʎ'ʎetto a'ereo]
companhia (f) aérea	compagnia (f) aerea	[kompa'nia a'erea]
aeroporto (m)	aeroporto (m)	[aero'porto]
supersónico	supersonico	[super'soniko]
comandante (m) do avião	comandante (m)	[koman'dante]
tripulação (f)	equipaggio (m)	[ekwi'padʒo]
piloto (m)	pilota (m)	[pi'lota]
hospedeira (f) de bordo	hostess (f)	['ostess]
copiloto (m)	navigatore (m)	[naviga'tore]
asas (f pl)	ali (f pl)	['ali]
cauda (f)	coda (f)	['koda]
cabine (f) de pilotagem	cabina (f)	[ka'bina]
motor (m)	motore (m)	[mo'tore]
trem (m) de aterragem	carrello (m) d'atterraggio	[kar'rello datter'radʒo]
turbina (f)	turbina (f)	[tur'bina]
hélice (f)	elica (f)	['elika]
caixa-preta (f)	scatola (f) nera	['skatola 'nera]
coluna (f) de controlo	barra (f) di comando	['barra di ko'mando]
combustível (m)	combustibile (m)	[kombu'stibile]
instruções (f pl) de segurança	safety card (f)	['sejfti kard]
máscara (f) de oxigénio	maschera (f) ad ossigeno	['maskera ad os'sidʒeno]
uniforme (m)	uniforme (f)	[uni'forme]
colete (m) salva-vidas	giubbotto (m) di salvataggio	[dʒub'botto di salva'tadʒo]
paraquedas (m)	paracadute (m)	[paraka'dute]
descolagem (f)	decollo (m)	[de'kollo]
descolar (vi)	decollare (vi)	[dekol'lare]
pista (f) de descolagem	pista (f) di decollo	['pista di de'kollo]
visibilidade (f)	visibilità (f)	[vizibili'ta]
voo (m)	volo (m)	['volo]
altura (f)	altitudine (f)	[alti'tudine]
poço (m) de ar	vuoto (m) d'aria	[vu'oto 'daria]
assento (m)	posto (m)	['posto]
auscultadores (m pl)	cuffia (f)	['kuffia]
mesa (f) rebatível	tavolinetto (m) pieghevole	[tavoli'netto pje'gevole]
vigia (f)	oblò (m), finestrino (m)	[ob'lo], [fine'strino]
passagem (f)	corridoio (m)	[korri'dojo]

170. Comboio

comboio (m)	treno (m)	['treno]
comboio (m) suburbano	elettrotreno (m)	[elettro'treno]
comboio (m) rápido	treno (m) rapido	['treno 'rapido]
locomotiva (f) diesel	locomotiva (f) diesel	[lokomo'tiva 'dizel]
locomotiva (f) a vapor	locomotiva (f) a vapore	[lokomo'tiva a va'pore]
carruagem (f)	carrozza (f)	[kar'rottsa]
carruagem restaurante (f)	vagone (m) ristorante	[va'gone risto'rante]
carris (m pl)	rotaie (f pl)	[ro'taje]
caminho de ferro (m)	ferrovia (f)	[ferro'via]
travessa (f)	traversa (f)	[tra'versa]
plataforma (f)	banchina (f)	[baŋ'kina]
linha (f)	binario (m)	[bi'nario]
semáforo (m)	semaforo (m)	[se'maforo]
estação (f)	stazione (f)	[sta'tsjone]
maquinista (m)	macchinista (m)	[makki'nista]
bagageiro (m)	portabagagli (m)	[porta·ba'gaʎʎi]
hospedeiro, -a (da carruagem)	cuccettista (m, f)	[kutʃet'tista]
passageiro (m)	passeggero (m)	[passe'dʒero]
revisor (m)	controllore (m)	[kontrol'lore]
corredor (m)	corridoio (m)	[korri'dojo]
freio (m) de emergência	freno (m) di emergenza	['freno di emer'dʒentsa]
compartimento (m)	scompartimento (m)	[skomparti'mento]
cama (f)	cuccetta (f)	[ku'tʃetta]
cama (f) de cima	cuccetta (f) superiore	[ku'tʃetta supe'rjore]
cama (f) de baixo	cuccetta (f) inferiore	[ku'tʃetta infe'rjore]
roupa (f) de cama	biancheria (f) da letto	[bjanke'ria da 'letto]
bilhete (m)	biglietto (m)	[biʎ'ʎetto]
horário (m)	orario (m)	[o'rario]
painel (m) de informação	tabellone (m) orari	[tabel'lone o'rari]
partir (vt)	partire (vi)	[par'tire]
partida (f)	partenza (f)	[par'tentsa]
chegar (vi)	arrivare (vi)	[arri'vare]
chegada (f)	arrivo (m)	[ar'rivo]
chegar de comboio	arrivare con il treno	[arri'vare kon il 'treno]
apanhar o comboio	salire sul treno	[sa'lire sul 'treno]
sair do comboio	scendere dal treno	['ʃendere dal 'treno]
acidente (m) ferroviário	deragliamento (m)	[deraʎʎa'mento]
descarrilar (vi)	deragliare (vi)	[deraʎ'ʎare]
locomotiva (f) a vapor	locomotiva (f) a vapore	[lokomo'tiva a va'pore]
fogueiro (m)	fuochista (m)	[fo'kista]
fornalha (f)	forno (m)	['forno]
carvão (m)	carbone (m)	[kar'bone]

171. Barco

navio (m)	nave (f)	['nave]
embarcação (f)	imbarcazione (f)	[imbarka'tsjone]
vapor (m)	piroscafo (m)	[pi'roskafo]
navio (m)	barca (f) fluviale	['barka flu'vjale]
transatlântico (m)	transatlantico (m)	[transat'lantiko]
cruzador (m)	incrociatore (m)	[inkrotʃa'tore]
iate (m)	yacht (m)	[jot]
rebocador (m)	rimorchiatore (m)	[rimorkja'tore]
barcaça (f)	chiatta (f)	['kjatta]
ferry (m)	traghetto (m)	[tra'getto]
veleiro (m)	veliero (m)	[ve'ljero]
bergantim (m)	brigantino (m)	[brigan'tino]
quebra-gelo (m)	rompighiaccio (m)	[rompi'gjatʃo]
submarino (m)	sottomarino (m)	[sottoma'rino]
bote, barco (m)	barca (f)	['barka]
bote, dingue (m)	scialuppa (f)	[ʃa'luppa]
bote (m) salva-vidas	scialuppa (f) di salvataggio	[ʃa'luppa di salva'tadʒo]
lancha (f)	motoscafo (m)	[moto'skafo]
capitão (m)	capitano (m)	[kapi'tano]
marinheiro (m)	marittimo (m)	[ma'rittimo]
marujo (m)	marinaio (m)	[mari'najo]
tripulação (f)	equipaggio (m)	[ekwi'padʒo]
contramestre (m)	nostromo (m)	[no'stromo]
grumete (m)	mozzo (m) di nave	['mottso di 'nave]
cozinheiro (m) de bordo	cuoco (m)	[ku'oko]
médico (m) de bordo	medico (m) di bordo	['mediko di 'bordo]
convés (m)	ponte (m)	['ponte]
mastro (m)	albero (m)	['albero]
vela (f)	vela (f)	['vela]
porão (m)	stiva (f)	['stiva]
proa (f)	prua (f)	['prua]
popa (f)	poppa (f)	['poppa]
remo (m)	remo (m)	['remo]
hélice (f)	elica (f)	['elika]
camarote (m)	cabina (f)	[ka'bina]
sala (f) dos oficiais	quadrato (m) degli ufficiali	[kwa'drato 'deʎʎi uffi'tʃali]
sala (f) das máquinas	sala (f) macchine	['sala 'makkine]
ponte (m) de comando	ponte (m) di comando	['ponte di ko'mando]
sala (f) de comunicações	cabina (f) radiotelegrafica	[ka'bina radiotele'grafika]
onda (f) de rádio	onda (f)	['onda]
diário (m) de bordo	giornale (m) di bordo	[dʒor'nale di 'bordo]
luneta (f)	cannocchiale (m)	[kannok'kjale]
sino (m)	campana (f)	[kam'pana]

bandeira (f)	bandiera (f)	[ban'djera]
cabo (m)	cavo (m) d'ormeggio	['kavo dor'medʒo]
nó (m)	nodo (m)	['nodo]

corrimão (m)	ringhiera (f)	[rin'gjera]
prancha (f) de embarque	passerella (f)	[passe'rella]

âncora (f)	ancora (f)	['ankora]
recolher a âncora	levare l'ancora	[le'vare 'lankora]
lançar a âncora	gettare l'ancora	[dʒet'tare 'lankora]
amarra (f)	catena (f) dell'ancora	[ka'tena dell 'ankora]

porto (m)	porto (m)	['porto]
cais, amarradouro (m)	banchina (f)	[baŋ'kina]
atracar (vi)	ormeggiarsi (vr)	[orme'dʒarsi]
desatracar (vi)	salpare (vi)	[sal'pare]

viagem (f)	viaggio (m)	['vjadʒo]
cruzeiro (m)	crociera (f)	[kro'tʃera]
rumo (m), rota (f)	rotta (f)	['rotta]
itinerário (m)	itinerario (m)	[itine'rario]

canal (m) navegável	tratto (m) navigabile	['tratto navi'gabile]
banco (m) de areia	secca (f)	['sekka]
encalhar (vt)	arenarsi (vr)	[are'narsi]

tempestade (f)	tempesta (f)	[tem'pesta]
sinal (m)	segnale (m)	[se'ɲale]
afundar-se (vr)	affondare (vi)	[affon'dare]
Homem ao mar!	Uomo in mare!	[u'omo in 'mare]
SOS	SOS	['esse o 'esse]
boia (f) salva-vidas	salvagente (m) anulare	[salva'dʒente anu'lare]

172. Aeroporto

aeroporto (m)	aeroporto (m)	[aero'porto]
avião (m)	aereo (m)	[a'ereo]
companhia (f) aérea	compagnia (f) aerea	[kompa'ɲia a'erea]
controlador (m) de tráfego aéreo	controllore (m) di volo	[kontrol'lore di 'volo]

partida (f)	partenza (f)	[par'tentsa]
chegada (f)	arrivo (m)	[ar'rivo]
chegar (~ de avião)	arrivare (vi)	[arri'vare]

hora (f) de partida	ora (f) di partenza	['ora di par'tentsa]
hora (f) de chegada	ora (f) di arrivo	['ora di ar'rivo]

estar atrasado	essere ritardato	['essere ritar'dato]
atraso (m) de voo	volo (m) ritardato	['volo ritar'dato]

painel (m) de informação	tabellone (m) orari	[tabel'lone o'rari]
informação (f)	informazione (f)	[informa'tsjone]
anunciar (vt)	annunciare (vt)	[annun'tʃare]

voo (m)	volo (m)	['volo]
alfândega (f)	dogana (f)	[do'gana]
funcionário (m) da alfândega	doganiere (m)	[doga'njere]

declaração (f) alfandegária	dichiarazione (f)	[dikjara'tsjone]
preencher (vt)	riempire (vt)	[riem'pire]
preencher a declaração	riempire una dichiarazione	[riem'pire 'una dikjara'tsjone]
controlo (m) de passaportes	controllo (m) passaporti	[kon'trollo passa'porti]

bagagem (f)	bagaglio (m)	[ba'gaʎʎo]
bagagem (f) de mão	bagaglio (m) a mano	[ba'gaʎʎo a 'mano]
carrinho (m)	carrello (m)	[kar'rello]

aterragem (f)	atterraggio (m)	[atter'radʒo]
pista (f) de aterragem	pista (f) di atterraggio	['pista di atter'radʒo]
aterrar (vi)	atterrare (vi)	[atter'rare]
escada (f) de avião	scaletta (f) dell'aereo	[ska'letta dell a'ereo]

check-in (m)	check-in (m)	[tʃek-in]
balcão (m) do check-in	banco (m) del check-in	['banko del tʃek-in]
fazer o check-in	fare il check-in	['fare il tʃek-in]
cartão (m) de embarque	carta (f) d'imbarco	['karta dim'barko]
porta (f) de embarque	porta (f) d'imbarco	['porta dim'barko]

trânsito (m)	transito (m)	['tranzito]
esperar (vi, vt)	aspettare (vt)	[aspet'tare]
sala (f) de espera	sala (f) d'attesa	['sala dat'teza]
despedir-se de ...	accompagnare (vt)	[akkompa'ɲare]
despedir-se (vr)	congedarsi (vr)	[kondʒe'darsi]

173. Bicicleta. Motocicleta

bicicleta (f)	bicicletta (f)	[bitʃi'kletta]
scotter, lambreta (f)	motorino (m)	[moto'rino]
mota (f)	motocicletta (f)	[mototʃi'kletta]

ir de bicicleta	andare in bicicletta	[an'dare in bitʃi'kletta]
guiador (m)	manubrio (m)	[ma'nubrio]
pedal (m)	pedale (m)	[pe'dale]
travões (m pl)	freni (m pl)	['freni]
selim (m)	sellino (m)	[sel'lino]

bomba (f) de ar	pompa (f)	['pompa]
porta-bagagens (m)	portabagagli (m)	[porta·ba'gaʎʎi]
lanterna (f)	fanale (m) anteriore	[fa'nale ante'rjore]
capacete (m)	casco (m)	['kasko]

roda (f)	ruota (f)	[ru'ota]
guarda-lamas (m)	parafango (m)	[para'fango]
aro (m)	cerchione (m)	[tʃer'kjone]
raio (m)	raggio (m)	['radʒo]

Carros

174. Tipos de carros

carro, automóvel (m)	automobile (f)	[auto'mobile]
carro (m) desportivo	auto (f) sportiva	['auto spor'tiva]
limusine (f)	limousine (f)	[limu'zin]
todo o terreno (m)	fuoristrada (m)	[fuori'strada]
descapotável (m)	cabriolet (m)	[kabrio'le]
minibus (m)	pulmino (m)	[pul'mino]
ambulância (f)	ambulanza (f)	[ambu'lantsa]
limpa-neve (m)	spazzaneve (m)	[spattsa'neve]
camião (m)	camion (m)	['kamjon]
camião-cisterna (m)	autocisterna (f)	[auto·ʧi'sterna]
carrinha (f)	furgone (m)	[fur'gone]
camião-trator (m)	motrice (f)	[mo'triʧe]
atrelado (m)	rimorchio (m)	[ri'morkio]
confortável	confortevole	[konfor'tevole]
usado	di seconda mano	[di se'konda 'mano]

175. Carros. Carroçaria

capô (m)	cofano (m)	['kofano]
guarda-lamas (m)	parafango (m)	[para'fango]
tejadilho (m)	tetto (m)	['tetto]
para-brisa (m)	parabrezza (m)	[para'breddza]
espelho (m) retrovisor	retrovisore (m)	[retrovi'zore]
lavador (m)	lavacristallo (m)	[lava kris'tallo]
limpa-para-brisas (m)	tergicristallo (m)	[terʤikris'tallo]
vidro (m) lateral	finestrino (m) laterale	[fine'strino late'rale]
elevador (m) do vidro	alzacristalli (m)	[altsa·kri'stalli]
antena (f)	antenna (f)	[an'tenna]
teto solar (m)	tettuccio (m) apribile	[tet'tuʧo a'pribile]
para-choques (m pl)	paraurti (m)	[para'urti]
bagageira (f)	bagagliaio (m)	[bagaʎ'ʎajo]
bagageira (f) de tejadilho	portapacchi (m)	[porta'pakki]
porta (f)	portiera (f)	[por'tjera]
maçaneta (f)	maniglia (f)	[ma'niʎʎa]
fechadura (f)	serratura (f)	[serra'tura]
matrícula (f)	targa (f)	['targa]
silenciador (m)	marmitta (f)	[mar'mitta]

| tanque (m) de gasolina | serbatoio (m) della benzina | [serba'tojo della ben'dzina] |
| tubo (m) de escape | tubo (m) di scarico | ['tubo di 'skariko] |

acelerador (m)	acceleratore (m)	[atʃelera'tore]
pedal (m)	pedale (m)	[pe'dale]
pedal (m) do acelerador	pedale (m) dell'acceleratore	[pe'dale dell atʃelera'tore]

travão (m)	freno (m)	['freno]
pedal (m) do travão	pedale (m) del freno	[pe'dale del 'freno]
travar (vt)	frenare (vi)	[fre'nare]
travão (m) de mão	freno (m) a mano	['freno a 'mano]

embraiagem (f)	frizione (f)	[fri'tsjone]
pedal (m) da embraiagem	pedale (m) della frizione	[pe'dale 'della fri'tsjone]
disco (m) de embraiagem	disco (m) della frizione	['disko 'della fri'tsjone]
amortecedor (m)	ammortizzatore (m)	[ammortiddza'tore]

roda (f)	ruota (f)	[ru'ota]
pneu (m) sobresselente	ruota (f) di scorta	[ru'ota di 'skorta]
pneu (m)	pneumatico (m)	[pneu'matiko]
tampão (m) de roda	copriruota (m)	[kopri·ru'ota]

rodas (f pl) motrizes	ruote (f pl) motrici	[ru'ote mo'tritʃi]
de tração dianteira	a trazione anteriore	[a tra'tsjone ante'rjore]
de tração traseira	a trazione posteriore	[a tra'tsjone poste'rjore]
de tração às 4 rodas	a trazione integrale	[a tra'tsjone inte'grale]

caixa (f) de mudanças	scatola (f) del cambio	['skatola del 'kambio]
automático	automatico	[auto'matiko]
mecânico	meccanico	[mek'kaniko]
alavanca (f) das mudanças	leva (f) del cambio	['leva del 'kambio]

| farol (m) | faro (m) | ['faro] |
| faróis, luzes | luci (f pl), fari (m pl) | ['lutʃi], ['fari] |

médios (m pl)	luci (f pl) anabbaglianti	['lutʃi anabbaʎ'ʎanti]
máximos (m pl)	luci (f pl) abbaglianti	['lutʃi abbaʎ'ʎanti]
luzes (f pl) de stop	luci (f pl) di arresto	['lutʃi di ar'resto]

mínimos (m pl)	luci (f pl) di posizione	['lutʃi di pozi'tsjone]
luzes (f pl) de emergência	luci (f pl) di emergenza	['lutʃi di emer'dʒentsa]
faróis (m pl) antinevoeiro	fari (m pl) antinebbia	['fari anti'nebbia]
pisca-pisca (m)	freccia (f)	['fretʃa]
luz (f) de marcha atrás	luci (f pl) di retromarcia	['lutʃi di retro'martʃa]

176. Carros. Habitáculo

interior (m) do carro	abitacolo (m)	[abi'takolo]
de couro, de pele	di pelle	[di 'pelle]
de veludo	in velluto	[in vel'luto]
estofos (m pl)	rivestimento (m)	[rivesti'mento]

| indicador (m) | strumento (m) di bordo | [stru'mento di 'bordo] |
| painel (m) de instrumentos | cruscotto (m) | [kru'skotto] |

| velocímetro (m) | tachimetro (m) | [ta'kimetro] |
| ponteiro (m) | lancetta (f) | [lan'tʃetta] |

conta-quilómetros (m)	contachilometri (m)	[kontaki'lometri]
sensor (m)	indicatore (m)	[indika'tore]
nível (m)	livello (m)	[li'vello]
luz (f) avisadora	spia (f) luminosa	['spia lumi'noza]

volante (m)	volante (m)	[vo'lante]
buzina (f)	clacson (m)	['klakson]
botão (m)	pulsante (m)	[pul'sante]
interruptor (m)	interruttore (m)	[interrut'tore]

assento (m)	sedile (m)	[se'dile]
costas (f pl) do assento	spalliera (f)	[spal'ljera]
cabeceira (f)	appoggiatesta (m)	[appodʒa'testa]
cinto (m) de segurança	cintura (f) di sicurezza	[tʃin'tura di siku'rettsa]
apertar o cinto	allacciare la cintura	[ala'tʃare la tʃin'tura]
regulação (f)	regolazione (f)	[regola'tsjone]

| airbag (m) | airbag (m) | ['erbeg] |
| ar (m) condicionado | condizionatore (m) | [konditsiona'tore] |

rádio (m)	radio (f)	['radio]
leitor (m) de CD	lettore (m) CD	[let'tore tʃi'di]
ligar (vt)	accendere (vt)	[a'tʃendere]
antena (f)	antenna (f)	[an'tenna]
porta-luvas (m)	vano (m) portaoggetti	['vano porta·o'dʒetti]
cinzeiro (m)	portacenere (m)	[porta·'tʃenere]

177. Carros. Motor

motor (m)	motore (m)	[mo'tore]
diesel	a diesel	[a 'dizel]
a gasolina	a benzina	[a ben'dzina]

cilindrada (f)	cilindrata (f)	[tʃilin'drata]
potência (f)	potenza (f)	[po'tentsa]
cavalo-vapor (m)	cavallo vapore (m)	[ka'vallo va'pore]
pistão (m)	pistone (m)	[pi'stone]
cilindro (m)	cilindro (m)	[tʃi'lindro]
válvula (f)	valvola (f)	['valvola]

injetor (m)	iniettore (m)	[injet'tore]
gerador (m)	generatore (m)	[dʒenera'tore]
carburador (m)	carburatore (m)	[karbura'tore]
óleo (m) para motor	olio (m) motore	['olio mo'tore]

radiador (m)	radiatore (m)	[radia'tore]
refrigerante (m)	liquido (m) di raffreddamento	['likwido di raffredda'mento]
ventilador (m)	ventilatore (m)	[ventila'tore]
bateria (f)	batteria (m)	[batte'ria]
dispositivo (m) de arranque	motorino (m) d'avviamento	[moto'rino davvja'mento]

ignição (f)	accensione (f)	[atʃen'sjone]
vela (f) de ignição	candela (f) d'accensione	[kan'dela datʃen'sjone]
borne (m)	morsetto (m)	[mor'setto]
borne (m) positivo	più (m)	['pju]
borne (m) negativo	meno (m)	['meno]
fusível (m)	fusibile (m)	[fu'zibile]
filtro (m) de ar	filtro (m) dell'aria	['filtro dell 'aria]
filtro (m) de óleo	filtro (m) dell'olio	['filtro dell 'olio]
filtro (m) de combustível	filtro (m) del carburante	['filtro del karbu'rante]

178. Carros. Batidas. Reparação

acidente (m) de carro	incidente (m)	[intʃi'dente]
acidente (m) rodoviário	incidente (m) stradale	[intʃi'dente stra'dale]
ir contra ...	sbattere contro ...	['zbattere 'kontro]
sofrer um acidente	avere un incidente	[a'vere un intʃi'dente]
danos (m pl)	danno (m)	['danno]
intato	illeso	[il'lezo]
avaria (no motor, etc.)	guasto (m), avaria (f)	['gwasto], [ava'ria]
avariar (vi)	essere rotto	['essere 'rotto]
cabo (m) de reboque	cavo (m) di rimorchio	['kavo di ri'morkio]
furo (m)	foratura (f)	[fora'tura]
estar furado	essere a terra	['essere a 'terra]
encher (vt)	gonfiare (vt)	[gon'fjare]
pressão (f)	pressione (f)	[pres'sjone]
verificar (vt)	verificare (vt)	[verifi'kare]
reparação (f)	riparazione (f)	[ripara'tsjone]
oficina (f)	officina (f) meccanica	[offi'tʃina me'kanika]
de reparação de carros		
peça (f) sobresselente	pezzo (m) di ricambio	['pettso di ri'kambio]
peça (f)	pezzo (m)	['pettso]
parafuso (m)	bullone (m)	[bul'lone]
parafuso (m)	bullone (m) a vite	[bul'lone a 'vite]
porca (f)	dado (m)	['dado]
anilha (f)	rondella (f)	[ron'della]
rolamento (m)	cuscinetto (m)	[kuʃi'netto]
tubo (m)	tubo (m)	['tubo]
junta (f)	guarnizione (f)	[gwarni'tsjone]
fio, cabo (m)	filo (m), cavo (m)	['filo], ['kavo]
macaco (m)	cric (m)	[krik]
chave (f) de boca	chiave (f)	['kjave]
martelo (m)	martello (m)	[mar'tello]
bomba (f)	pompa (f)	['pompa]
chave (f) de fendas	giravite (m)	[dʒira'vite]
extintor (m)	estintore (m)	[estin'tore]
triângulo (m) de emergência	triangolo (m) di emergenza	[tri'angolo di emer'dʒentsa]

parar (vi) (motor)	spegnersi (vr)	['speɲersi]
paragem (f)	spegnimento (m) motore	[speɲi'mento mo'tore]
estar quebrado	essere rotto	['essere 'rotto]

superaquecer-se (vr)	surriscaldarsi (vr)	[surriskal'darsi]
entupir-se (vr)	intasarsi (vr)	[inta'zarsi]
congelar-se (vr)	ghiacciarsi (vr)	[gja'tʃarsi]
rebentar (vi)	spaccarsi (vr)	[spak'karsi]

pressão (f)	pressione (f)	[pres'sjone]
nível (m)	livello (m)	[li'vello]
frouxo	lento	['lento]

mossa (f)	ammaccatura (f)	[ammakka'tura]
ruído (m)	battito (m)	['battito]
fissura (f)	fessura (f)	[fes'sura]
arranhão (m)	graffiatura (f)	[graffja'tura]

179. Carros. Estrada

estrada (f)	strada (f)	['strada]
autoestrada (f)	superstrada (f)	[super'strada]
rodovia (f)	autostrada (f)	[auto'strada]
direção (f)	direzione (f)	[dire'tsjone]
distância (f)	distanza (f)	[di'stantsa]

ponte (f)	ponte (m)	['ponte]
parque (m) de estacionamento	parcheggio (m)	[par'kedʒo]
praça (f)	piazza (f)	['pjattsa]
nó (m) rodoviário	svincolo (m)	['zvinkolo]
túnel (m)	galleria (f), tunnel (m)	[galle'ria], ['tunnel]

posto (m) de gasolina	distributore (m) di benzina	[distribu'tore di ben'dzina]
parque (m) de estacionamento	parcheggio (m)	[par'kedʒo]
bomba (f) de gasolina	pompa (f) di benzina	['pompa di ben'dzina]
oficina (f) de reparação de carros	officina (f) meccanica	[offi'tʃina me'kanika]
abastecer (vt)	fare benzina	['fare ben'dzina]
combustível (m)	carburante (m)	[karbu'rante]
bidão (m) de gasolina	tanica (f)	['tanika]

asfalto (m)	asfalto (m)	[as'falto]
marcação (f) de estradas	segnaletica (f) stradale	[seɲa'letika stra'dale]
lancil (m)	cordolo (m)	['kordolo]
proteção (f) guard-rail	barriera (f) di sicurezza	[bar'rjera di siku'rettsa]
valeta (f)	fosso (m)	['fosso]
berma (f) da estrada	ciglio (m) della strada	['tʃiʎʎo della 'strada]
poste (m) de luz	lampione (m)	[lam'pjone]

conduzir, guiar (vt)	guidare, condurre	[gwi'dare], [kon'durre]
virar (ex. ~ à direita)	girare (vi)	[dʒi'rare]
dar retorno	fare un'inversione a U	['fare un inver'sjone a u:]
marcha-atrás (f)	retromarcia (m)	[retro'martʃa]
buzinar (vi)	suonare il clacson	[suo'nare il 'klakson]

buzina (f)	colpo (m) di clacson	['kolpo di 'klakson]
atolar-se (vr)	incastrarsi (vr)	[inka'strarsi]
patinar (na lama)	impantanarsi (vr)	[impanta'narsi]
desligar (vt)	spegnere (vt)	['speɲere]

velocidade (f)	velocità (f)	[veloʧi'ta]
exceder a velocidade	superare i limiti di velocità	[supe'rare i 'limiti di veloʧi'ta]
multar (vt)	multare (vt)	[mul'tare]
semáforo (m)	semaforo (m)	[se'maforo]
carta (f) de condução	patente (f) di guida	[pa'tente di 'gwida]

passagem (f) de nível	passaggio (m) a livello	[pas'saʤo a li'vello]
cruzamento (m)	incrocio (m)	[in'kroʧo]
passadeira (f)	passaggio (m) pedonale	[pas'saʤo pedo'nale]
curva (f)	curva (f)	['kurva]
zona (f) pedonal	zona (f) pedonale	['dzona pedo'nale]

180. Sinais de trânsito

código (m) da estrada	codice (m) stradale	['kodiʧe stra'dale]
sinal (m) de trânsito	segnale (m) stradale	[se'ɲale stra'dale]
ultrapassagem (f)	sorpasso (m)	[sor'passo]
curva (f)	curva (f)	['kurva]
inversão (f) de marcha	inversione a U	[inver'sjone a 'u:]
rotunda (f)	rotatoria (f)	[rota'toria]

sentido proibido	divieto d'accesso	[di'vjeto da'ʧesso]
trânsito proibido	divieto di transito	[di'vjeto di 'tranzito]
proibição de ultrapassar	divieto di sorpasso	[di'vjeto di sor'passo]
estacionamento proibido	divieto di sosta	[di'vjeto di 'sosta]
paragem proibida	divieto di fermata	[di'vjeto di fer'mata]

curva (f) perigosa	curva (f) pericolosa	['kurva periko'loza]
descida (f) perigosa	discesa (f) ripida	[di'ʃeza 'ripida]
trânsito de sentido único	senso (m) unico	['senso 'uniko]
passadeira (f)	passaggio (m) pedonale	[pas'saʤo pedo'nale]
pavimento (m) escorregadio	strada (f) scivolosa	['strada ʃivo'loza]
cedência de passagem	dare la precedenza	['dare la preʧe'dentsa]

PESSOAS. EVENTOS

Eventos

181. Férias. Evento

festa (f)	festa (f)	['festa]
festa (f) nacional	festa (f) nazionale	['festa natsjo'nale]
feriado (m)	festività (f) civile	[festivi'ta ʧi'vile]
festejar (vt)	festeggiare (vt)	[feste'dʒare]
evento (festa, etc.)	avvenimento (m)	[avveni'mento]
evento (banquete, etc.)	evento (m)	[e'vento]
banquete (m)	banchetto (m)	[baŋ'ketto]
receção (f)	ricevimento (m)	[riʧevi'mento]
festim (m)	festino (m)	[fes'tino]
aniversário (m)	anniversario (m)	[anniver'sario]
jubileu (m)	giubileo (m)	[dʒubi'leo]
celebrar (vt)	festeggiare (vt)	[feste'dʒare]
Ano (m) Novo	Capodanno (m)	[kapo'danno]
Feliz Ano Novo!	Buon Anno!	[buo'nanno]
Natal (m)	Natale (m)	[na'tale]
Feliz Natal!	Buon Natale!	[bu'on na'tale]
árvore (f) de Natal	Albero (m) di Natale	['albero di na'tale]
fogo (m) de artifício	fuochi (m pl) artificiali	[fu'oki artifi'ʧali]
boda (f)	nozze (f pl)	['nottse]
noivo (m)	sposo (m)	['spozo]
noiva (f)	sposa (f)	['spoza]
convidar (vt)	invitare (vt)	[invi'tare]
convite (m)	invito (m)	[in'vito]
convidado (m)	ospite (m)	['ospite]
visitar (vt)	andare a trovare	[an'dare a tro'vare]
receber os hóspedes	accogliere gli invitati	[ak'koʎʎere ʎi invi'tati]
presente (m)	regalo (m)	[re'galo]
oferecer (vt)	offrire (vt)	[of'frire]
receber presentes	ricevere i regali	[ri'ʧevere i re'gali]
ramo (m) de flores	mazzo (m) di fiori	['mattso di 'fjori]
felicitações (f pl)	auguri (m pl)	[au'guri]
felicitar (dar os parabéns)	augurare (vt)	[augu'rare]
cartão (m) de parabéns	cartolina (f)	[karto'lina]
enviar um postal	mandare una cartolina	[man'dare 'una karto'lina]

receber um postal	ricevere una cartolina	[ri'tʃevere 'una karto'lina]
brinde (m)	brindisi (m)	['brindizi]
oferecer (vt)	offrire (vt)	[of'frire]
champanhe (m)	champagne (m)	[ʃam'paɲ]
divertir-se (vr)	divertirsi (vr)	[diver'tirsi]
diversão (f)	allegria (f)	[alle'gria]
alegria (f)	gioia (f)	['dʒoja]
dança (f)	danza (f), ballo (m)	['dantsa], ['ballo]
dançar (vi)	ballare (vi, vt)	[bal'lare]
valsa (f)	valzer (m)	['valtser]
tango (m)	tango (m)	['tango]

182. Funerais. Enterro

cemitério (m)	cimitero (m)	[tʃimi'tero]
sepultura (f), túmulo (m)	tomba (f)	['tomba]
cruz (f)	croce (f)	['krotʃe]
lápide (f)	pietra (f) tombale	['pjetra tom'bale]
cerca (f)	recinto (m)	[re'tʃinto]
capela (f)	cappella (f)	[kap'pella]
morte (f)	morte (f)	['morte]
morrer (vi)	morire (vi)	[mo'rire]
defunto (m)	defunto (m)	[de'funto]
luto (m)	lutto (m)	['lutto]
enterrar, sepultar (vt)	seppellire (vt)	[seppel'lire]
agência (f) funerária	sede (f) di pompe funebri	['sede di 'pompe 'funebri]
funeral (m)	funerale (m)	[fune'rale]
coroa (f) de flores	corona (f) di fiori	[ko'rona di 'fjori]
caixão (m)	bara (f)	['bara]
carro (m) funerário	carro (m) funebre	['karro 'funebre]
mortalha (f)	lenzuolo (m) funebre	[lentsu'olo 'funebre]
procissão (f) funerária	corteo (m) funebre	[kor'teo 'funebre]
urna (f) funerária	urna (f) funeraria	['urna fune'raria]
crematório (m)	crematorio (m)	[krema'torio]
obituário (m), necrologia (f)	necrologio (m)	[nekro'lodʒo]
chorar (vi)	piangere (vi)	['pjandʒere]
soluçar (vi)	singhiozzare (vi)	[singjot'tsare]

183. Guerra. Soldados

pelotão (m)	plotone (m)	[plo'tone]
companhia (f)	compagnia (f)	[kompa'ɲia]
regimento (m)	reggimento (m)	[redʒi'mento]
exército (m)	esercito (m)	[e'zertʃito]

divisão (f)	divisione (f)	[divi'zjone]
destacamento (m)	distaccamento (m)	[distakka'mento]
hoste (f)	armata (f)	[ar'mata]
soldado (m)	soldato (m)	[sol'dato]
oficial (m)	ufficiale (m)	[uffi'tʃale]
soldado (m) raso	soldato (m) semplice	[sol'dato 'semplitʃe]
sargento (m)	sergente (m)	[ser'dʒente]
tenente (m)	tenente (m)	[te'nente]
capitão (m)	capitano (m)	[kapi'tano]
major (m)	maggiore (m)	[ma'dʒore]
coronel (m)	colonnello (m)	[kolon'nello]
general (m)	generale (m)	[dʒene'rale]
marujo (m)	marinaio (m)	[mari'najo]
capitão (m)	capitano (m)	[kapi'tano]
contramestre (m)	nostromo (m)	[no'stromo]
artilheiro (m)	artigliere (m)	[artiʎ'ʎere]
soldado (m) paraquedista	paracadutista (m)	[parakadu'tista]
piloto (m)	pilota (m)	[pi'lota]
navegador (m)	navigatore (m)	[naviga'tore]
mecânico (m)	meccanico (m)	[mek'kaniko]
sapador (m)	geniere (m)	[dʒe'njere]
paraquedista (m)	paracadutista (m)	[parakadu'tista]
explorador (m)	esploratore (m)	[esplora'tore]
franco-atirador (m)	cecchino (m)	[tʃek'kino]
patrulha (f)	pattuglia (f)	[pat'tuʎʎa]
patrulhar (vt)	pattugliare (vt)	[pattuʎ'ʎare]
sentinela (f)	sentinella (f)	[senti'nella]
guerreiro (m)	guerriero (m)	[gwer'rjero]
patriota (m)	patriota (m)	[patri'ota]
herói (m)	eroe (m)	[e'roe]
heroína (f)	eroina (f)	[ero'ina]
traidor (m)	traditore (m)	[tradi'tore]
desertor (m)	disertore (m)	[dizer'tore]
desertar (vt)	disertare (vi)	[dizer'tare]
mercenário (m)	mercenario (m)	[mertʃe'nario]
recruta (m)	recluta (f)	['rekluta]
voluntário (m)	volontario (m)	[volon'tario]
morto (m)	ucciso (m)	[u'tʃizo]
ferido (m)	ferito (m)	[fe'rito]
prisioneiro (m) de guerra	prigioniero (m) di guerra	[pridʒo'njero di 'gwerra]

184. Guerra. Ações militares. Parte 1

guerra (f)	guerra (f)	['gwerra]
guerrear (vt)	essere in guerra	['essere in 'gwerra]

guerra (f) civil	guerra (f) civile	['gwerra ʧi'vile]
perfidamente	perfidamente	[perfida'mente]
declaração (f) de guerra	dichiarazione (f) di guerra	[dikjara'tsjone di 'gwerra]
declarar (vt) guerra	dichiarare (vt)	[dikja'rare]
agressão (f)	aggressione (f)	[aggres'sjone]
atacar (vt)	attaccare (vt)	[attak'kare]
invadir (vt)	invadere (vt)	[in'vadere]
invasor (m)	invasore (m)	[inva'zore]
conquistador (m)	conquistatore (m)	[konkwista'tore]
defesa (f)	difesa (f)	[di'feza]
defender (vt)	difendere (vt)	[di'fendere]
defender-se (vr)	difendersi (vr)	[di'fendersi]
inimigo (m)	nemico (m)	[ne'miko]
adversário (m)	avversario (m)	[avver'sario]
inimigo	ostile	[o'stile]
estratégia (f)	strategia (f)	[strate'dʒia]
tática (f)	tattica (f)	['tattika]
ordem (f)	ordine (m)	['ordine]
comando (m)	comando (m)	[ko'mando]
ordenar (vt)	ordinare (vt)	[ordi'nare]
missão (f)	missione (f)	[mis'sjone]
secreto	segreto	[se'greto]
batalha (f)	battaglia (f)	[bat'taʎʎa]
combate (m)	combattimento (m)	[kombatti'mento]
ataque (m)	attacco (m)	[at'takko]
assalto (m)	assalto (m)	[as'salto]
assaltar (vt)	assalire (vt)	[assa'lire]
assédio, sítio (m)	assedio (m)	[as'sedio]
ofensiva (f)	offensiva (f)	[offen'siva]
passar à ofensiva	passare all'offensiva	[pas'sare all ofen'siva]
retirada (f)	ritirata (f)	[riti'rata]
retirar-se (vr)	ritirarsi (vr)	[riti'rarsi]
cerco (m)	accerchiamento (m)	[atʃerkja'mento]
cercar (vt)	accerchiare (vt)	[atʃer'kjare]
bombardeio (m)	bombardamento (m)	[bombarda'mento]
lançar uma bomba	lanciare una bomba	[lan'ʧare 'una 'bomba]
bombardear (vt)	bombardare (vt)	[bomar'dare]
explosão (f)	esplosione (f)	[esplo'zjone]
tiro (m)	sparo (m)	['sparo]
disparar um tiro	sparare un colpo	[spa'rare un 'kolpo]
tiroteio (m)	sparatoria (f)	[spara'toria]
apontar para ...	puntare su ...	[pun'tare su]
apontar (vt)	puntare (vt)	[pun'tare]

acertar (vt)	colpire (vt)	[kol'pire]
afundar (um navio)	affondare (vt)	[affon'dare]
brecha (f)	falla (f)	['falla]
afundar-se (vr)	affondare (vi)	[affon'dare]

frente (m)	fronte (m)	['fronte]
evacuação (f)	evacuazione (f)	[evakua'tsjone]
evacuar (vt)	evacuare (vt)	[evaku'are]

trincheira (f)	trincea (f)	[trin'tʃea]
arame (m) farpado	filo (m) spinato	['filo spi'nato]
obstáculo (m) anticarro	sbarramento (m)	[zbarra'mento]
torre (f) de vigia	torretta (f) di osservazione	[tor'retta di oserva'tsjone]

hospital (m)	ospedale (m) militare	[ospe'dale mili'tare]
ferir (vt)	ferire (vt)	[fe'rire]
ferida (f)	ferita (f)	[fe'rita]
ferido (m)	ferito (m)	[fe'rito]
ficar ferido	rimanere ferito	[rima'nere fe'rito]
grave (ferida ~)	grave	['grave]

185. Guerra. Ações militares. Parte 2

cativeiro (m)	prigionia (f)	[pridʒo'nia]
capturar (vt)	fare prigioniero	['fare pridʒo'njero]
estar em cativeiro	essere prigioniero	['essere pridʒo'njero]
ser aprisionado	essere fatto prigioniero	['essere 'fatto pridʒo'njero]

campo (m) de concentração	campo (m) di concentramento	['kampo di kontʃentra'mento]
prisioneiro (m) de guerra	prigioniero (m) di guerra	[pridʒo'njero di 'gwerra]
escapar (vi)	fuggire (vi)	[fu'dʒire]

trair (vt)	tradire (vt)	[tra'dire]
traidor (m)	traditore (m)	[tradi'tore]
traição (f)	tradimento (m)	[tradi'mento]

| fuzilar, executar (vt) | fucilare (vt) | [futʃi'lare] |
| fuzilamento (m) | fucilazione (f) | [futʃila'tsjone] |

equipamento (m)	divisa (f) militare	[di'viza mili'tare]
platina (f)	spallina (f)	[spal'lina]
máscara (f) antigás	maschera (f) antigas	['maskera anti'gas]

rádio (m)	radiotrasmettitore (m)	['radio transmetti'tore]
cifra (f), código (m)	codice (m)	['koditʃe]
conspiração (f)	complotto (m)	[kom'plotto]
senha (f)	parola (f) d'ordine	[pa'rola 'dordine]

mina (f)	mina (f)	['mina]
minar (vt)	minare (vt)	[mi'nare]
campo (m) minado	campo (m) minato	['kampo mi'nato]
alarme (m) aéreo	allarme (m) aereo	[al'larme a'ereo]
alarme (m)	allarme (m)	[al'larme]

sinal (m)	segnale (m)	[se'ɲale]
sinalizador (m)	razzo (m) di segnalazione	['raddzo di seɲala'tsjone]
estado-maior (m)	quartier (m) generale	[kwar'tje dʒene'rale]
reconhecimento (m)	esplorazione (m)	[esplora'tore]
situação (f)	situazione (f)	[situa'tsjone]
relatório (m)	rapporto (m)	[rap'porto]
emboscada (f)	agguato (m)	[ag'gwato]
reforço (m)	rinforzo (m)	[rin'fortso]
alvo (m)	bersaglio (m)	[ber'saʎʎo]
campo (m) de tiro	terreno (m) di caccia	[ter'reno di 'katʃa]
manobras (f pl)	manovre (f pl)	[ma'novre]
pânico (m)	panico (m)	['paniko]
devastação (f)	devastazione (f)	[devasta'tsjone]
ruínas (f pl)	distruzione (m)	[distru'tsjone]
destruir (vt)	distruggere (vt)	[di'strudʒere]
sobreviver (vi)	sopravvivere (vi, vt)	[soprav'vivere]
desarmar (vt)	disarmare (vt)	[dizar'mare]
manusear (vt)	maneggiare (vt)	[mane'dʒare]
Firmes!	Attenti!	[at'tenti]
Descansar!	Riposo!	[ri'pozo]
façanha (f)	atto (m) eroico	['atto e'roiko]
juramento (m)	giuramento (m)	[dʒura'mento]
jurar (vi)	giurare (vi)	[dʒu'rare]
condecoração (f)	decorazione (f)	[dekora'tsjone]
condecorar (vt)	decorare qn	[deko'rare]
medalha (f)	medaglia (f)	[me'daʎʎa]
ordem (f)	ordine (m)	['ordine]
vitória (f)	vittoria (f)	[vit'toria]
derrota (f)	sconfitta (m)	[skon'fitta]
armistício (m)	armistizio (m)	[armi'stitsio]
bandeira (f)	bandiera (f)	[ban'djera]
glória (f)	gloria (f)	['gloria]
desfile (m) militar	parata (f)	[pa'rata]
marchar (vi)	marciare (vi)	[mar'tʃare]

186. Armas

arma (f)	armi (f pl)	['armi]
arma (f) de fogo	arma (f) da fuoco	['arma da fu'oko]
arma (f) branca	arma (f) bianca	['arma 'bjanka]
arma (f) química	armi (f pl) chimiche	['armi 'kimike]
nuclear	nucleare	[nukle'are]
arma (f) nuclear	armi (f pl) nucleari	['armi nukle'ari]
bomba (f)	bomba (f)	['bomba]

bomba (f) atómica	bomba (f) atomica	['bomba a'tomika]
pistola (f)	pistola (f)	[pi'stola]
caçadeira (f)	fucile (m)	[fu'tʃile]
pistola-metralhadora (f)	mitra (m)	['mitra]
metralhadora (f)	mitragliatrice (f)	[mitraʎʎa'tritʃe]
boca (f)	bocca (f)	['bokka]
cano (m)	canna (f)	['kanna]
calibre (m)	calibro (m)	['kalibro]
gatilho (m)	grilletto (m)	[gril'letto]
mira (f)	mirino (m)	[mi'rino]
carregador (m)	caricatore (m)	[karika'tore]
coronha (f)	calcio (m)	['kaltʃo]
granada (f) de mão	bomba (f) a mano	['bomba a 'mano]
explosivo (m)	esplosivo (m)	[esplo'zivo]
bala (f)	pallottola (f)	[pal'lottola]
cartucho (m)	cartuccia (f)	[kar'tutʃa]
carga (f)	carica (f)	['karika]
munições (f pl)	munizioni (f pl)	[muni'tsjoni]
bombardeiro (m)	bombardiere (m)	[bombar'djere]
avião (m) de caça	aereo (m) da caccia	[a'ereo da 'katʃa]
helicóptero (m)	elicottero (m)	[eli'kottero]
canhão (m) antiaéreo	cannone (m) antiaereo	[kan'none anti·a'ereo]
tanque (m)	carro (m) armato	['karro ar'mato]
canhão (de um tanque)	cannone (m)	[kan'none]
artilharia (f)	artiglieria (f)	[artiʎʎe'ria]
canhão (m)	cannone (m)	[kan'none]
fazer a pontaria	mirare a ...	[mi'rare a]
obus (m)	proiettile (m)	[pro'jettile]
granada (f) de morteiro	granata (f) da mortaio	[gra'nata da mor'tajo]
morteiro (m)	mortaio (m)	[mor'tajo]
estilhaço (m)	scheggia (f)	['skedʒa]
submarino (m)	sottomarino (m)	[sottoma'rino]
torpedo (m)	siluro (m)	[si'luro]
míssil (m)	missile (m)	['missile]
carregar (uma arma)	caricare (vt)	[kari'kare]
atirar, disparar (vi)	sparare (vi)	[spa'rare]
apontar para ...	puntare su ...	[pun'tare su]
baioneta (f)	baionetta (f)	[bajo'netta]
espada (f)	spada (f)	['spada]
sabre (m)	sciabola (f)	['ʃabola]
lança (f)	lancia (f)	['lantʃa]
arco (m)	arco (m)	['arko]
flecha (f)	freccia (f)	['fretʃa]
mosquete (m)	moschetto (m)	[mos'ketto]
besta (f)	balestra (f)	[ba'lestra]

187. Povos da antiguidade

primitivo	primitivo	[primi'tivo]
pré-histórico	preistorico	[preis'toriko]
antigo	antico	[an'tiko]

Idade (f) da Pedra	Età (f) della pietra	[e'ta 'della 'pjetra]
Idade (f) do Bronze	Età (f) del bronzo	[e'ta del 'brondzo]
período (m) glacial	epoca (f) glaciale	['epoka gla'tʃale]

tribo (f)	tribù (f)	[tri'bu]
canibal (m)	cannibale (m)	[kan'nibale]
caçador (m)	cacciatore (m)	[katʃa'tore]
caçar (vi)	cacciare (vt)	[ka'tʃare]
mamute (m)	mammut (m)	[mam'mut]

caverna (f)	caverna (f), grotta (f)	[ka'verna], ['grotta]
fogo (m)	fuoco (m)	[fu'oko]
fogueira (f)	falò (m)	[fa'lo]
pintura (f) rupestre	pittura (f) rupestre	[pit'tura ru'pestre]

ferramenta (f)	strumento (m) di lavoro	[stru'mento di la'voro]
lança (f)	lancia (f)	['lantʃa]
machado (m) de pedra	ascia (f) di pietra	['aʃa di 'pjetra]
guerrear (vt)	essere in guerra	['essere in 'gwerra]
domesticar (vt)	addomesticare (vt)	[addomesti'kare]

ídolo (m)	idolo (m)	['idolo]
adorar, venerar (vt)	idolatrare (vt)	[idola'trare]
superstição (f)	superstizione (f)	[supersti'tsjone]
ritual (m)	rito (m)	['rito]

evolução (f)	evoluzione (f)	[evolu'tsjone]
desenvolvimento (m)	sviluppo (m)	[zvi'luppo]
desaparecimento (m)	estinzione (f)	[estin'tsjone]
adaptar-se (vr)	adattarsi (vr)	[adat'tarsi]

arqueologia (f)	archeologia (f)	[arkeolo'dʒia]
arqueólogo (m)	archeologo (m)	[arke'ologo]
arqueológico	archeologico	[arkeo'lodʒiko]

local (m) das escavações	sito (m) archeologico	['sito arkeo'lodʒiko]
escavações (f pl)	scavi (m pl)	['skavi]
achado (m)	reperto (m)	[re'perto]
fragmento (m)	frammento (m)	[fram'mento]

188. Idade média

povo (m)	popolo (m)	['popolo]
povos (m pl)	popoli (m pl)	['popoli]
tribo (f)	tribù (f)	[tri'bu]
tribos (f pl)	tribù (f pl)	[tri'bu]
bárbaros (m pl)	barbari (m pl)	['barbari]

gauleses (m pl)	galli (m pl)	['galli]
godos (m pl)	goti (m pl)	['goti]
eslavos (m pl)	slavi (m pl)	['zlavi]
víquingues (m pl)	vichinghi (m pl)	[vi'kingi]
romanos (m pl)	romani (m pl)	[ro'mani]
romano	romano	[ro'mano]
bizantinos (m pl)	bizantini (m pl)	[bidzan'tini]
Bizâncio	Bisanzio (m)	[bi'zansio]
bizantino	bizantino	[bidzan'tino]
imperador (m)	imperatore (m)	[impera'tore]
líder (m)	capo (m)	['kapo]
poderoso	potente	[po'tente]
rei (m)	re (m)	[re]
governante (m)	governante (m)	[gover'nante]
cavaleiro (m)	cavaliere (m)	[kava'ljere]
senhor feudal (m)	feudatario (m)	[feuda'tario]
feudal	feudale	[feu'dale]
vassalo (m)	vassallo (m)	[vas'sallo]
duque (m)	duca (m)	['duka]
conde (m)	conte (m)	['konte]
barão (m)	barone (m)	[ba'rone]
bispo (m)	vescovo (m)	['veskovo]
armadura (f)	armatura (f)	[arma'tura]
escudo (m)	scudo (m)	['skudo]
espada (f)	spada (f)	['spada]
viseira (f)	visiera (f)	[vi'zjera]
cota (f) de malha	cotta (f) di maglia	['kotta di 'maʎʎa]
cruzada (f)	crociata (f)	[kro'ʧata]
cruzado (m)	crociato (m)	[kro'ʧato]
território (m)	territorio (m)	[terri'torio]
atacar (vt)	attaccare (vt)	[attak'kare]
conquistar (vt)	conquistare (vt)	[konkwi'stare]
ocupar, invadir (vt)	occupare (vt)	[okku'pare]
assédio, sítio (m)	assedio (m)	[as'sedio]
sitiado	assediato	[asse'djato]
assediar, sitiar (vt)	assediare (vt)	[asse'djare]
inquisição (f)	inquisizione (f)	[inkwizi'tsjone]
inquisidor (m)	inquisitore (m)	[inkwizi'tore]
tortura (f)	tortura (f)	[tor'tura]
cruel	crudele	[kru'dele]
herege (m)	eretico (m)	[e'retiko]
heresia (f)	eresia (f)	[ere'zia]
navegação (f) marítima	navigazione (f)	[naviga'tsjone]
pirata (m)	pirata (m)	[pi'rata]
pirataria (f)	pirateria (f)	[pirate'ria]

abordagem (f)	arrembaggio (m)	[arrem'badʒo]
presa (f), butim (m)	bottino (m)	[bot'tino]
tesouros (m pl)	tesori (m)	[te'zori]

descobrimento (m)	scoperta (f)	[sko'perta]
descobrir (novas terras)	scoprire (vt)	[sko'prire]
expedição (f)	spedizione (f)	[spedi'tsjone]

mosqueteiro (m)	moschettiere (m)	[mosket'tjere]
cardeal (m)	cardinale (m)	[kardi'nale]
heráldica (f)	araldica (f)	[a'raldika]
heráldico	araldico	[a'raldiko]

189. Líder. Chefe. Autoridades

rei (m)	re (m)	[re]
rainha (f)	regina (f)	[re'dʒina]
real	reale	[re'ale]
reino (m)	regno (m)	['reɲo]

| príncipe (m) | principe (m) | ['printʃipe] |
| princesa (f) | principessa (f) | [printʃi'pessa] |

presidente (m)	presidente (m)	[prezi'dente]
vice-presidente (m)	vicepresidente (m)	[vitʃe·prezi'dente]
senador (m)	senatore (m)	[sena'tore]

monarca (m)	monarca (m)	[mo'narka]
governante (m)	governante (m)	[gover'nante]
ditador (m)	dittatore (m)	[ditta'tore]
tirano (m)	tiranno (m)	[ti'ranno]
magnata (m)	magnate (m)	[ma'ɲate]

diretor (m)	direttore (m)	[diret'tore]
chefe (m)	capo (m)	['kapo]
dirigente (m)	dirigente (m)	[diri'dʒente]
patrão (m)	capo (m)	['kapo]
dono (m)	proprietario (m)	[proprie'tario]

chefe (~ de delegação)	capo (m)	['kapo]
autoridades (f pl)	autorità (f pl)	[autori'ta]
superiores (m pl)	superiori (m pl)	[supe'rjori]

governador (m)	governatore (m)	[governa'tore]
cônsul (m)	console (m)	['konsole]
diplomata (m)	diplomatico (m)	[diplo'matiko]

| Presidente (m) da Câmara | sindaco (m) | ['sindako] |
| xerife (m) | sceriffo (m) | [ʃe'riffo] |

imperador (m)	imperatore (m)	[impera'tore]
czar (m)	zar (m)	[tsar]
faraó (m)	faraone (m)	[fara'one]
cã (m)	khan (m)	['kan]

190. Estrada. Caminho. Direções

estrada (f)	strada (f)	['strada]
caminho (m)	cammino (m)	[kam'mino]
rodovia (f)	superstrada (f)	[super'strada]
autoestrada (f)	autostrada (f)	[auto'strada]
estrada (f) nacional	strada (f) statale	['strada sta'tale]
estrada (f) principal	strada (f) principale	['strada prinʧi'pale]
caminho (m) de terra batida	strada (f) sterrata	['strada ster'rata]
trilha (f)	viottolo (m)	[vi'ottolo]
vereda (f)	sentiero (m)	[sen'tjero]
Onde?	Dove?	['dove]
Para onde?	Dove?	['dove]
De onde?	Di dove?, Da dove?	[di 'dove], [da 'dove]
direção (f)	direzione (f)	[dire'tsjone]
indicar (orientar)	indicare (vt)	[indi'kare]
para esquerda	a sinistra	[a si'nistra]
para direita	a destra	[a 'destra]
em frente	dritto	['dritto]
para trás	indietro	[in'djetro]
curva (f)	curva (f)	['kurva]
virar (ex. ~ à direita)	girare (vi)	[ʤi'rare]
dar retorno	fare un'inversione a U	['fare un inver'sjone a u:]
estar visível	essere visibile	['essere vi'zibile]
aparecer (vi)	apparire (vi)	[appa'rire]
paragem (pausa)	sosta (f)	['sosta]
descansar (vi)	riposarsi (vr)	[ripo'zarsi]
descanso (m)	riposo (m)	[ri'pozo]
perder-se (vr)	perdersi (vr)	['perdersi]
conduzir (caminho)	portare verso ...	[por'tare 'verso]
chegar a ...	raggiungere (vt)	[ra'ʤunʤere]
trecho (m)	tratto (m) di strada	['tratto di 'strada]
asfalto (m)	asfalto (m)	[as'falto]
lancil (m)	cordolo (m)	['kordolo]
valeta (f)	fosso (m)	['fosso]
tampa (f) de esgoto	tombino (m)	[tom'bino]
berma (f) da estrada	ciglio (m) della strada	['ʧiλλo della 'strada]
buraco (m)	buca (f)	['buka]
ir (a pé)	andare (vi)	[an'dare]
ultrapassar (vt)	sorpassare (vt)	[sorpas'sare]
passo (m)	passo (m)	['passo]
a pé	a piedi	[a 'pjedi]

bloquear (vt)	sbarrare (vt)	[zbar'rare]
cancela (f)	sbarra (f)	['zbarra]
beco (m) sem saída	vicolo (m) cieco	['vikolo 'ʧjeko]

191. Viloação da lei. Criminosos. Parte 1

bandido (m)	bandito (m)	[ban'dito]
crime (m)	delitto (m)	[de'litto]
criminoso (m)	criminale (m)	[krimi'nale]
ladrão (m)	ladro (m)	['ladro]
roubar (vt)	rubare (vi, vt)	[ru'bare]
furto (m)	ruberia (f)	[rube'ria]
furto (m)	furto (m)	['furto]
raptar (ex. ~ uma criança)	rapire (vt)	[ra'pire]
rapto (m)	rapimento (m)	[rapi'mento]
raptor (m)	rapitore (m)	[rapi'tore]
resgate (m)	riscatto (m)	[ris'katto]
pedir resgate	chiedere il riscatto	['kjedere il ris'katto]
roubar (vt)	rapinare (vt)	[rapi'nare]
assaltante (m)	rapinatore (m)	[rapina'tore]
extorquir (vt)	estorcere (vt)	[es'torʧere]
extorsionário (m)	estorsore (m)	[estor'sore]
extorsão (f)	estorsione (f)	[estor'sjone]
matar, assassinar (vt)	uccidere (vt)	[u'ʧidere]
homicídio (m)	assassinio (m)	[assas'sinio]
homicida, assassino (m)	assassino (m)	[assas'sino]
tiro (m)	sparo (m)	['sparo]
dar um tiro	tirare un colpo	[ti'rare un 'kolpo]
matar a tiro	abbattere (vt)	[ab'battere]
atirar, disparar (vi)	sparare (vi)	[spa'rare]
tiroteio (m)	sparatoria (f)	[spara'toria]
incidente (m)	incidente (m)	[inʧi'dente]
briga (~ de rua)	rissa (f)	['rissa]
Socorro!	Aiuto!	[a'juto]
vítima (f)	vittima (f)	['vittima]
danificar (vt)	danneggiare (vt)	[danne'dʒare]
dano (m)	danno (m)	['danno]
cadáver (m)	cadavere (m)	[ka'davere]
grave	grave	['grave]
atacar (vt)	aggredire (vt)	[aggre'dire]
bater (espancar)	picchiare (vt)	[pik'kjare]
espancar (vt)	picchiare (vt)	[pik'kjare]
tirar, roubar (dinheiro)	sottrarre (vt)	[sot'trarre]
esfaquear (vt)	accoltellare a morte	[akkolte'lare a 'morte]

mutilar (vt)	mutilare (vt)	[muti'lare]
ferir (vt)	ferire (vt)	[fe'rire]
chantagem (f)	ricatto (m)	[ri'katto]
chantagear (vt)	ricattare (vt)	[rikat'tare]
chantagista (m)	ricattatore (m)	[rikatta'tore]
extorsão	estorsione (f)	[estor'sjone]
(em troca de proteção)		
extorsionário (m)	estorsore (m)	[estor'sore]
gângster (m)	gangster (m)	['gangster]
máfia (f)	mafia (f)	['mafia]
carteirista (m)	borseggiatore (m)	[borsedʒa'tore]
assaltante, ladrão (m)	scassinatore (m)	[skassina'tore]
contrabando (m)	contrabbando (m)	[kontrab'bando]
contrabandista (m)	contrabbandiere (m)	[kontrabban'djere]
falsificação (f)	falsificazione (f)	[falsifika'tsjone]
falsificar (vt)	falsificare (vt)	[falsifi'kare]
falsificado	falso, falsificato	['falso], [falsifi'kato]

192. Viloação da lei. Criminosos. Parte 2

violação (f)	stupro (m)	['stupro]
violar (vt)	stuprare (vt)	[stu'prare]
violador (m)	stupratore (m)	[stupra'tore]
maníaco (m)	maniaco (m)	[ma'njako]
prostituta (f)	prostituta (f)	[prosti'tuta]
prostituição (f)	prostituzione (f)	[prostitu'tsjone]
chulo (m)	magnaccia (m)	[ma'naʧa]
toxicodependente (m)	drogato (m)	[dro'gato]
traficante (m)	trafficante (m) di droga	[traffi'kante di 'droga]
explodir (vt)	far esplodere	[far e'splodere]
explosão (f)	esplosione (f)	[esplo'zjone]
incendiar (vt)	incendiare (vt)	[inʧen'djare]
incendiário (m)	incendiario (m)	[inʧen'djario]
terrorismo (m)	terrorismo (m)	[terro'rizmo]
terrorista (m)	terrorista (m)	[terro'rista]
refém (m)	ostaggio (m)	[os'tadʒo]
enganar (vt)	imbrogliare (vt)	[imbroʎ'ʎare]
engano (m)	imbroglio (m)	[im'broʎʎo]
vigarista (m)	imbroglione (m)	[imbroʎ'ʎone]
subornar (vt)	corrompere (vt)	[kor'rompere]
suborno (atividade)	corruzione (f)	[korru'tsjone]
suborno (dinheiro)	bustarella (f)	[busta'rella]
veneno (m)	veleno (m)	[ve'leno]
envenenar (vt)	avvelenare (vt)	[avvele'nare]

envenenar-se (vr)	avvelenarsi (vr)	[avvele'narsi]
suicídio (m)	suicidio (m)	[sui'tʃidio]
suicida (m)	suicida (m)	[sui'tʃida]

ameaçar (vt)	minacciare (vt)	[mina'tʃare]
ameaça (f)	minaccia (f)	[mi'natʃa]
atentar contra a vida de ...	attentare (vi)	[atten'tare]
atentado (m)	attentato (m)	[atten'tato]

roubar (o carro)	rubare (vt)	[ru'bare]
desviar (o avião)	dirottare (vt)	[dirot'tare]

vingança (f)	vendetta (f)	[ven'detta]
vingar (vt)	vendicare (vt)	[vendi'kare]

torturar (vt)	torturare (vt)	[tortu'rare]
tortura (f)	tortura (f)	[tor'tura]
atormentar (vt)	maltrattare (vt)	[maltrat'tare]

pirata (m)	pirata (m)	[pi'rata]
desordeiro (m)	teppista (m)	[tep'pista]
armado	armato	[ar'mato]
violência (f)	violenza (f)	[vio'lentsa]
ilegal	illegale	[ille'gale]

espionagem (f)	spionaggio (m)	[spio'nadʒo]
espionar (vi)	spiare (vi)	[spi'are]

193. Polícia. Lei. Parte 1

justiça (f)	giustizia (f)	[dʒu'stitsia]
tribunal (m)	tribunale (m)	[tribu'nale]

juiz (m)	giudice (m)	['dʒuditʃe]
jurados (m pl)	giurati (m)	[dʒu'rati]
tribunal (m) do júri	processo (m) con giuria	[pro'tʃesso kon dʒu'ria]
julgar (vt)	giudicare (vt)	[dʒudi'kare]

advogado (m)	avvocato (m)	[avvo'kato]
réu (m)	imputato (m)	[impu'tato]
banco (m) dos réus	banco (m) degli imputati	['banko 'deʎʎi impu'tati]

acusação (f)	accusa (f)	[ak'kuza]
acusado (m)	accusato (m)	[akku'zato]

sentença (f)	condanna (f)	[kon'danna]
sentenciar (vt)	condannare (vt)	[kondan'nare]

culpado (m)	colpevole (m)	[kol'pevole]
punir (vt)	punire (vt)	[pu'nire]
punição (f)	punizione (f)	[puni'tsjone]

multa (f)	multa (f), ammenda (f)	['multa], [am'menda]
prisão (f) perpétua	ergastolo (m)	[er'gastolo]

pena (f) de morte	pena (f) di morte	['pena di 'morte]
cadeira (f) elétrica	sedia (f) elettrica	['sedia e'lettrika]
forca (f)	impiccagione (f)	[impikka'dʒone]

| executar (vt) | giustiziare (vt) | [dʒusti'tsjare] |
| execução (f) | esecuzione (f) | [ezeku'tsjone] |

| prisão (f) | prigione (f) | [pri'dʒone] |
| cela (f) de prisão | cella (f) | ['tʃella] |

escolta (f)	scorta (f)	['skorta]
guarda (m) prisional	guardia (f) carceraria	['gwardia kartʃe'raria]
preso (m)	prigioniero (m)	[pridʒo'njero]

| algemas (f pl) | manette (f pl) | [ma'nette] |
| algemar (vt) | mettere le manette | ['mettere le ma'nette] |

fuga, evasão (f)	fuga (f)	['fuga]
fugir (vi)	fuggire (vi)	[fu'dʒire]
desaparecer (vi)	scomparire (vi)	[skompa'rire]
soltar, libertar (vt)	liberare (vt)	[libe'rare]
amnistia (f)	amnistia (f)	[amni'stia]

polícia (instituição)	polizia (f)	[poli'tsia]
polícia (m)	poliziotto (m)	[poli'tsjotto]
esquadra (f) de polícia	commissariato (m)	[kommissa'rjato]
cassetete (m)	manganello (m)	[manga'nello]
megafone (m)	altoparlante (m)	[altopar'lante]

carro (m) de patrulha	macchina (f) di pattuglia	['makkina di pat'tuʎʎa]
sirene (f)	sirena (f)	[si'rena]
ligar a sirene	mettere la sirena	['mettere la si'rena]
toque (m) da sirene	suono (m) della sirena	[su'ono 'della si'rena]

cena (f) do crime	luogo (m) del crimine	[lu'ogo del 'krimine]
testemunha (f)	testimone (m)	[testi'mone]
liberdade (f)	libertà (f)	[liber'ta] .
cúmplice (m)	complice (m)	['komplitʃe]
escapar (vi)	fuggire (vi)	[fu'dʒire]
traço (não deixar ~s)	traccia (f)	['tratʃa]

194. Polícia. Lei. Parte 2

procura (f)	ricerca (f)	[ri'tʃerka]
procurar (vt)	cercare (vt)	[tʃer'kare]
suspeita (f)	sospetto (m)	[so'spetto]
suspeito	sospetto	[so'spetto]
parar (vt)	fermare (vt)	[fer'mare]
deter (vt)	arrestare	[arre'stare]

caso (criminal)	causa (f)	['kauza]
investigação (f)	inchiesta (f)	[in'kjesta]
detetive (m)	detective (m)	[de'tektiv]
investigador (m)	investigatore (m)	[investiga'tore]

versão (f)	versione (f)	[ver'sjone]
motivo (m)	movente (m)	[mo'vente]
interrogatório (m)	interrogatorio (m)	[interroga'torio]
interrogar (vt)	interrogare (vt)	[interro'gare]
questionar (vt)	interrogare (vt)	[interro'gare]
verificação (f)	controllo (m)	[kon'trollo]

batida (f) policial	retata (f)	[re'tata]
busca (f)	perquisizione (f)	[perkwizi'tsjone]
perseguição (f)	inseguimento (m)	[insegwi'mento]
perseguir (vt)	inseguire (vt)	[inse'gwire]
seguir (vt)	essere sulle tracce	['essere sulle 'traʧe]

prisão (f)	arresto (m)	[ar'resto]
prender (vt)	arrestare	[arre'stare]
pegar, capturar (vt)	catturare (vt)	[kattu'rare]
captura (f)	cattura (f)	[kat'tura]

documento (m)	documento (m)	[doku'mento]
prova (f)	prova (f)	['prova]
provar (vt)	provare (vt)	[pro'vare]
pegada (f)	impronta (f) del piede	[im'pronta del 'pjede]
impressões (f pl) digitais	impronte (f pl) digitali	[im'pronte diʤi'tali]
prova (f)	elemento (m) di prova	[ele'mento di 'prova]

álibi (m)	alibi (m)	['alibi]
inocente	innocente	[inno'ʧente]
injustiça (f)	ingiustizia (f)	[inʤu'stitsia]
injusto	ingiusto	[in'ʤusto]

criminal	criminale	[krimi'nale]
confiscar (vt)	confiscare (vt)	[konfis'kare]
droga (f)	droga (f)	['droga]
arma (f)	armi (f pl)	['armi]
desarmar (vt)	disarmare (vt)	[dizar'mare]
ordenar (vt)	ordinare (vt)	[ordi'nare]
desaparecer (vi)	sparire (vi)	[spa'rire]

lei (f)	legge (f)	['ledʒe]
legal	legale	[le'gale]
ilegal	illegale	[ille'gale]

| responsabilidade (f) | responsabilità (f) | [responsabili'ta] |
| responsável | responsabile | [respon'sabile] |

NATUREZA

A Terra. Parte 1

195. Espaço sideral

cosmos (m)	cosmo (m)	['kozmo]
cósmico	cosmico, spaziale	['kozmiko], [spa'tsjale]
espaço (m) cósmico	spazio (m) cosmico	['spatsio 'kozmiko]
mundo (m)	mondo (m)	['mondo]
universo (m)	universo (m)	[uni'verso]
galáxia (f)	galassia (f)	[ga'lassia]
estrela (f)	stella (f)	['stella]
constelação (f)	costellazione (f)	[kostella'tsjone]
planeta (m)	pianeta (m)	[pja'neta]
satélite (m)	satellite (m)	[sa'tellite]
meteorito (m)	meteorite (m)	[meteo'rite]
cometa (m)	cometa (f)	[ko'meta]
asteroide (m)	asteroide (m)	[aste'roide]
órbita (f)	orbita (f)	['orbita]
girar (vi)	ruotare (vi)	[ruo'tare]
atmosfera (f)	atmosfera (f)	[atmo'sfera]
Sol (m)	il Sole	[il 'sole]
Sistema (m) Solar	sistema (m) solare	[si'stema so'lare]
eclipse (m) solar	eclisse (f) solare	[e'klisse so'lare]
Terra (f)	la Terra	[la 'terra]
Lua (f)	la Luna	[la 'luna]
Marte (m)	Marte (m)	['marte]
Vénus (f)	Venere (f)	['venere]
Júpiter (m)	Giove (m)	['dʒove]
Saturno (m)	Saturno (m)	[sa'turno]
Mercúrio (m)	Mercurio (m)	[mer'kurio]
Urano (m)	Urano (m)	[u'rano]
Neptuno (m)	Nettuno (m)	[net'tuno]
Plutão (m)	Plutone (m)	[plu'tone]
Via Láctea (f)	Via (f) Lattea	['via 'lattea]
Ursa Maior (f)	Orsa (f) Maggiore	['orsa ma'dʒore]
Estrela Polar (f)	Stella (f) Polare	['stella po'lare]
marciano (m)	marziano (m)	[mar'tsjano]
extraterrestre (m)	extraterrestre (m)	[ekstrater'restre]

| alienígena (m) | alieno (m) | [a'ljeno] |
| disco (m) voador | disco (m) volante | ['disko vo'lante] |

nave (f) espacial	nave (f) spaziale	['nave spa'tsjale]
estação (f) orbital	stazione (f) spaziale	[sta'tsjone spa'tsjale]
lançamento (m)	lancio (m)	['lanʧo]

motor (m)	motore (m)	[mo'tore]
bocal (m)	ugello (m)	[u'dʒello]
combustível (m)	combustibile (m)	[kombu'stibile]

cabine (f)	cabina (f) di pilotaggio	[ka'bina di pilo'tadʒio]
antena (f)	antenna (f)	[an'tenna]
vigia (f)	oblò (m)	[ob'lo]
bateria (f) solar	batteria (f) solare	[batte'ria so'lare]
traje (m) espacial	scafandro (m)	[ska'fandro]

| imponderabilidade (f) | imponderabilità (f) | [imponderabili'ta] |
| oxigénio (m) | ossigeno (m) | [os'sidʒeno] |

| acoplagem (f) | aggancio (m) | [ag'ganʧo] |
| fazer uma acoplagem | agganciarsi (vr) | [aggan'ʧarsi] |

observatório (m)	osservatorio (m)	[osserva'torio]
telescópio (m)	telescopio (m)	[tele'skopio]
observar (vt)	osservare (vt)	[osser'vare]
explorar (vt)	esplorare (vt)	[esplo'rare]

196. A Terra

Terra (f)	la Terra	[la 'terra]
globo terrestre (Terra)	globo (m) terrestre	['globo ter'restre]
planeta (m)	pianeta (m)	[pja'neta]

atmosfera (f)	atmosfera (f)	[atmo'sfera]
geografia (f)	geografia (f)	[dʒeogra'fia]
natureza (f)	natura (f)	[na'tura]

globo (mapa esférico)	mappamondo (m)	[mappa'mondo]
mapa (m)	carta (f) geografica	['karta dʒeo'grafika]
atlas (m)	atlante (m)	[a'tlante]

| Europa (f) | Europa (f) | [eu'ropa] |
| Ásia (f) | Asia (f) | ['azia] |

| África (f) | Africa (f) | ['afrika] |
| Austrália (f) | Australia (f) | [au'stralia] |

América (f)	America (f)	[a'merika]
América (f) do Norte	America (f) del Nord	[a'merika del nord]
América (f) do Sul	America (f) del Sud	[a'merika del sud]

| Antártida (f) | Antartide (f) | [an'tartide] |
| Ártico (m) | Artico (m) | ['artiko] |

179

197. Pontos cardeais

norte (m)	nord (m)	[nord]
para norte	a nord	[a nord]
no norte	al nord	[al nord]
do norte	del nord	[del nord]
sul (m)	sud (m)	[sud]
para sul	a sud	[a sud]
no sul	al sud	[al sud]
do sul	del sud	[del sud]
oeste, ocidente (m)	ovest (m)	['ovest]
para oeste	a ovest	[a 'ovest]
no oeste	all'ovest	[all 'ovest]
ocidental	dell'ovest, occidentale	[dell 'ovest], [otʃiden'tale]
leste, oriente (m)	est (m)	[est]
para leste	a est	[a est]
no leste	all'est	[all 'est]
oriental	dell'est, orientale	[dell 'est], [orien'tale]

198. Mar. Oceano

mar (m)	mare (m)	['mare]
oceano (m)	oceano (m)	[o'tʃeano]
golfo (m)	golfo (m)	['golfo]
estreito (m)	stretto (m)	['stretto]
terra (f) firme	terra (f)	['terra]
continente (m)	continente (m)	[konti'nente]
ilha (f)	isola (f)	['izola]
península (f)	penisola (f)	[pe'nizola]
arquipélago (m)	arcipelago (m)	[artʃi'pelago]
baía (f)	baia (f)	['baja]
porto (m)	porto (m)	['porto]
lagoa (f)	laguna (f)	[la'guna]
cabo (m)	capo (m)	['kapo]
atol (m)	atollo (m)	[a'tollo]
recife (m)	scogliera (f)	[skoʎ'ʎera]
coral (m)	corallo (m)	[ko'rallo]
recife (m) de coral	barriera (f) corallina	[bar'rjera koral'lina]
profundo	profondo	[pro'fondo]
profundidade (f)	profondità (f)	[profondi'ta]
abismo (m)	abisso (m)	[a'bisso]
fossa (f) oceânica	fossa (f)	['fossa]
corrente (f)	corrente (f)	[kor'rente]
banhar (vt)	circondare (vt)	[tʃirkon'dare]
litoral (m)	litorale (m)	[lito'rale]

costa (f)	costa (f)	['kosta]
maré (f) alta	alta marea (f)	['alta ma'rea]
refluxo (m), maré (f) baixa	bassa marea (f)	['bassa ma'rea]
restinga (f)	banco (m) di sabbia	['banko di 'sabbia]
fundo (m)	fondo (m)	['fondo]
onda (f)	onda (f)	['onda]
crista (f) da onda	cresta (f) dell'onda	['kresta dell 'onda]
espuma (f)	schiuma (f)	['skjuma]
tempestade (f)	tempesta (f)	[tem'pesta]
furacão (m)	uragano (m)	[ura'gano]
tsunami (m)	tsunami (m)	[tsu'nami]
calmaria (f)	bonaccia (f)	[bo'natʃa]
calmo	tranquillo	[tran'kwillo]
polo (m)	polo (m)	['polo]
polar	polare	[po'lare]
latitude (f)	latitudine (f)	[lati'tudine]
longitude (f)	longitudine (f)	[londʒi'tudine]
paralela (f)	parallelo (m)	[paral'lelo]
equador (m)	equatore (m)	[ekwa'tore]
céu (m)	cielo (m)	['tʃelo]
horizonte (m)	orizzonte (m)	[orid'dzonte]
ar (m)	aria (f)	['aria]
farol (m)	faro (m)	['faro]
mergulhar (vi)	tuffarsi (vr)	[tuf'farsi]
afundar-se (vr)	affondare (vi)	[affon'dare]
tesouros (m pl)	tesori (m)	[te'zori]

199. Nomes de Mares e Oceanos

Oceano (m) Atlântico	Oceano (m) Atlantico	[o'tʃeano at'lantiko]
Oceano (m) Índico	Oceano (m) Indiano	[o'tʃeano indi'ano]
Oceano (m) Pacífico	Oceano (m) Pacifico	[o'tʃeano pa'tʃifiko]
Oceano (m) Ártico	mar (m) Glaciale Artico	[mar gla'tʃale 'artiko]
Mar (m) Negro	mar (m) Nero	[mar 'nero]
Mar (m) Vermelho	mar (m) Rosso	[mar 'rosso]
Mar (m) Amarelo	mar (m) Giallo	[mar 'dʒallo]
Mar (m) Branco	mar (m) Bianco	[mar 'bjanko]
Mar (m) Cáspio	mar (m) Caspio	[mar 'kaspio]
Mar (m) Morto	mar (m) Morto	[mar 'morto]
Mar (m) Mediterrâneo	mar (m) Mediterraneo	[mar mediter'raneo]
Mar (m) Egeu	mar (m) Egeo	[mar e'dʒeo]
Mar (m) Adriático	mar (m) Adriatico	[mar adri'atiko]
Mar (m) Arábico	mar (m) Arabico	[mar a'rabiko]
Mar (m) do Japão	mar (m) del Giappone	[mar del dʒap'pone]

Mar (m) de Bering	mare (m) di Bering	['mare di 'bering]
Mar (m) da China Meridional	mar (m) Cinese meridionale	[mar ʧi'neze meridio'nale]
Mar (m) de Coral	mar (m) dei Coralli	[mar 'dei ko'ralli]
Mar (m) de Tasman	mar (m) di Tasmania	[mar di taz'mania]
Mar (m) do Caribe	mar (m) dei Caraibi	[mar dei kara'ibi]
Mar (m) de Barents	mare (m) di Barents	['mare di 'barents]
Mar (m) de Kara	mare (m) di Kara	['mare di 'kara]
Mar (m) do Norte	mare (m) del Nord	['mare del nord]
Mar (m) Báltico	mar (m) Baltico	[mar 'baltiko]
Mar (m) da Noruega	mare (m) di Norvegia	['mare di nor'vedʒa]

200. Montanhas

montanha (f)	monte (m), montagna (f)	['monte], [mon'taɲa]
cordilheira (f)	catena (f) montuosa	[ka'tena montu'oza]
serra (f)	crinale (m)	[kri'nale]
cume (m)	cima (f)	['ʧima]
pico (m)	picco (m)	['pikko]
sopé (m)	piedi (m pl)	['pjede]
declive (m)	pendio (m)	[pen'dio]
vulcão (m)	vulcano (m)	[vul'kano]
vulcão (m) ativo	vulcano (m) attivo	[vul'kano at'tivo]
vulcão (m) extinto	vulcano (m) inattivo	[vul'kano inat'tivo]
erupção (f)	eruzione (f)	[eru'tsjone]
cratera (f)	cratere (m)	[kra'tere]
magma (m)	magma (m)	['magma]
lava (f)	lava (f)	['lava]
fundido (lava ~a)	fuso	['fuzo]
desfiladeiro (m)	canyon (m)	['kenjon]
garganta (f)	gola (f)	['gola]
fenda (f)	crepaccio (m)	[kre'paʧo]
precipício (m)	precipizio (m)	[preʧi'pitsio]
passo, colo (m)	passo (m), valico (m)	['passo], ['valiko]
planalto (m)	altopiano (m)	[alto'pjano]
falésia (f)	falesia (f)	[fa'lezia]
colina (f)	collina (f)	[kol'lina]
glaciar (m)	ghiacciaio (m)	[gja'ʧajo]
queda (f) d'água	cascata (f)	[kas'kata]
géiser (m)	geyser (m)	['gejzer]
lago (m)	lago (m)	['lago]
planície (f)	pianura (f)	[pja'nura]
paisagem (f)	paesaggio (m)	[pae'zadʒo]
eco (m)	eco (f)	['eko]
alpinista (m)	alpinista (m)	[alpi'nista]

escalador (m)	scalatore (m)	[skala'tore]
conquistar (vt)	conquistare (vt)	[konkwi'stare]
subida, escalada (f)	scalata (f)	[ska'lata]

201. Nomes de montanhas

Alpes (m pl)	Alpi (f pl)	['alpi]
monte Branco (m)	Monte (m) Bianco	['monte 'bjanko]
Pirineus (m pl)	Pirenei (m pl)	[pire'nei]

Cárpatos (m pl)	Carpazi (m pl)	[kar'patsi]
montes (m pl) Urais	gli Urali (m pl)	[ʎi u'rali]
Cáucaso (m)	Caucaso (m)	['kaukazo]
Elbrus (m)	Monte (m) Elbrus	['monte 'elbrus]

Altai (m)	Monti (m pl) Altai	['monti al'taj]
Tian Shan (m)	Tien Shan (m)	[tjen 'ʃan]
Pamir (m)	Pamir (m)	[pa'mir]
Himalaias (m pl)	Himalaia (m)	[ima'laja]
monte (m) Everest	Everest (m)	['everest]

| Cordilheira (f) dos Andes | Ande (f pl) | ['ande] |
| Kilimanjaro (m) | Kilimangiaro (m) | [kiliman'dʒaro] |

202. Rios

rio (m)	fiume (m)	['fjume]
fonte, nascente (f)	fonte (f)	['fonte]
leito (m) do rio	letto (m)	['letto]
bacia (f)	bacino (m)	[ba'tʃino]
desaguar no ...	sfociare nel ...	[sfo'tʃare nel]

| afluente (m) | affluente (m) | [afflu'ente] |
| margem (do rio) | riva (f) | ['riva] |

corrente (f)	corrente (f)	[kor'rente]
rio abaixo	a valle	[a 'valle]
rio acima	a monte	[a 'monte]

inundação (f)	inondazione (f)	[inonda'tsjone]
cheia (f)	piena (f)	['pjena]
transbordar (vi)	straripare (vi)	[strari'pare]
inundar (vt)	inondare (vt)	[inon'dare]

| banco (m) de areia | secca (f) | ['sekka] |
| rápidos (m pl) | rapida (f) | ['rapida] |

barragem (f)	diga (f)	['diga]
canal (m)	canale (m)	[ka'nale]
reservatório (m) de água	bacino (m) di riserva	[ba'tʃino di ri'zerva]
eclusa (f)	chiusa (f)	['kjuza]
corpo (m) de água	bacino (m) idrico	[ba'tʃino 'idriko]

pântano (m)	palude (f)	[pa'lude]
tremedal (m)	pantano (m)	[pan'tano]
remoinho (m)	vortice (m)	['vortiʧe]

arroio, regato (m)	ruscello (m)	[ru'ʃello]
potável	potabile	[po'tabile]
doce (água)	dolce	['dolʧe]

| gelo (m) | ghiaccio (m) | ['gjaʧo] |
| congelar-se (vr) | ghiacciarsi (vr) | [gja'ʧarsi] |

203. Nomes de rios

| rio Sena (m) | Senna (f) | ['senna] |
| rio Loire (m) | Loira (f) | ['loira] |

rio Tamisa (m)	Tamigi (m)	[ta'midʒi]
rio Reno (m)	Reno (m)	['reno]
rio Danúbio (m)	Danubio (m)	[da'nubio]

rio Volga (m)	Volga (m)	['volga]
rio Don (m)	Don (m)	[don]
rio Lena (m)	Lena (f)	['lena]

rio Amarelo (m)	Fiume (m) Giallo	['fjume 'dʒallo]
rio Yangtzé (m)	Fiume (m) Azzurro	['fjume ad'dzurro]
rio Mekong (m)	Mekong (m)	[me'kong]
rio Ganges (m)	Gange (m)	['gandʒe]

rio Nilo (m)	Nilo (m)	['nilo]
rio Congo (m)	Congo (m)	['kongo]
rio Cubango (m)	Okavango	[oka'vango]
rio Zambeze (m)	Zambesi (m)	[dzam'bezi]
rio Limpopo (m)	Limpopo (m)	['limpopo]
rio Mississípi (m)	Mississippi (m)	[missis'sippi]

204. Floresta

| floresta (f), bosque (m) | foresta (f) | [fo'resta] |
| florestal | forestale | [fores'tale] |

mata (f) cerrada	foresta (f) fitta	[fo'resta 'fitta]
arvoredo (m)	boschetto (m)	[bos'ketto]
clareira (f)	radura (f)	[ra'dura]

| matagal (m) | roveto (m) | [ro'veto] |
| mato (m) | boscaglia (f) | [bos'kaʎʎa] |

vereda (f)	sentiero (m)	[sen'tjero]
ravina (f)	calanco (m)	[ka'lanko]
árvore (f)	albero (m)	['albero]
folha (f)	foglia (f)	['foʎʎa]

folhagem (f)	fogliame (m)	[foʎ'ʎame]
queda (f) das folhas	caduta (f) delle foglie	[ka'duta 'delle 'foʎʎe]
cair (vi)	cadere (vi)	[ka'dere]
topo (m)	cima (f)	['ʧima]
ramo (m)	ramo (m), ramoscello (m)	['ramo], [ramo'ʃello]
galho (m)	ramo (m)	['ramo]
botão, rebento (m)	gemma (f)	['dʒemma]
agulha (f)	ago (m)	['ago]
pinha (f)	pigna (f)	['piɲa]
buraco (m) de árvore	cavità (f)	[kavi'ta]
ninho (m)	nido (m)	['nido]
toca (f)	tana (f)	['tana]
tronco (m)	tronco (m)	['tronko]
raiz (f)	radice (f)	[ra'diʧe]
casca (f) de árvore	corteccia (f)	[kor'teʧa]
musgo (m)	musco (m)	['musko]
arrancar pela raiz	sradicare (vt)	[zradi'kare]
cortar (vt)	abbattere (vt)	[ab'battere]
desflorestar (vt)	disboscare (vt)	[dizbo'skare]
toco, cepo (m)	ceppo (m)	['ʧeppo]
fogueira (f)	falò (m)	[fa'lo]
incêndio (m) florestal	incendio (m) boschivo	[in'ʧendio bos'kivo]
apagar (vt)	spegnere (vt)	['speɲere]
guarda-florestal (m)	guardia (f) forestale	['gwardia fores'tale]
proteção (f)	protezione (f)	[prote'tsjone]
proteger (a natureza)	proteggere (vt)	[pro'tedʒere]
caçador (m) furtivo	bracconiere (m)	[brakko'njere]
armadilha (f)	tagliola (f)	[taʎ'ʎoʎa]
colher (cogumelos, bagas)	raccogliere (vt)	[rak'koʎʎere]
perder-se (vr)	perdersi (vr)	['perdersi]

205. Recursos naturais

recursos (m pl) naturais	risorse (f pl) naturali	[ri'sorse natu'rali]
minerais (m pl)	minerali (m pl)	[mine'rali]
depósitos (m pl)	deposito (m)	[de'pozito]
jazida (f)	giacimento (m)	[dʒaʧi'mento]
extrair (vt)	estrarre (vt)	[e'strarre]
extração (f)	estrazione (f)	[estra'tsjone]
minério (m)	minerale (m) grezzo	[mine'rale 'greddzo]
mina (f)	miniera (f)	[mi'njera]
poço (m) de mina	pozzo (m) di miniera	['pottso di mi'njera]
mineiro (m)	minatore (m)	[mina'tore]
gás (m)	gas (m)	[gas]
gasoduto (m)	gasdotto (m)	[gas'dotto]

185

petróleo (m)	**petrolio** (m)	[pe'trolio]
oleoduto (m)	**oleodotto** (m)	[oleo'dotto]
poço (m) de petróleo	**torre** (f) **di estrazione**	['torre di estra'tsjone]
torre (f) petrolífera	**torre** (f) **di trivellazione**	['torre di trivella'tsjone]
petroleiro (m)	**petroliera** (f)	[petro'ljera]
areia (f)	**sabbia** (f)	['sabbia]
calcário (m)	**calcare** (m)	[kal'kare]
cascalho (m)	**ghiaia** (f)	['gjaja]
turfa (f)	**torba** (f)	['torba]
argila (f)	**argilla** (f)	[ar'dʒilla]
carvão (m)	**carbone** (m)	[kar'bone]
ferro (m)	**ferro** (m)	['ferro]
ouro (m)	**oro** (m)	['oro]
prata (f)	**argento** (m)	[ar'dʒento]
níquel (m)	**nichel** (m)	['nikel]
cobre (m)	**rame** (m)	['rame]
zinco (m)	**zinco** (m)	['dzinko]
manganês (m)	**manganese** (m)	[manga'neze]
mercúrio (m)	**mercurio** (m)	[mer'kurio]
chumbo (m)	**piombo** (m)	['pjombo]
mineral (m)	**minerale** (m)	[mine'rale]
cristal (m)	**cristallo** (m)	[kris'tallo]
mármore (m)	**marmo** (m)	['marmo]
urânio (m)	**uranio** (m)	[u'ranio]

A Terra. Parte 2

206. Tempo

tempo (m)	tempo (m)	['tempo]
previsão (f) do tempo	previsione (f) del tempo	[previ'zjone del 'tempo]
temperatura (f)	temperatura (f)	[tempera'tura]
termómetro (m)	termometro (m)	[ter'mometro]
barómetro (m)	barometro (m)	[ba'rometro]
húmido	umido	['umido]
humidade (f)	umidità (f)	[umidi'ta]
calor (m)	caldo (m), afa (f)	['kaldo], ['afa]
cálido	molto caldo	['molto 'kaldo]
está muito calor	fa molto caldo	[fa 'molto 'kaldo]
está calor	fa caldo	[fa 'kaldo]
quente	caldo	['kaldo]
está frio	fa freddo	[fa 'freddo]
frio	freddo	['freddo]
sol (m)	sole (m)	['sole]
brilhar (vi)	splendere (vi)	['splendere]
de sol, ensolarado	di sole	[di 'sole]
nascer (vi)	levarsi (vr)	[le'varsi]
pôr-se (vr)	tramontare (vi)	[tramon'tare]
nuvem (f)	nuvola (f)	['nuvola]
nublado	nuvoloso	[nuvo'lozo]
nuvem (f) preta	nube (f) di pioggia	['nube di 'pjodʒa]
escuro, cinzento	nuvoloso	[nuvo'lozo]
chuva (f)	pioggia (f)	['pjodʒa]
está a chover	piove	['pjove]
chuvoso	piovoso	[pjo'vozo]
chuviscar (vi)	piovigginare (vi)	[pjovidʒi'nare]
chuva (f) torrencial	pioggia (f) torrenziale	['pjodʒa torren'tsjale]
chuvada (f)	acquazzone (m)	[akwat'tsone]
forte (chuva)	forte	['forte]
poça (f)	pozzanghera (f)	[pot'tsangera]
molhar-se (vr)	bagnarsi (vr)	[ba'narsi]
nevoeiro (m)	foschia (f), nebbia (f)	[fos'kia], ['nebbia]
de nevoeiro	nebbioso	[neb'bjozo]
neve (f)	neve (f)	['neve]
está a nevar	nevica	['nevika]

207. Tempo extremo. Catástrofes naturais

trovoada (f)	temporale (m)	[tempo'rale]
relâmpago (m)	fulmine (f)	['fulmine]
relampejar (vi)	lampeggiare (vi)	[lampe'dʒare]

trovão (m)	tuono (m)	[tu'ono]
trovejar (vi)	tuonare (vi)	[tuo'nare]
está a trovejar	tuona	[tu'ona]

| granizo (m) | grandine (f) | ['grandine] |
| está a cair granizo | grandina | ['grandina] |

| inundar (vt) | inondare (vt) | [inon'dare] |
| inundação (f) | inondazione (f) | [inonda'tsjone] |

terremoto (m)	terremoto (m)	[terre'moto]
abalo, tremor (m)	scossa (f)	['skossa]
epicentro (m)	epicentro (m)	[epi'tʃentro]

| erupção (f) | eruzione (f) | [eru'tsjone] |
| lava (f) | lava (f) | ['lava] |

turbilhão (m)	tromba (f) d'aria	['tromba 'daria]
tornado (m)	tornado (m)	[tor'nado]
tufão (m)	tifone (m)	[ti'fone]

furacão (m)	uragano (m)	[ura'gano]
tempestade (f)	tempesta (f)	[tem'pesta]
tsunami (m)	tsunami (m)	[tsu'nami]

ciclone (m)	ciclone (m)	[tʃi'klone]
mau tempo (m)	maltempo (m)	[mal'tempo]
incêndio (m)	incendio (m)	[in'tʃendio]
catástrofe (f)	disastro (m)	[di'zastro]
meteorito (m)	meteorite (m)	[meteo'rite]

avalanche (f)	valanga (f)	[va'langa]
deslizamento (m) de neve	slavina (f)	[zla'vina]
nevasca (f)	tempesta (f) di neve	[tem'pesta di 'neve]
tempestade (f) de neve	bufera (f) di neve	['bufera di 'neve]

208. Ruídos. Sons

silêncio (m)	silenzio (m)	[si'lentsio]
som (m)	suono (m)	[su'ono]
ruído, barulho (m)	rumore (m)	[ru'more]
fazer barulho	far rumore	[far ru'more]
ruidoso, barulhento	rumoroso	[rumo'rozo]

alto (adv)	forte, alto	['forte], ['alto]
alto (adj)	alto, forte	['alto], ['forte]
constante (ruído, etc.)	costante	[ko'stante]

grito (m)	grido (m)	['grido]
grltar (vi)	gridare (vi)	[gri'dare]
sussurro (m)	sussurro (m)	[sus'surro]
sussurrar (vt)	sussurrare (vi, vt)	[sussur'rare]

| latido (m) | abbaiamento (m) | [abaja'mento] |
| latir (vi) | abbaiare (vi) | [abba'jare] |

gemido (m)	gemito (m)	['dʒemito]
gemer (vi)	gemere (vi)	['dʒemere]
tosse (f)	tosse (f)	['tosse]
tossir (vi)	tossire (vi)	[tos'sire]

assobio (m)	fischio (m)	['fiskio]
assobiar (vi)	fischiare (vi)	[fis'kjare]
batida (f)	bussata (f)	[bus'sata]
bater (vi)	bussare (vi)	[bus'sare]

| estalar (vi) | crepitare (vi) | [krepi'tare] |
| estalido (m) | crepitio (m) | [krepi'tio] |

sirene (f)	sirena (f)	[si'rena]
apito (m)	sirena (f) di fabbrica	[si'rena di 'fabbrika]
apitar (vi)	emettere un fischio	[e'mettere un 'fiskio]
buzina (f)	colpo (m) di clacson	['kolpo di 'klakson]
buzinar (vi)	clacsonare (vi)	[klakso'nare]

209. Inverno

inverno (m)	inverno (m)	[in'verno]
de inverno	invernale	[inver'nale]
no inverno	d'inverno	[din'verno]

neve (f)	neve (f)	['neve]
está a nevar	nevica	['nevika]
queda (f) de neve	nevicata (f)	[nevi'kata]
amontoado (m) de neve	mucchio (m) di neve	['mukkio di 'neve]

floco (m) de neve	fiocco (m) di neve	[fjokko di 'neve]
bola (f) de neve	palla (f) di neve	['palla di 'neve]
boneco (m) de neve	pupazzo (m) di neve	[pu'pattso di 'neve]
sincelo (m)	ghiacciolo (m)	[gja'tʃolo]

dezembro (m)	dicembre (m)	[di'tʃembre]
janeiro (m)	gennaio (m)	[dʒen'najo]
fevereiro (m)	febbraio (m)	[feb'brajo]

| gelo (m) | gelo (m) | ['dʒelo] |
| gelado, glacial | gelido | ['dʒelido] |

abaixo de zero	sotto zero	['sotto 'dzero]
geada (f)	primi geli (m pl)	['primi 'dʒeli]
geada (f) branca	brina (f)	['brina]
frio (m)	freddo (m)	['freddo]

está frio	fa freddo	[fa 'freddo]
casaco (m) de peles	pelliccia (f)	[pel'litʃa]
mitenes (f pl)	manopole (f pl)	[ma'nopole]

adoecer (vi)	ammalarsi (vr)	[amma'larsi]
constipação (f)	raffreddore (m)	[raffred'dore]
constipar-se (vr)	raffreddarsi (vr)	[raffred'darsi]

gelo (m)	ghiaccio (m)	['gjatʃo]
gelo (m) na estrada	ghiaccio (m) trasparente	['gjatʃo traspa'rente]
congelar-se (vr)	ghiacciarsi (vr)	[gja'tʃarsi]
bloco (m) de gelo	banco (m) di ghiaccio	['banko di 'gjatʃo]

esqui (m)	sci (m pl)	[ʃi]
esquiador (m)	sciatore (m)	[ʃia'tore]
esquiar (vi)	sciare (vi)	[ʃi'are]
patinar (vi)	pattinare (vi)	[patti'nare]

Fauna

210. Mamíferos. Predadores

predador (m)	predatore (m)	[preda'tore]
tigre (m)	tigre (f)	['tigre]
leão (m)	leone (m)	[le'one]
lobo (m)	lupo (m)	['lupo]
raposa (f)	volpe (m)	['volpe]
jaguar (m)	giaguaro (m)	[dʒa'gwaro]
leopardo (m)	leopardo (m)	[leo'pardo]
chita (f)	ghepardo (m)	[ge'pardo]
pantera (f)	pantera (f)	[pan'tera]
puma (m)	puma (f)	['puma]
leopardo-das-neves (m)	leopardo (m) delle nevi	[leo'pardo 'delle 'nevi]
lince (m)	lince (f)	['lintʃe]
coiote (m)	coyote (m)	[ko'jote]
chacal (m)	sciacallo (m)	[ʃa'kallo]
hiena (f)	iena (f)	['jena]

211. Animais selvagens

animal (m)	animale (m)	[ani'male]
besta (f)	bestia (f)	['bestia]
esquilo (m)	scoiattolo (m)	[sko'jattolo]
ouriço (m)	riccio (m)	['ritʃo]
lebre (f)	lepre (f)	['lepre]
coelho (m)	coniglio (m)	[ko'niʎʎo]
texugo (m)	tasso (m)	['tasso]
guaxinim (m)	procione (f)	[pro'tʃone]
hamster (m)	criceto (m)	[kri'tʃeto]
marmota (f)	marmotta (f)	[mar'motta]
toupeira (f)	talpa (f)	['talpa]
rato (m)	topo (m)	['topo]
ratazana (f)	ratto (m)	['ratto]
morcego (m)	pipistrello (m)	[pipi'strello]
arminho (m)	ermellino (m)	[ermel'lino]
zibelina (f)	zibellino (m)	[dzibel'lino]
marta (f)	martora (f)	['martora]
doninha (f)	donnola (f)	['donnola]
vison (m)	visone (m)	[vi'zone]

| castor (m) | castoro (m) | [kas'toro] |
| lontra (f) | lontra (f) | ['lontra] |

cavalo (m)	cavallo (m)	[ka'vallo]
alce (m)	alce (m)	['altʃe]
veado (m)	cervo (m)	['tʃervo]
camelo (m)	cammello (m)	[kam'mello]

bisão (m)	bisonte (m) americano	[bi'zonte ameri'kano]
auroque (m)	bisonte (m) europeo	[bi'zonte euro'peo]
búfalo (m)	bufalo (m)	['bufalo]

zebra (f)	zebra (f)	['dzebra]
antílope (m)	antilope (f)	[an'tilope]
corça (f)	capriolo (m)	[kapri'olo]
gamo (m)	daino (m)	['daino]
camurça (f)	camoscio (m)	[ka'moʃo]
javali (m)	cinghiale (m)	[tʃin'gjale]

baleia (f)	balena (f)	[ba'lena]
foca (f)	foca (f)	['foka]
morsa (f)	tricheco (m)	[tri'keko]
urso-marinho (m)	otaria (f)	[o'taria]
golfinho (m)	delfino (m)	[del'fino]

urso (m)	orso (m)	['orso]
urso (m) branco	orso (m) bianco	['orso 'bjanko]
panda (m)	panda (m)	['panda]

macaco (em geral)	scimmia (f)	['ʃimmia]
chimpanzé (m)	scimpanzè (m)	[ʃimpan'dze]
orangotango (m)	orango (m)	[o'rango]
gorila (m)	gorilla (m)	[go'rilla]
macaco (m)	macaco (m)	[ma'kako]
gibão (m)	gibbone (m)	[dʒib'bone]

elefante (m)	elefante (m)	[ele'fante]
rinoceronte (m)	rinoceronte (m)	[rinotʃe'ronte]
girafa (f)	giraffa (f)	[dʒi'raffa]
hipopótamo (m)	ippopotamo (m)	[ippo'potamo]

| canguru (m) | canguro (m) | [kan'guro] |
| coala (m) | koala (m) | [ko'ala] |

mangusto (m)	mangusta (f)	[man'gusta]
chinchila (m)	cincillà (f)	[tʃintʃil'la]
doninha-fedorenta (f)	moffetta (f)	[mof'fetta]
porco-espinho (m)	istrice (m)	['istritʃe]

212. Animais domésticos

gata (f)	gatta (f)	['gatta]
gato (m) macho	gatto (m)	['gatto]
cão (m)	cane (m)	['kane]

cavalo (m)	cavallo (m)	[ka'vallo]
garanhão (m)	stallone (m)	[stal'lone]
égua (f)	giumenta (f)	[dʒu'menta]
vaca (f)	mucca (f)	['mukka]
touro (m)	toro (m)	['toro]
boi (m)	bue (m)	['bue]
ovelha (f)	pecora (f)	['pekora]
carneiro (m)	montone (m)	[mon'tone]
cabra (f)	capra (f)	['kapra]
bode (m)	caprone (m)	[kap'rone]
burro (m)	asino (m)	['azino]
mula (f)	mulo (m)	['mulo]
porco (m)	porco (m)	['porko]
leitão (m)	porcellino (m)	[portʃel'lino]
coelho (m)	coniglio (m)	[ko'niʎʎo]
galinha (f)	gallina (f)	[gal'lina]
galo (m)	gallo (m)	['gallo]
pata (f)	anatra (f)	['anatra]
pato (macho)	maschio (m) dell'anatra	['maskio dell 'anatra]
ganso (m)	oca (f)	['oka]
peru (m)	tacchino (m)	[tak'kino]
perua (f)	tacchina (f)	[tak'kina]
animais (m pl) domésticos	animali (m pl) domestici	[ani'mali do'mestitʃi]
domesticado	addomesticato	[addomesti'kato]
domesticar (vt)	addomesticare (vt)	[addomesti'kare]
criar (vt)	allevare (vt)	[alle'vare]
quinta (f)	fattoria (f)	[fatto'ria]
aves (f pl) domésticas	pollame (m)	[pol'lame]
gado (m)	bestiame (m)	[bes'tjame]
rebanho (m), manada (f)	branco (m), mandria (f)	['branko], ['mandria]
estábulo (m)	scuderia (f)	[skude'ria]
pocilga (f)	porcile (m)	[por'tʃile]
estábulo (m)	stalla (f)	['stalla]
coelheira (f)	conigliera (f)	[koniʎ'ʎera]
galinheiro (m)	pollaio (m)	[pol'lajo]

213. Cães. Raças de cães

cão (m)	cane (m)	['kane]
cão pastor (m)	cane (m) da pastore	['kane da pas'tore]
pastor-alemão (m)	battaglia (f)	[bat'taʎʎa]
caniche (m)	barbone (m)	[bar'bone]
teckel (m)	bassotto (m)	[bas'sotto]
buldogue (m)	bulldog (m)	[bull'dog]

boxer (m)	boxer (m)	['bokser]
mastim (m)	mastino (m)	[ma'stino]
rottweiler (m)	rottweiler (m)	[rot'vajler]
dobermann (m)	dobermann (m)	[dober'mann]

basset (m)	bassotto (m)	[bas'sotto]
pastor inglês (m)	bobtail (m)	['bobtejl]
dálmata (m)	dalmata (m)	['dalmata]
cocker spaniel (m)	cocker (m)	['kokker]

| terra-nova (m) | terranova (m) | [terra'nova] |
| são-bernardo (m) | sanbernardo (m) | [sanber'nardo] |

husky (m)	husky (m)	['aski]
Chow-chow (m)	chow chow (m)	['ʧau 'ʧau]
spitz alemão (m)	volpino (m)	[vol'pino]
carlindogue (m)	carlino (m)	[kar'lino]

214. Sons produzidos pelos animais

latido (m)	abbaiamento (m)	[abaja'mento]
latir (vi)	abbaiare (vi)	[abba'jare]
miar (vi)	miagolare (vi)	[mjago'lare]
ronronar (vi)	fare le fusa	['fare le 'fuza]

mugir (vaca)	muggire (vi)	[mu'dʒire]
bramir (touro)	muggire (vi)	[mu'dʒire]
rosnar (vi)	ringhiare (vi)	[rin'gjare]

uivo (m)	ululato (m)	[ulu'lato]
uivar (vi)	ululare (vi)	[ulu'lare]
ganir (vi)	guaire (vi)	[gwa'ire]

balir (vi)	belare (vi)	[be'lare]
grunhir (porco)	grugnire (vi)	[gru'ɲire]
guinchar (vi)	squittire (vi)	[skwit'tire]

coaxar (sapo)	gracidare (vi)	[graʧi'dare]
zumbir (inseto)	ronzare (vi)	[ron'dzare]
estridular, ziziar (vi)	frinire (vi)	[fri'nire]

215. Animais jovens

cria (f), filhote (m)	cucciolo (m)	['kuʧolo]
gatinho (m)	micino (m)	[mi'ʧino]
ratinho (m)	topolino (m)	[topo'lino]
cãozinho (m)	cucciolo (m) di cane	['kuʧolo di 'kane]

filhote (m) de lebre	leprotto (m)	[le'protto]
coelhinho (m)	coniglietto (m)	[koniʎ'ʎetto]
lobinho (m)	cucciolo (m) di lupo	['kuʧolo di 'lupo]
raposinho (m)	cucciolo (m) di volpe	['kuʧolo di 'volpe]

ursinho (m)	cucciolo (m) di orso	['kutʃolo di 'orso]
leãozinho (m)	cucciolo (m) di leone	['kutʃolo di le'one]
filhote (m) de tigre	cucciolo (m) di tigre	[ku'tʃolo di 'tigre]
filhote (m) de elefante	elefantino (m)	[elefan'tino]
leitão (m)	porcellino (m)	[portʃel'lino]
bezerro (m)	vitello (m)	[vi'tello]
cabrito (m)	capretto (m)	[ka'pretto]
cordeiro (m)	agnello (m)	[a'ɲello]
cria (f) de veado	cerbiatto (m)	[tʃer'bjatto]
cria (f) de camelo	cucciolo (m) di cammello	['kutʃolo di kam'mello]
filhote (m) de serpente	piccolo (m) di serpente	['pikkolo di ser'pente]
cria (f) de rã	piccolo (m) di rana	['pikkolo di 'rana]
cria (f) de ave	uccellino (m)	[utʃel'lino]
pinto (m)	pulcino (m)	[pul'tʃino]
patinho (m)	anatroccolo (m)	[ana'trokkolo]

216. Pássaros

pássaro (m), ave (f)	uccello (m)	[u'tʃello]
pombo (m)	colombo (m), piccione (m)	[kolombo], [pi'tʃone]
pardal (m)	passero (m)	['passero]
chapim-real (m)	cincia (f)	['tʃintʃa]
pega-rabuda (f)	gazza (f)	['gattsa]
corvo (m)	corvo (m)	['korvo]
gralha (f) cinzenta	cornacchia (f)	[kor'nakkia]
gralha-de-nuca-cinzenta (f)	taccola (f)	['takkola]
gralha-calva (f)	corvo (m) nero	['korvo 'nero]
pato (m)	anatra (f)	['anatra]
ganso (m)	oca (f)	['oka]
faisão (m)	fagiano (m)	[fa'dʒano]
águia (f)	aquila (f)	['akwila]
açor (m)	astore (m)	[a'store]
falcão (m)	falco (m)	['falko]
abutre (m)	grifone (m)	[gri'fone]
condor (m)	condor (m)	['kondor]
cisne (m)	cigno (m)	['tʃiɲo]
grou (m)	gru (f)	[gru]
cegonha (f)	cicogna (f)	[tʃi'koɲa]
papagaio (m)	pappagallo (m)	[pappa'gallo]
beija-flor (m)	colibrì (m)	[koli'bri]
pavão (m)	pavone (m)	[pa'vone]
avestruz (m)	struzzo (m)	['struttso]
garça (f)	airone (m)	[ai'rone]
flamingo (m)	fenicottero (m)	[feni'kottero]
pelicano (m)	pellicano (m)	[pelli'kano]

rouxinol (m)	usignolo (m)	[uzi'ɲolo]
andorinha (f)	rondine (f)	['rondine]

tordo-zornal (m)	tordo (m)	['tordo]
tordo-músico (m)	tordo (m) sasello	['tordo sa'zello]
melro-preto (m)	merlo (m)	['merlo]

andorinhão (m)	rondone (m)	[ron'done]
cotovia (f)	allodola (f)	[al'lodola]
codorna (f)	quaglia (f)	['kwaʎʎa]

pica-pau (m)	picchio (m)	['pikkio]
cuco (m)	cuculo (m)	['kukulo]
coruja (f)	civetta (f)	[tʃi'vetta]
corujão, bufo (m)	gufo (m) reale	['gufo re'ale]
tetraz-grande (m)	urogallo (m)	[uro'gallo]
tetraz-lira (m)	fagiano (m) di monte	[fa'dʒano di 'monte]
perdiz-cinzenta (f)	pernice (f)	[per'nitʃe]

estorninho (m)	storno (m)	['storno]
canário (m)	canarino (m)	[kana'rino]
galinha-do-mato (f)	francolino (m) di monte	[franko'lino di 'monte]
tentilhão (m)	fringuello (m)	[frin'gwello]
dom-fafe (m)	ciuffolotto (m)	[tʃuffo'lotto]

gaivota (f)	gabbiano (m)	[gab'bjano]
albatroz (m)	albatro (m)	['albatro]
pinguim (m)	pinguino (m)	[pin'gwino]

217. Pássaros. Canto e sons

cantar (vi)	cantare (vi)	[kan'tare]
gritar (vi)	gridare (vi)	[gri'dare]
cantar (o galo)	cantare, chicchiriare	[kan'tare], [kikki'rjare]
cocorocó (m)	chicchirichì (m)	[kikkiri'ki]

cacarejar (vi)	chiocciare (vi)	[kio'tʃare]
crocitar (vi)	gracchiare (vi)	[grak'kjare]
grasnar (vi)	fare qua qua	['fare kwa kwa]
piar (vi)	pigolare (vi)	[pigo'lare]
chilrear, gorjear (vi)	cinguettare (vi)	[tʃingwet'tare]

218. Peixes. Animais marinhos

brema (f)	abramide (f)	[a'bramide]
carpa (f)	carpa (f)	['karpa]
perca (f)	perca (f)	['perka]
siluro (m)	pesce (m) gatto	['peʃe 'gatto]
lúcio (m)	luccio (m)	['lutʃo]

salmão (m)	salmone (m)	[sal'mone]
esturjão (m)	storione (m)	[sto'rjone]

arenque (m)	aringa (f)	[a'ringa]
salmão (m)	salmone (m)	[sal'mone]
cavala, sarda (f)	scombro (m)	['skombro]
solha (f)	sogliola (f)	['soʎoʎa]

lúcio perca (m)	lucioperca (f)	[luʧo'perka]
bacalhau (m)	merluzzo (m)	[mer'luttso]
atum (m)	tonno (m)	['tonno]
truta (f)	trota (f)	['trota]

enguia (f)	anguilla (f)	[an'gwilla]
raia elétrica (f)	torpedine (f)	[tor'pedine]
moreia (f)	murena (f)	[mu'rena]
piranha (f)	piranha, piragna (f)	[pi'rania]

tubarão (m)	squalo (m)	['skwalo]
golfinho (m)	delfino (m)	[del'fino]
baleia (f)	balena (f)	[ba'lena]

caranguejo (m)	granchio (m)	['graŋkio]
medusa, alforreca (f)	medusa (f)	[me'duza]
polvo (m)	polpo (m)	['polpo]

estrela-do-mar (f)	stella (f) marina	['stella ma'rina]
ouriço-do-mar (m)	riccio (m) di mare	['riʧo di 'mare]
cavalo-marinho (m)	cavalluccio (m) marino	[kaval'luʧo ma'rino]

ostra (f)	ostrica (f)	['ostrika]
camarão (m)	gamberetto (m)	[gambe'retto]
lavagante (m)	astice (m)	['astiʧe]
lagosta (f)	aragosta (f)	[ara'gosta]

219. Amfíbios. Répteis

serpente, cobra (f)	serpente (m)	[ser'pente]
venenoso	velenoso	[vele'nozo]

víbora (f)	vipera (f)	['vipera]
cobra-capelo, naja (f)	cobra (m)	['kobra]
pitão (m)	pitone (m)	[pi'tone]
jiboia (f)	boa (m)	['boa]

cobra-de-água (f)	biscia (f)	['biʃa]
cascavel (f)	serpente (m) a sonagli	[ser'pente a so'naʎʎi]
anaconda (f)	anaconda (f)	[ana'konda]

lagarto (m)	lucertola (f)	[lu'ʧertola]
iguana (f)	iguana (f)	[i'gwana]
varano (m)	varano (m)	[va'rano]
salamandra (f)	salamandra (f)	[sala'mandra]
camaleão (m)	camaleonte (m)	[kamale'onte]
escorpião (m)	scorpione (m)	[skor'pjone]
tartaruga (f)	tartaruga (f)	[tarta'ruga]
rã (f)	rana (f)	['rana]

| sapo (m) | rospo (m) | ['rospo] |
| crocodilo (m) | coccodrillo (m) | [kokko'drillo] |

220. Insetos

inseto (m)	insetto (m)	[in'setto]
borboleta (f)	farfalla (f)	[far'falla]
formiga (f)	formica (f)	[for'mika]
mosca (f)	mosca (f)	['moska]
mosquito (m)	zanzara (f)	[dzan'dzara]
escaravelho (m)	scarabeo (m)	[skara'beo]
vespa (f)	vespa (f)	['vespa]
abelha (f)	ape (f)	['ape]
mamangava (f)	bombo (m)	['bombo]
moscardo (m)	tafano (m)	[ta'fano]
aranha (f)	ragno (m)	['raɲo]
teia (f) de aranha	ragnatela (f)	[raɲa'tela]
libélula (f)	libellula (f)	[li'bellula]
gafanhoto-do-campo (m)	cavalletta (f)	[kaval'letta]
traça (f)	farfalla (f) notturna	[far'falla not'turna]
barata (f)	scarafaggio (m)	[skara'fadʒo]
carraça (f)	zecca (f)	['tsekka]
pulga (f)	pulce (f)	['pultʃe]
borrachudo (m)	moscerino (m)	[moʃe'rino]
gafanhoto (m)	locusta (f)	[lo'kusta]
caracol (m)	lumaca (f)	[lu'maka]
grilo (m)	grillo (m)	['grillo]
pirilampo (m)	lucciola (f)	['lutʃola]
joaninha (f)	coccinella (f)	[kotʃi'nella]
besouro (m)	maggiolino (m)	[madʒo'lino]
sanguessuga (f)	sanguisuga (f)	[sangwi'zuga]
lagarta (f)	bruco (m)	['bruko]
minhoca (f)	verme (m)	['verme]
larva (f)	larva (m)	['larva]

221. Animais. Partes do corpo

bico (m)	becco (m)	['bekko]
asas (f pl)	ali (f pl)	['ali]
pata (f)	zampa (f)	['dzampa]
plumagem (f)	piumaggio (m)	[pju'madʒo]
pena, pluma (f)	penna (f), piuma (f)	['penna], ['pjuma]
crista (f)	cresta (f)	['kresta]
brânquias, guelras (f pl)	branchia (f)	['brankia]
ovas (f pl)	uova (f pl)	[u'ova]

larva (f)	larva (f)	['larva]
barbatana (f)	pinna (f)	['pinna]
escama (f)	squama (f)	['skwama]

canino (m)	zanna (f)	['tzanna]
pata (f)	zampa (f)	['dzampa]
focinho (m)	muso (m)	['muzo]
boca (f)	bocca (f)	['bokka]
cauda (f), rabo (m)	coda (f)	['koda]
bigodes (m pl)	baffi (m pl)	['baffi]

| casco (m) | zoccolo (m) | ['dzokkolo] |
| corno (m) | corno (m) | ['korno] |

carapaça (f)	carapace (f)	[kara'patʃe]
concha (f)	conchiglia (f)	[kon'kiʎʎa]
casca (f) de ovo	guscio (m) dell'uovo	['guʃo dell u'ovo]

| pelo (m) | pelo (m) | ['pelo] |
| pele (f), couro (m) | pelle (f) | ['pelle] |

222. Ações dos animais

| voar (vi) | volare (vi) | [vo'lare] |
| dar voltas | volteggiare (vi) | [volte'dʒare] |

| voar (para longe) | volare via | [vo'lare 'via] |
| bater as asas | battere le ali | ['battere le 'ali] |

| bicar (vi) | beccare (vi) | [bek'kare] |
| incubar (vt) | covare (vt) | [ko'vare] |

| sair do ovo | sgusciare (vi) | [zgu'ʃare] |
| fazer o ninho | fare il nido | ['fare il 'nido] |

rastejar (vi)	strisciare (vi)	[stri'ʃare]
picar (vt)	pungere (vt)	['pundʒere]
morder (vt)	mordere (vt)	['mordere]

cheirar (vt)	fiutare (vt)	[fju'tare]
latir (vi)	abbaiare (vi)	[abba'jare]
silvar (vi)	sibilare (vi)	[sibi'lare]

| assustar (vt) | spaventare (vt) | [spaven'tare] |
| atacar (vt) | attaccare (vt) | [attak'kare] |

roer (vt)	rodere (vt)	['rodere]
arranhar (vt)	graffiare (vt)	[graf'fjare]
esconder-se (vr)	nascondersi (vr)	[na'skondersi]

brincar (vi)	giocare (vi)	[dʒo'kare]
caçar (vi)	cacciare (vt)	[ka'tʃare]
hibernar (vi)	ibernare (vi)	[iber'nare]
extinguir-se (vr)	estinguersi (vr)	[e'stinguersi]

223. Animais. Habitats

hábitat	ambiente (m) naturale	[am'bjente natu'rale]
migração (f)	migrazione (f)	[migra'tsjone]
montanha (f)	monte (m), montagna (f)	['monte], [mon'taɲa]
recife (m)	scogliera (f)	[skoʎ'ʎera]
falésia (f)	falesia (f)	[fa'lezia]
floresta (f)	foresta (f)	[fo'resta]
selva (f)	giungla (f)	['dʒungla]
savana (f)	savana (f)	[sa'vana]
tundra (f)	tundra (f)	['tundra]
estepe (f)	steppa (f)	['steppa]
deserto (m)	deserto (m)	[de'zerto]
oásis (m)	oasi (f)	['oazi]
mar (m)	mare (m)	['mare]
lago (m)	lago (m)	['lago]
oceano (m)	oceano (m)	[o'ʧeano]
pântano (m)	palude (f)	[pa'lude]
de água doce	di acqua dolce	[di 'akwa 'dolʧe]
lagoa (f)	stagno (m)	['staɲo]
rio (m)	fiume (m)	['fjume]
toca (f) do urso	tana (f)	['tana]
ninho (m)	nido (m)	['nido]
buraco (m) de árvore	cavità (f)	[kavi'ta]
toca (f)	tana (f)	['tana]
formigueiro (m)	formicaio (m)	[formi'kajo]

224. Cuidados com os animais

jardim (m) zoológico	zoo (m)	['dzoo]
reserva (f) natural	riserva (f) naturale	[ri'zerva natu'rale]
viveiro (m)	allevatore (m)	[alleva'tore]
jaula (f) de ar livre	gabbia (f) all'aperto	['gabbja all a'perto]
jaula, gaiola (f)	gabbia (f)	['gabbia]
casinha (f) de cão	canile (m)	[ka'nile]
pombal (m)	piccionaia (f)	[pitʃo'naja]
aquário (m)	acquario (m)	[a'kwario]
delfinário (m)	delfinario (m)	[delfi'nario]
criar (vt)	allevare (vt)	[alle'vare]
ninhada (f)	cucciolata (f)	[kutʃio'lata]
domesticar (vt)	addomesticare (vt)	[addomesti'kare]
adestrar (vt)	ammaestrare (vt)	[ammae'strare]
ração (f)	mangime (m)	[man'dʒime]
alimentar (vt)	dare da mangiare	['dare da man'dʒare]

loja (f) de animais	negozio (m) di animali	[ne'gotsio di ani'mali]
açaime (m)	museruola (f)	[muzeru'ola]
coleira (f)	collare (m)	[kol'lare]
nome (m)	nome (m)	['nome]
pedigree (m)	pedigree (m)	['pedigri]

225. Animais. Diversos

alcateia (f)	branco (m)	['branko]
bando (pássaros)	stormo (m)	['stormo]
cardume (peixes)	banco (m)	['banko]
manada (cavalos)	mandria (f)	['mandria]
macho (m)	maschio (m)	['maskio]
fêmea (f)	femmina (f)	['femmina]
faminto	affamato	[affa'mato]
selvagem	selvatico	[sel'vatiko]
perigoso	pericoloso	[periko'lozo]

226. Cavalos

cavalo (m)	cavallo (m)	[ka'vallo]
raça (f)	razza (f)	['rattsa]
potro (m)	puledro (m)	[pu'ledro]
égua (f)	giumenta (f)	[dʒu'menta]
mustangue (m)	mustang (m)	['mustang]
pónei (m)	pony (m)	['poni]
cavalo (m) de tiro	cavallo (m) da tiro pesante	[ka'vallo da 'tiro pe'zante]
crina (f)	criniera (f)	[kri'njera]
cauda (f)	coda (f)	['koda]
casco (m)	zoccolo (m)	['dzokkolo]
ferradura (f)	ferro (m) di cavallo	['ferro di ka'vallo]
ferrar (vt)	ferrare (vt)	[fer'rare]
ferreiro (m)	fabbro (m)	['fabbro]
sela (f)	sella (f)	['sella]
estribo (m)	staffa (f)	['staffa]
brida (f)	briglia (f)	['briʎʎa]
rédeas (f pl)	redini (m pl)	['redini]
chicote (m)	frusta (f)	['frusta]
cavaleiro (m)	fantino (m)	[fan'tino]
colocar sela	sellare (vt)	[sel'lare]
montar no cavalo	montare in sella	[mon'tare in 'sella]
galope (m)	galoppo (m)	[ga'loppo]
galopar (vi)	galoppare (vi)	[galop'pare]

trote (m)	**trotto** (m)	['trotto]
a trote	**al trotto**	[al 'trotto]
ir a trote	**andare al trotto**	[an'dare al 'trotto]
cavalo (m) de corrida	**cavallo** (m) **da corsa**	[ka'vallo da 'korsa]
corridas (f pl)	**corse** (f pl)	['korse]
estábulo (m)	**scuderia** (f)	[skude'ria]
alimentar (vt)	**dare da mangiare**	['dare da man'dʒare]
feno (m)	**fieno** (m)	['fjeno]
dar água	**abbeverare** (vt)	[abbeve'rare]
limpar (vt)	**lavare** (vt)	[la'vare]
carroça (f)	**carro** (m)	['karro]
pastar (vi)	**pascolare** (vi)	[pasko'lare]
relinchar (vi)	**nitrire** (vi)	[ni'trire]
dar um coice	**dare un calcio**	['dare un 'kaltʃo]

Flora

227. Árvores

árvore (f)	albero (m)	['albero]
decídua	deciduo	[de'ʧiduo]
conífera	conifero	[ko'nifero]
perene	sempreverde	[sempre'verde]
macieira (f)	melo (m)	['melo]
pereira (f)	pero (m)	['pero]
cerejeira (f)	ciliegio (m)	[ʧi'ljedʒo]
ginjeira (f)	amareno (m)	[ama'reno]
ameixeira (f)	prugno (m)	['pruɲo]
bétula (f)	betulla (f)	[be'tulla]
carvalho (m)	quercia (f)	['kwerʧa]
tília (f)	tiglio (m)	['tiʎʎo]
choupo-tremedor (m)	pioppo (m) tremolo	['pjoppo 'tremolo]
bordo (m)	acero (m)	['aʧero]
espruce-europeu (m)	abete (m)	[a'bete]
pinheiro (m)	pino (m)	['pino]
alerce, lariço (m)	larice (m)	['lariʧe]
abeto (m)	abete (m) bianco	[a'bete 'bjanko]
cedro (m)	cedro (m)	['ʧedro]
choupo, álamo (m)	pioppo (m)	['pjoppo]
tramazeira (f)	sorbo (m)	['sorbo]
salgueiro (m)	salice (m)	['saliʧe]
amieiro (m)	alno (m)	['alno]
faia (f)	faggio (m)	['fadʒo]
ulmeiro (m)	olmo (m)	['olmo]
freixo (m)	frassino (m)	['frassino]
castanheiro (m)	castagno (m)	[ka'staɲo]
magnólia (f)	magnolia (f)	[ma'ɲolia]
palmeira (f)	palma (f)	['palma]
cipreste (m)	cipresso (m)	[ʧi'presso]
mangue (m)	mangrovia (f)	[man'growia]
embondeiro, baobá (m)	baobab (m)	[bao'bab]
eucalipto (m)	eucalipto (m)	[ewka'lipto]
sequoia (f)	sequoia (f)	[se'kwoja]

228. Arbustos

arbusto (m)	cespuglio (m)	[ʧes'puʎʎo]
arbusto (m), moita (f)	arbusto (m)	[ar'busto]

| videira (f) | vite (f) | ['vite] |
| vinhedo (m) | vigneto (m) | [vi'neto] |

framboeseira (f)	lampone (m)	[lam'pone]
groselheira-vermelha (f)	ribes (m) rosso	['ribes 'rosso]
groselheira (f) espinhosa	uva (f) spina	['uva 'spina]

acácia (f)	acacia (f)	[a'katʃa]
bérberis (f)	crespino (m)	[kres'pino]
jasmim (m)	gelsomino (m)	[dʒelso'mino]

junípero (m)	ginepro (m)	[dʒi'nepro]
roseira (f)	roseto (m)	[ro'zeto]
roseira (f) brava	rosa (f) canina	['roza ka'nina]

229. Cogumelos

cogumelo (m)	fungo (m)	['fungo]
cogumelo (m) comestível	fungo (m) commestibile	['fungo komme'stibile]
cogumelo (m) venenoso	fungo (m) velenoso	['fungo vele'nozo]
chapéu (m)	cappello (m)	[kap'pello]
pé, caule (m)	gambo (m)	['gambo]

boleto (m)	porcino (m)	[por'tʃino]
boleto (m) alaranjado	boleto (m) rufo	[bo'leto 'rufo]
míscaro (m) das bétulas	porcinello (m)	[portʃi'nello]
cantarela (f)	gallinaccio (m)	[galli'natʃo]
rússula (f)	rossola (f)	['rossola]

morchella (f)	spugnola (f)	['spuɲola]
agário-das-moscas (m)	ovolaccio (m)	[ovo'latʃo]
cicuta (f) verde	fungo (m) moscario	['fungo mos'kario]

230. Frutos. Bagas

fruta (f)	frutto (m)	['frutto]
frutas (f pl)	frutti (m pl)	['frutti]
maçã (f)	mela (f)	['mela]
pera (f)	pera (f)	['pera]
ameixa (f)	prugna (f)	['pruɲa]

morango (m)	fragola (f)	['fragola]
ginja (f)	amarena (f)	[ama'rena]
cereja (f)	ciliegia (f)	[tʃi'ljedʒa]
uva (f)	uva (f)	['uva]

framboesa (f)	lampone (m)	[lam'pone]
groselha (f) preta	ribes (m) nero	['ribes 'nero]
groselha (f) vermelha	ribes (m) rosso	['ribes 'rosso]
groselha (f) espinhosa	uva (f) spina	['uva 'spina]
oxicoco (m)	mirtillo (m) di palude	[mir'tillo di pa'lude]
laranja (f)	arancia (f)	[a'rantʃa]

tangerina (f)	mandarino (m)	[manda'rino]
ananás (m)	ananas (m)	[ana'nas]
banana (f)	banana (f)	[ba'nana]
tâmara (f)	dattero (m)	['dattero]
limão (m)	limone (m)	[li'mone]
damasco (m)	albicocca (f)	[albi'kokka]
pêssego (m)	pesca (f)	['peska]
kiwi (m)	kiwi (m)	['kiwi]
toranja (f)	pompelmo (m)	[pom'pelmo]
baga (f)	bacca (f)	['bakka]
bagas (f pl)	bacche (f pl)	['bakke]
arando (m) vermelho	mirtillo (m) rosso	[mir'tillo 'rosso]
morango-silvestre (m)	fragola (f) di bosco	['fragola di 'bosko]
mirtilo (m)	mirtillo (m)	[mir'tillo]

231. Flores. Plantas

flor (f)	fiore (m)	['fjore]
ramo (m) de flores	mazzo (m) di fiori	['mattso di 'fjori]
rosa (f)	rosa (f)	['roza]
tulipa (f)	tulipano (m)	[tuli'pano]
cravo (m)	garofano (m)	[ga'rofano]
gladíolo (m)	gladiolo (m)	[gla'djolo]
centáurea (f)	fiordaliso (m)	[fjorda'lizo]
campânula (f)	campanella (f)	[kampa'nella]
dente-de-leão (m)	soffione (m)	[sof'fjone]
camomila (f)	camomilla (f)	[kamo'milla]
aloé (m)	aloe (m)	['aloe]
cato (m)	cactus (m)	['kaktus]
fícus (m)	ficus (m)	['fikus]
lírio (m)	giglio (m)	['dʒiʎʎo]
gerânio (m)	geranio (m)	[dʒe'ranio]
jacinto (m)	giacinto (m)	[dʒa'tʃinto]
mimosa (f)	mimosa (f)	[mi'moza]
narciso (m)	narciso (m)	[nar'tʃizo]
capuchinha (f)	nasturzio (m)	[na'sturtsio]
orquídea (f)	orchidea (f)	[orki'dea]
peónia (f)	peonia (f)	[pe'onia]
violeta (f)	viola (f)	[vi'ola]
amor-perfeito (m)	viola (f) del pensiero	[vi'ola del pen'sjero]
não-me-esqueças (m)	nontiscordardimé (m)	[non·ti·skordar·di'me]
margarida (f)	margherita (f)	[marge'rita]
papoula (f)	papavero (m)	[pa'pavero]
cânhamo (m)	canapa (f)	['kanapa]

205

hortelã (f)	menta (f)	['menta]
lírio-do-vale (m)	mughetto (m)	[mu'getto]
campânula-branca (f)	bucaneve (m)	[buka'neve]
urtiga (f)	ortica (f)	[or'tika]
azeda (f)	acetosa (f)	[atʃe'toza]
nenúfar (m)	ninfea (f)	[nin'fea]
feto (m), samambaia (f)	felce (f)	['feltʃe]
líquen (m)	lichene (m)	[li'kene]
estufa (f)	serra (f)	['serra]
relvado (m)	prato (m) erboso	['prato er'bozo]
canteiro (m) de flores	aiuola (f)	[aju'ola]
planta (f)	pianta (f)	['pjanta]
erva (f)	erba (f)	['erba]
folha (f) de erva	filo (m) d'erba	['filo 'derba]
folha (f)	foglia (f)	['foʎʎa]
pétala (f)	petalo (m)	['petalo]
talo (m)	stelo (m)	['stelo]
tubérculo (m)	tubero (m)	['tubero]
broto, rebento (m)	germoglio (m)	[dʒer'moʎʎo]
espinho (m)	spina (f)	['spina]
florescer (vi)	fiorire (vi)	[fjo'rire]
murchar (vi)	appassire (vi)	[appas'sire]
cheiro (m)	odore (m), profumo (m)	[o'dore], [pro'fumo]
cortar (flores)	tagliare (vt)	[taʎ'ʎare]
colher (uma flor)	cogliere (vt)	['koʎʎere]

232. Cereais, grãos

grão (m)	grano (m)	['grano]
cereais (plantas)	cereali (m pl)	[tʃere'ali]
espiga (f)	spiga (f)	['spiga]
trigo (m)	frumento (m)	[fru'mento]
centeio (m)	segale (f)	['segale]
aveia (f)	avena (f)	[a'vena]
milho-miúdo (m)	miglio (m)	['miʎʎo]
cevada (f)	orzo (m)	['ortso]
milho (m)	mais (m)	['mais]
arroz (m)	riso (m)	['rizo]
trigo-sarraceno (m)	grano (m) saraceno	['grano sara'tʃeno]
ervilha (f)	pisello (m)	[pi'zello]
feijão (m)	fagiolo (m)	[fa'dʒolo]
soja (f)	soia (f)	['soja]
lentilha (f)	lenticchie (f pl)	[len'tikkje]
fava (f)	fave (f pl)	['fave]

233. Vegetais. Verduras

| legumes (m pl) | ortaggi (m pl) | [or'tadʒi] |
| verduras (f pl) | verdura (f) | [ver'dura] |

tomate (m)	pomodoro (m)	[pomo'doro]
pepino (m)	cetriolo (m)	[ʧetri'olo]
cenoura (f)	carota (f)	[ka'rota]
batata (f)	patata (f)	[pa'tata]
cebola (f)	cipolla (f)	[ʧi'polla]
alho (m)	aglio (m)	['aʎʎo]

couve (f)	cavolo (m)	['kavolo]
couve-flor (f)	cavolfiore (m)	[kavol'fjore]
couve-de-bruxelas (f)	cavoletti (m pl) di Bruxelles	[kavo'letti di bruk'sel]
brócolos (m pl)	broccolo (m)	['brokkolo]

beterraba (f)	barbabietola (f)	[barba'bjetola]
beringela (f)	melanzana (f)	[melan'tsana]
curgete (f)	zucchina (f)	[dzuk'kina]
abóbora (f)	zucca (f)	['dzukka]
nabo (m)	rapa (f)	['rapa]

salsa (f)	prezzemolo (m)	[pret'tsemolo]
funcho, endro (m)	aneto (m)	[a'neto]
alface (f)	lattuga (f)	[lat'tuga]
aipo (m)	sedano (m)	['sedano]
espargo (m)	asparago (m)	[a'sparago]
espinafre (m)	spinaci (m pl)	[spi'natʃi]

ervilha (f)	pisello (m)	[pi'zello]
fava (f)	fave (f pl)	['fave]
milho (m)	mais (m)	['mais]
feijão (m)	fagiolo (m)	[fa'dʒolo]

pimentão (m)	peperone (m)	[pepe'rone]
rabanete (m)	ravanello (m)	[rava'nello]
alcachofra (f)	carciofo (m)	[kar'ʧofo]

GEOGRAFIA REGIONAL

Países. Nacionalidades

234. Europa Ocidental

Europa (f)	Europa (f)	[eu'ropa]
União (f) Europeia	Unione (f) Europea	[uni'one euro'pea]
europeu (m)	europeo (m)	[euro'peo]
europeu	europeo	[euro'peo]
Áustria (f)	Austria (f)	['austria]
austríaco (m)	austriaco (m)	[au'striako]
austríaca (f)	austriaca (f)	[au'striaka]
austríaco	austriaco	[au'striako]
Grã-Bretanha (f)	Gran Bretagna (f)	[gran bre'taɲa]
Inglaterra (f)	Inghilterra (f)	[ingil'terra]
inglês (m)	britannico (m), inglese (m)	[bri'taniko], [in'gleze]
inglesa (f)	britannica (f), inglese (f)	[bri'tanika], [in'gleze]
inglês	inglese	[in'gleze]
Bélgica (f)	Belgio (m)	['beldʒo]
belga (m)	belga (m)	['belga]
belga (f)	belga (f)	['belga]
belga	belga (agg)	['belga]
Alemanha (f)	Germania (f)	[dʒer'mania]
alemão (m)	tedesco (m)	[te'desko]
alemã (f)	tedesca (f)	[te'deska]
alemão	tedesco (agg)	[te'desko]
Países (m pl) Baixos	Paesi Bassi (m pl)	[pa'ezi 'bassi]
Holanda (f)	Olanda (f)	[o'landa]
holandês (m)	olandese (m)	[olan'deze]
holandesa (f)	olandese (f)	[olan'deze]
holandês	olandese (agg)	[olan'deze]
Grécia (f)	Grecia (f)	['gretʃa]
grego (m)	greco (m)	['greko]
grega (f)	greca (f)	['greka]
grego	greco (agg)	['greko]
Dinamarca (f)	Danimarca (f)	[dani'marka]
dinamarquês (m)	danese (m)	[da'neze]
dinamarquesa (f)	danese (f)	[da'neze]
dinamarquês	danese (agg)	[da'neze]
Irlanda (f)	Irlanda (f)	[ir'landa]
irlandês (m)	irlandese (m)	[irlan'deze]

irlandesa (f)	irlandese (f)	[irlan'deze]
irlandês	irlandese (agg)	[irlan'deze]
Islândia (f)	Islanda (f)	[iz'landa]
islandês (m)	islandese (m)	[izlan'deze]
islandesa (f)	islandese (f)	[izlan'deze]
islandês	islandese (agg)	[izlan'deze]
Espanha (f)	Spagna (f)	['spaɲa]
espanhol (m)	spagnolo (m)	[spa'ɲolo]
espanhola (f)	spagnola (f)	[spa'ɲola]
espanhol	spagnolo (agg)	[spa'ɲolo]
Itália (f)	Italia (f)	[i'talia]
italiano (m)	italiano (m)	[ita'ljano]
italiana (f)	italiana (f)	[ita'ljana]
italiano	italiano (agg)	[ita'ljano]
Chipre (m)	Cipro (m)	['tʃipro]
cipriota (m)	cipriota (m)	[tʃipri'ota]
cipriota (f)	cipriota (f)	[tʃipri'ota]
cipriota	cipriota (agg)	[tʃipri'ota]
Malta (f)	Malta (f)	['malta]
maltês (m)	maltese (m)	[mal'teze]
maltesa (f)	maltese (f)	[mal'teze]
maltês	maltese (agg)	[mal'teze]
Noruega (f)	Norvegia (f)	[nor'vedʒa]
norueguês (m)	norvegese (m)	[norve'dʒeze]
norueguesa (f)	norvegese (f)	[norve'dʒeze]
norueguês	norvegese (agg)	[norve'dʒeze]
Portugal (m)	Portogallo (f)	[porto'gallo]
português (m)	portoghese (m)	[porto'geze]
portuguesa (f)	portoghese (f)	[porto'geze]
português	portoghese (agg)	[porto'geze]
Finlândia (f)	Finlandia (f)	[fin'landia]
finlandês (m)	finlandese (m)	[finlan'deze]
finlandesa (f)	finlandese (f)	[finlan'deze]
finlandês	finlandese (agg)	[finlan'deze]
França (f)	Francia (f)	['frantʃa]
francês (m)	francese (m)	[fran'tʃeze]
francesa (f)	francese (f)	[fran'tʃeze]
francês	francese (agg)	[fran'tʃeze]
Suécia (f)	Svezia (f)	['zvetsia]
sueco (m)	svedese (m)	[zve'deze]
sueca (f)	svedese (f)	[zve'deze]
sueco	svedese (agg)	[zve'deze]
Suíça (f)	Svizzera (f)	['zvittsera]
suíço (m)	svizzero (m)	['zvittsero]
suíça (f)	svizzera (f)	['zvittsera]

suíço	svizzero (agg)	['zvittsero]
Escócia (f)	Scozia (f)	['skotsia]
escocês (m)	scozzese (m)	[skot'tseze]
escocesa (f)	scozzese (f)	[skot'tseze]
escocês	scozzese (agg)	[skot'tseze]

Vaticano (m)	Vaticano (m)	[vati'kano]
Liechtenstein (m)	Liechtenstein (m)	['liktenstajn]
Luxemburgo (m)	Lussemburgo (m)	[lussem'burgo]
Mónaco (m)	Monaco (m)	['monako]

235. Europa Central e de Leste

Albânia (f)	Albania (f)	[alba'nia]
albanês (m)	albanese (m)	[alba'neze]
albanesa (f)	albanese (f)	[alba'neze]
albanês	albanese (agg)	[alba'neze]

Bulgária (f)	Bulgaria (f)	[bulga'ria]
búlgaro (m)	bulgaro (m)	['bulgaro]
búlgara (f)	bulgara (f)	['bulgara]
búlgaro	bulgaro (agg)	['bulgaro]

Hungria (f)	Ungheria (f)	[unge'ria]
húngaro (m)	ungherese (m)	[unge'reze]
húngara (f)	ungherese (f)	[unge'reze]
húngaro	ungherese (agg)	[unge'reze]

Letónia (f)	Lettonia (f)	[let'tonia]
letão (m)	lettone (m)	['lettone]
letã (f)	lettone (f)	['lettone]
letão	lettone (agg)	['lettone]

Lituânia (f)	Lituania (f)	[litu'ania]
lituano (m)	lituano (m)	[litu'ano]
lituana (f)	lituana (f)	[litu'ana]
lituano	lituano (agg)	[litu'ano]

Polónia (f)	Polonia (f)	[po'lonia]
polaco (m)	polacco (m)	[po'lakko]
polaca (f)	polacca (f)	[po'lakka]
polaco	polacco (agg)	[po'lakko]

Roménia (f)	Romania (f)	[roma'nia]
romeno (m)	rumeno (m)	[ru'meno]
romena (f)	rumena (f)	[ru'mena]
romeno	rumeno (agg)	[ru'meno]

Sérvia (f)	Serbia (f)	['serbia]
sérvio (m)	serbo (m)	['serbo]
sérvia (f)	serba (f)	['serba]
sérvio	serbo (agg)	['serbo]
Eslováquia (f)	Slovacchia (f)	[zlo'vakkia]
eslovaco (m)	slovacco (m)	[zlo'vakko]

eslovaca (f)	slovacca (f)	[zlo'vakka]
eslovaco	slovacco (agg)	[zlo'vakko]
Croácia (f)	Croazia (f)	[kro'atsia]
croata (m)	croato (m)	[kro'ato]
croata (f)	croata (f)	[kro'ata]
croata	croato (agg)	[kro'ato]
República (f) Checa	Repubblica (f) Ceca	[re'pubblika 'tʃeka]
checo (m)	ceco (m)	['tʃeko]
checa (f)	ceca (f)	['tʃeka]
checo	ceco (agg)	['tʃeko]
Estónia (f)	Estonia (f)	[es'tonia]
estónio (m)	estone (m)	['estone]
estónia (f)	estone (f)	['estone]
estónio	estone (agg)	['estone]
Bósnia e Herzegovina (f)	Bosnia-Erzegovina (f)	['boznia-ertse'govina]
Macedónia (f)	Macedonia (f)	[matʃe'donia]
Eslovénia (f)	Slovenia (f)	[zlo'venia]
Montenegro (m)	Montenegro (m)	[monte'negro]

236. Países da ex-URSS

Azerbaijão (m)	Azerbaigian (m)	[azerbaj'dʒan]
azeri (m)	azerbaigiano (m)	[azerbaj'dʒano]
azeri (f)	azerbaigiana (f)	[azerbaj'dʒana]
azeri, azerbaijano	azerbaigiano (agg)	[azerbaj'dʒano]
Arménia (f)	Armenia (f)	[ar'menia]
arménio (m)	armeno (m)	[ar'meno]
arménia (f)	armena (f)	[ar'mena]
arménio	armeno (agg)	[ar'meno]
Bielorrússia (f)	Bielorussia (f)	[bjelo'russia]
bielorrusso (m)	bielorusso (m)	[bjelo'russo]
bielorrussa (f)	bielorussa (f)	[bjelo'russa]
bielorrusso	bielorusso (agg)	[bjelo'russo]
Geórgia (f)	Georgia (f)	[dʒe'ordʒa]
georgiano (m)	georgiano (m)	[dʒeor'dʒano]
georgiana (f)	georgiana (f)	[dʒeor'dʒana]
georgiano	georgiano (agg)	[dʒeor'dʒano]
Cazaquistão (m)	Kazakistan (m)	[ka'zakistan]
cazaque (m)	kazaco (m)	[ka'zako]
cazaque (f)	kazaca (f)	[ka'zaka]
cazaque	kazaco (agg)	[ka'zako]
Quirguistão (m)	Kirghizistan (m)	[kir'gizistan]
quirguiz (m)	kirghiso (m)	[kir'gizo]
quirguiz (f)	kirghisa (f)	[kir'giza]
quirguiz	kirghiso (agg)	[kir'gizo]

Moldávia (f)	Moldavia (f)	[mol'davia]
moldavo (m)	moldavo (m)	[mol'davo]
moldava (f)	moldava (f)	[mol'dava]
moldavo	moldavo (agg)	[mol'davo]
Rússia (f)	Russia (f)	['russia]
russo (m)	russo (m)	['russo]
russa (f)	russa (f)	['russa]
russo	russo (agg)	['russo]
Tajiquistão (m)	Tagikistan (m)	[ta'dʒikistan]
tajique (m)	tagico (m)	['tadʒiko]
tajique (f)	tagica (f)	['tadʒika]
tajique	tagico (agg)	['tadʒiko]
Turquemenistão (m)	Turkmenistan (m)	[turk'menistan]
turcomeno (m)	turkmeno (m)	[turk'meno]
turcomena (f)	turkmena (f)	[turk'mena]
turcomeno	turkmeno (agg)	[turk'meno]
Uzbequistão (f)	Uzbekistan (m)	[uz'bekistan]
uzbeque (m)	usbeco (m)	[uz'beko]
uzbeque (f)	usbeca (f)	[uz'beka]
uzbeque	usbeco (agg)	[uz'beko]
Ucrânia (f)	Ucraina (f)	[uk'raina]
ucraniano (m)	ucraino (m)	[u'kraino]
ucraniana (f)	ucraina (f)	[uk'raina]
ucraniano	ucraino (agg)	[u'kraino]

237. Asia

Ásia (f)	Asia (f)	['azia]
asiático	asiatico (agg)	[azi'atiko]
Vietname (m)	Vietnam (m)	['vjetnam]
vietnamita (m)	vietnamita (m)	[vjetna'mita]
vietnamita (f)	vietnamita (f)	[vjetna'mita]
vietnamita	vietnamita (agg)	[vjetna'mita]
Índia (f)	India (f)	['india]
indiano (m)	indiano (m)	[indi'ano]
indiana (f)	indiana (f)	[indi'ana]
indiano	indiano (agg)	[indi'ano]
Israel (m)	Israele (m)	[izra'ele]
israelita (m)	israeliano (m)	[izrae'ljano]
israelita (f)	israeliana (f)	[izrae'ljana]
israelita	israeliano (agg)	[izraeljano]
judeu (m)	ebreo (m)	[e'breo]
judia (f)	ebrea (f)	[eb'rea]
judeu	ebraico (agg)	[eb'raiko]
China (f)	Cina (f)	['tʃina]

chinês (m)	cinese (m)	[ʧi'neze]
chinesa (f)	cinese (f)	[ʧi'neze]
chinês	cinese (agg)	[ʧi'neze]
coreano (m)	coreano (m)	[kore'ano]
coreana (f)	coreana (f)	[kore'ana]
coreano	coreano (agg)	[kore'ano]
Líbano (m)	Libano (m)	['libano]
libanês (m)	libanese (m)	[liba'neze]
libanesa (f)	libanese (f)	[liba'neze]
libanês	libanese (agg)	[liba'neze]
Mongólia (f)	Mongolia (f)	[mo'ngolia]
mongol (m)	mongolo (m)	['mongolo]
mongol (f)	mongola (f)	['mongola]
mongol	mongolo (agg)	['mongolo]
Malásia (f)	Malesia (f)	[ma'lezia]
malaio (m)	malese (m)	[ma'leze]
malaia (f)	malese (f)	[ma'leze]
malaio	malese (agg)	[ma'leze]
Paquistão (m)	Pakistan (m)	['pakistan]
paquistanês (m)	pakistano (m)	[paki'stano]
paquistanesa (f)	pakistana (f)	[paki'stana]
paquistanês	pakistano (agg)	[paki'stano]
Arábia (f) Saudita	Arabia Saudita (f)	[a'rabia sau'dita]
árabe (m)	arabo (m), saudita (m)	['arabo], [sau'dita]
árabe (f)	araba (f)	['araba]
árabe	arabo (agg)	['arabo]
Tailândia (f)	Tailandia (f)	[taj'landia]
tailandês (m)	tailandese (m)	[tajlan'deze]
tailandesa (f)	tailandese (f)	[tajlan'deze]
tailandês	tailandese (agg)	[tajlan'deze]
Taiwan (m)	Taiwan (m)	[taj'van]
taiwanês (m)	taiwanese (m)	[tajva'neze]
taiwanesa (f)	taiwanese (f)	[tajva'neze]
taiwanês	taiwanese (agg)	[tajva'neze]
Turquia (f)	Turchia (f)	[tur'kia]
turco (m)	turco (m)	['turko]
turca (f)	turca (f)	['turka]
turco	turco (agg)	['turko]
Japão (m)	Giappone (m)	[dʒap'pone]
japonês (m)	giapponese (m)	[dʒappo'neze]
japonesa (f)	giapponese (f)	[dʒappo'neze]
japonês	giapponese (agg)	[dʒappo'neze]
Afeganistão (m)	Afghanistan (m)	[af'ganistan]
Bangladesh (m)	Bangladesh (m)	['bangladeʃ]
Indonésia (f)	Indonesia (f)	[indo'nezia]

Jordânia (f)	Giordania (f)	[dʒor'dania]
Iraque (m)	Iraq (m)	['irak]
Irão (m)	Iran (m)	['iran]
Camboja (f)	Cambogia (f)	[kam'bodʒa]
Kuwait (m)	Kuwait (m)	[ku'vejt]

Laos (m)	Laos (m)	['laos]
Myanmar (m), Birmânia (f)	Birmania (f)	[bir'mania]
Nepal (m)	Nepal (m)	[ne'pal]
Emirados Árabes Unidos	Emirati (m pl) Arabi	[emi'rati 'arabi]

Síria (f)	Siria (f)	['siria]
Palestina (f)	Palestina (f)	[pale'stina]
Coreia do Sul (f)	Corea (f) del Sud	[ko'rea del sud]
Coreia do Norte (f)	Corea (f) del Nord	[ko'rea del nord]

238. América do Norte

Estados Unidos da América	Stati (m pl) Uniti d'America	['stati u'niti da'merika]
americano (m)	americano (m)	[ameri'kano]
americana (f)	americana (f)	[ameri'kana]
americano	americano (agg)	[ameri'kano]

Canadá (m)	Canada (m)	['kanada]
canadiano (m)	canadese (m)	[kana'deze]
canadiana (f)	canadese (f)	[kana'deze]
canadiano	canadese (agg)	[kana'deze]

México (m)	Messico (m)	['messiko]
mexicano (m)	messicano (m)	[messi'kano]
mexicana (f)	messicana (f)	[messi'kana]
mexicano	messicano (agg)	[messi'kano]

239. América Central do Sul

Argentina (f)	Argentina (f)	[ardʒen'tina]
argentino (m)	argentino (m)	[ardʒen'tino]
argentina (f)	argentina (f)	[ardʒen'tina]
argentino	argentino (agg)	[ardʒen'tino]

Brasil (m)	Brasile (m)	[bra'zile]
brasileiro (m)	brasiliano (m)	[brazi'ljano]
brasileira (f)	brasiliana (f)	[brazi'ljana]
brasileiro	brasiliano (agg)	[brazi'ljano]

Colômbia (f)	Colombia (f)	[ko'lombia]
colombiano (m)	colombiano (m)	[kolom'bjano]
colombiana (f)	colombiana (f)	[kolom'bjana]
colombiano	colombiano (agg)	[kolom'bjano]

| Cuba (f) | Cuba (f) | ['kuba] |
| cubano (m) | cubano (m) | [ku'bano] |

cubana (f)	cubana (f)	[ku'bana]
cubano	cubano (agg)	[ku'bano]

Chile (m)	Cile (m)	['tʃile]
chileno (m)	cileno (m)	[tʃi'leno]
chilena (f)	cilena (f)	[tʃi'lena]
chileno	cileno (agg)	[tʃi'leno]

Bolívia (f)	Bolivia (f)	[bo'livia]
Venezuela (f)	Venezuela (f)	[venetsu'ela]
Paraguai (m)	Paraguay (m)	[para'gwaj]
Peru (m)	Perù (m)	[pe'ru]

Suriname (m)	Suriname (m)	[suri'name]
Uruguai (m)	Uruguay (m)	[uru'gwaj]
Equador (m)	Ecuador (m)	[ekva'dor]

Bahamas (f pl)	le Bahamas	[le ba'amas]
Haiti (m)	Haiti (m)	[a'iti]
República (f) Dominicana	Repubblica (f) Dominicana	[re'pubblika domini'kana]
Panamá (m)	Panama (m)	['panama]
Jamaica (f)	Giamaica (f)	[dʒa'majka]

240. Africa

Egito (m)	Egitto (m)	[e'dʒitto]
egípcio (m)	egiziano (m)	[edʒi'tsjano]
egípcia (f)	egiziana (f)	[edʒi'tsjana]
egípcio	egiziano (agg)	[edʒi'tsjano]

Marrocos	Marocco (m)	[ma'rokko]
marroquino (m)	marocchino (m)	[marok'kino]
marroquina (f)	marocchina (f)	[marok'kina]
marroquino	marocchino (agg)	[marok'kino]

Tunísia (f)	Tunisia (f)	[tuni'zia]
tunisino (m)	tunisino (m)	[tuni'zino]
tunisina (f)	tunisina (f)	[tuni'zina]
tunisino	tunisino (agg)	[tuni'zino]

Gana (f)	Ghana (m)	['gana]
Zanzibar (m)	Zanzibar	['dzandzibar]
Quénia (f)	Kenya (m)	['kenia]
Líbia (f)	Libia (f)	['libia]
Madagáscar (m)	Madagascar (m)	[madagas'kar]

Namíbia (f)	Namibia (f)	[na'mibia]
Senegal (m)	Senegal (m)	[sene'gal]
Tanzânia (f)	Tanzania (f)	[tan'dzania]
África do Sul (f)	Repubblica (f) Sudafricana	[re'pubblika sudafri'kana]

africano (m)	africano (m)	[afri'kano]
africana (f)	africana (f)	[afri'kana]
africano	africano (agg)	[afri'kano]

241. Austrália. Oceania

Austrália (f)	Australia (f)	[au'stralia]
australiano (m)	australiano (m)	[austra'ljano]
australiana (f)	australiana (f)	[austra'ljana]
australiano	australiano (agg)	[austra'ljano]

Nova Zelândia (f)	Nuova Zelanda (f)	[nu'ova ʣe'landa]
neozelandês (m)	neozelandese (m)	[neoʣelan'deze]
neozelandesa (f)	neozelandese (f)	[neoʣelan'deze]
neozelandês	neozelandese (agg)	[neoʣelan'deze]

Tasmânia (f)	Tasmania (f)	[taz'mania]
Polinésia Francesa (f)	Polinesia (f) Francese	[poli'nezia fran'ʧeze]

242. Cidades

Amesterdão	Amsterdam	['amsterdam]
Ancara	Ankara	['ankara]
Atenas	Atene	[a'tene]

Bagdade	Baghdad	[bag'dad]
Banguecoque	Bangkok	[baŋ'kok]
Barcelona	Barcellona	[barʧel'lona]
Beirute	Beirut	['bejrut]
Berlim	Berlino	[ber'lino]

Bombaim	Bombay, Mumbai	[bom'bej], [mum'baj]
Bona	Bonn	[bonn]
Bordéus	Bordeaux	[bor'do]
Bratislava	Bratislava	[brati'zlava]
Bruxelas	Bruxelles	[bruk'sel]
Bucareste	Bucarest	['bukarest]
Budapeste	Budapest	['budapest]

Cairo	Il Cairo	[il 'kairo]
Calcutá	Calcutta	[kal'kutta]
Chicago	Chicago	[ʧi'kago]
Cidade do México	Città del Messico	[ʧit'ta del 'messiko]
Copenhaga	Copenaghen	[kope'nagen]

Dar es Salaam	Dar es Salaam	[dar es sala'am]
Deli	Delhi	['deli]
Dubai	Dubai	[du'bai]
Dublin, Dublim	Dublino	[du'blino]
Düsseldorf	Düsseldorf	['dysseldorf]
Estocolmo	Stoccolma	[stok'kolma]

Florença	Firenze	[fi'rentse]
Frankfurt	Francoforte	[franko'forte]
Genebra	Ginevra	[dʒi'nevra]
Haia	L'Aia	['laja]
Hamburgo	Amburgo	[am'burgo]

| Hanói | Hanoi | [a'noj] |
| Havana | L'Avana | [la'vana] |

Helsínquia	Helsinki	['elsinki]
Hiroshima	Hiroshima	[iro'ʃima]
Hong Kong	Hong Kong	[on'kong]
Istambul	Istanbul	['istanbul]
Jerusalém	Gerusalemme	[dʒeruza'lemme]
Kiev	Kiev	['kiev]
Kuala Lumpur	Kuala Lumpur	[ku'ala 'lumpur]
Lisboa	Lisbona	[liz'bona]
Londres	Londra	['londra]
Los Angeles	Los Angeles	[los 'endʒeles]
Lion	Lione	[li'one]

Madrid	Madrid	[ma'drid]
Marselha	Marsiglia	[mar'siʎʎa]
Miami	Miami	[ma'jami]
Montreal	Montreal	[monre'al]
Moscovo	Mosca	['moska]
Munique	Monaco di Baviera	['monako di ba'vjera]

Nairóbi	Nairobi	[naj'robi]
Nápoles	Napoli	['napoli]
Nice	Nizza	['nittsa]
Nova York	New York	[nju 'jork]

Oslo	Oslo	['ozlo]
Ottawa	Ottawa	[ot'tava]
Paris	Parigi	[pa'ridʒi]
Pequim	Pechino	[pe'kino]
Praga	Praga	['praga]

Rio de Janeiro	Rio de Janeiro	['rio de ʒa'nejro]
Roma	Roma	['roma]
São Petersburgo	San Pietroburgo	[san pjetro'burgo]
Seul	Seoul	[se'ul]
Singapura	Singapore	[singa'pore]
Sydney	Sidney	[sid'nej]

Taipé	Taipei	[taj'pej]
Tóquio	Tokio	['tokio]
Toronto	Toronto	[to'ronto]
Varsóvia	Varsavia	[var'savia]
Veneza	Venezia	[ve'netsia]
Viena	Vienna	['vjenna]

| Washington | Washington | ['woʃinton] |
| Xangai | Shanghai | [ʃan'gaj] |

243. Política. Governo. Parte 1

| política (f) | politica (f) | [po'litika] |
| político | politico (agg) | [po'litiko] |

político (m)	politico (m)	[po'litiko]
estado (m)	stato (m)	['stato]
cidadão (m)	cittadino (m)	[tʃitta'dino]
cidadania (f)	cittadinanza (f)	[tʃittadi'nantsa]
brasão (m) de armas	emblema (m) nazionale	[em'blema natsjo'nale]
hino (m) nacional	inno (m) nazionale	['inno natsjo'nale]
governo (m)	governo (m)	[go'verno]
Chefe (m) de Estado	capo (m) di Stato	['kapo di 'stato]
parlamento (m)	parlamento (m)	[parla'mento]
partido (m)	partito (m)	[par'tito]
capitalismo (m)	capitalismo (m)	[kapita'lizmo]
capitalista	capitalistico	[kapita'listiko]
socialismo (m)	socialismo (m)	[sotʃia'lizmo]
socialista	socialista	[sotʃia'lista]
comunismo (m)	comunismo (m)	[komu'nizmo]
comunista	comunista	[komu'nista]
comunista (m)	comunista (m)	[komu'nista]
democracia (f)	democrazia (f)	[demokra'tsia]
democrata (m)	democratico (m)	[demo'kratiko]
democrático	democratico	[demo'kratiko]
Partido (m) Democrático	partito (m) democratico	[par'tito demo'kratiko]
liberal (m)	liberale (m)	[libe'rale]
liberal	liberale (agg)	[libe'rale]
conservador (m)	conservatore (m)	[konserva'tore]
conservador	conservatore (agg)	[konserva'tore]
república (f)	repubblica (f)	[re'pubblika]
republicano (m)	repubblicano (m)	[repubbli'kano]
Partido (m) Republicano	partito (m) repubblicano	[par'tito repubbli'kano]
eleições (f pl)	elezioni (f pl)	[ele'tsjoni]
eleger (vt)	eleggere (vt)	[e'ledʒere]
eleitor (m)	elettore (m)	[elet'tore]
campanha (f) eleitoral	campagna (f) elettorale	[kam'paɲa eletto'rale]
votação (f)	votazione (f)	[vota'tsjone]
votar (vi)	votare (vi)	[vo'tare]
direito (m) de voto	diritto (m) di voto	[di'ritto di 'voto]
candidato (m)	candidato (m)	[kandi'dato]
candidatar-se (vi)	candidarsi (vr)	[kandi'darsi]
campanha (f)	campagna (f)	[kam'paɲa]
da oposição	d'opposizione	[doppozi'tsjone]
oposição (f)	opposizione (f)	[oppozi'tsjone]
visita (f)	visita (f)	['vizita]
visita (f) oficial	visita (f) ufficiale	['vizita uffi'tʃale]

internacional	internazionale	[internatsjo'nale]
negociações (f pl)	trattative (f pl)	[tratta'tive]
negociar (vi)	negoziare (vi)	[nego'tsjare]

244. Política. Governo. Parte 2

sociedade (f)	società (f)	[sot∫ie'ta]
constituição (f)	costituzione (f)	[kostitu'tsjone]
poder (ir para o ~)	potere (m)	[po'tere]
corrupção (f)	corruzione (f)	[korru'tsjone]

| lei (f) | legge (f) | ['ledʒe] |
| legal | legittimo | [le'dʒittimo] |

| justiça (f) | giustizia (f) | [dʒu'stitsia] |
| justo | giusto | ['dʒusto] |

comité (m)	comitato (m)	[komi'tato]
projeto-lei (m)	disegno (m) di legge	[di'zeɲo di 'ledʒe]
orçamento (m)	bilancio (m)	[bi'lant∫o]
política (f)	politica (f)	[po'litika]
reforma (f)	riforma (f)	[ri'forma]
radical	radicale	[radi'kale]

força (f)	forza (f), potenza (f)	['fortsa], [po'tentsa]
poderoso	potente	[po'tente]
partidário (m)	sostenitore (m)	[sosteni'tore]
influência (f)	influenza (f)	[influ'entsa]

regime (m)	regime (m)	[re'dʒime]
conflito (m)	conflitto (m)	[kon'flitto]
conspiração (f)	complotto (m)	[kom'plotto]
provocação (f)	provocazione (f)	[provoka'tsjone]

derrubar (vt)	rovesciare (vt)	[rove'∫are]
derrube (m), queda (f)	rovesciamento (m)	[rove∫a'mento]
revolução (f)	rivoluzione (f)	[rivolu'tsjone]

| golpe (m) de Estado | colpo (m) di Stato | ['kolpo di 'stato] |
| golpe (m) militar | golpe (m) militare | ['golpe mili'tare] |

crise (f)	crisi (f)	['krizi]
recessão (f) económica	recessione (f) economica	[ret∫es'sjone eko'nomika]
manifestante (m)	manifestante (m)	[manife'stante]
manifestação (f)	manifestazione (f)	[manifesta'tsjone]
lei (f) marcial	legge (f) marziale	['ledʒe mar'tsjale]
base (f) militar	base (f) militare	['baze mili'tare]

| estabilidade (f) | stabilità (f) | [stabili'ta] |
| estável | stabile | ['stabile] |

exploração (f)	sfruttamento (m)	[sfrutta'mento]
explorar (vt)	sfruttare (vt)	[sfrut'tare]
racismo (m)	razzismo (m)	[rat'tsizmo]

racista (m)	razzista (m)	[rat'tsista]
fascismo (m)	fascismo (m)	[fa'ʃizmo]
fascista (m)	fascista (m)	[fa'ʃista]

245. Países. Diversos

estrangeiro (m)	straniero (m)	[stra'njero]
estrangeiro	straniero (agg)	[stra'njero]
no estrangeiro	all'estero	[all 'estero]

emigrante (m)	emigrato (m)	[emi'grato]
emigração (f)	emigrazione (f)	[emigra'tsjone]
emigrar (vi)	emigrare (vi)	[emi'grare]

Ocidente (m)	Ovest (m)	['ovest]
Oriente (m)	Est (m)	[est]
Extremo Oriente (m)	Estremo Oriente (m)	[e'stremo o'rjente]
civilização (f)	civiltà (f)	[tʃivil'ta]
humanidade (f)	umanità (f)	[umani'ta]
mundo (m)	mondo (m)	['mondo]
paz (f)	pace (f)	['patʃe]
mundial	mondiale	[mon'djale]

pátria (f)	patria (f)	['patria]
povo (m)	popolo (m)	['popolo]
população (f)	popolazione (f)	[popola'tsjone]
gente (f)	gente (f)	['dʒente]
nação (f)	nazione (f)	[na'tsjone]
geração (f)	generazione (f)	[dʒenera'tsjone]
território (m)	territorio (m)	[terri'torio]
região (f)	regione (f)	[re'dʒone]
estado (m)	stato (m)	['stato]

tradição (f)	tradizione (f)	[tradi'tsjone]
costume (m)	costume (m)	[ko'stume]
ecologia (f)	ecologia (f)	[ekolo'dʒia]

índio (m)	indiano (m)	[indi'ano]
cigano (m)	zingaro (m)	['tsingaro]
cigana (f)	zingara (f)	['tsingara]
cigano	di zingaro	[di 'tsingaro]

império (m)	impero (m)	[im'pero]
colónia (f)	colonia (f)	[ko'lonia]
escravidão (f)	schiavitù (f)	[skjavi'tu]
invasão (f)	invasione (f)	[inva'zjone]
fome (f)	carestia (f)	[kare'stia]

246. Grupos religiosos mais importantes. Confissões

| religião (f) | religione (f) | [reli'dʒone] |
| religioso | religioso | [reli'dʒozo] |

crença (f)	fede (f)	['fede]
crer (vt)	credere (vi)	['kredere]
crente (m)	credente (m)	[kre'dente]
ateísmo (m)	ateismo (m)	[ate'izmo]
ateu (m)	ateo (m)	['ateo]
cristianismo (m)	cristianesimo (m)	[kristja'nezimo]
cristão (m)	cristiano (m)	[kri'stjano]
cristão	cristiano (agg)	[kri'stjano]
catolicismo (m)	Cattolicesimo (m)	[kattoli'tʃezimo]
católico (m)	cattolico (m)	[kat'toliko]
católico	cattolico (agg)	[kat'toliko]
protestantismo (m)	Protestantesimo (m)	[protestan'tesimo]
Igreja (f) Protestante	Chiesa (f) protestante	['kjeza protes'tante]
protestante (m)	protestante (m)	[prote'stante]
ortodoxia (f)	Ortodossia (f)	[ortodos'sia]
Igreja (f) Ortodoxa	Chiesa (f) ortodossa	['kjeza orto'dossa]
ortodoxo (m)	ortodosso (m)	[orto'dosso]
presbiterianismo (m)	Presbiterianesimo (m)	[presbiterja'nezimo]
Igreja (f) Presbiteriana	Chiesa (f) presbiteriana	['kjeza presbite'rjana]
presbiteriano (m)	presbiteriano (m)	[presbite'rjano]
Igreja (f) Luterana	Luteranesimo (m)	[lutera'nezimo]
luterano (m)	luterano (m)	[lute'rano]
Igreja (f) Batista	confessione (f) battista	[konfes'sjone bat'tista]
batista (m)	battista (m)	[bat'tista]
Igreja (f) Anglicana	Chiesa (f) anglicana	['kjeza angli'kana]
anglicano (m)	anglicano (m)	[angli'kano]
mormonismo (m)	Mormonismo (m)	[mormo'nizmo]
mórmon (m)	mormone (m)	[mor'mone]
Judaísmo (m)	giudaismo (m)	[dʒuda'izmo]
judeu (m)	ebreo (m)	[e'breo]
budismo (m)	buddismo (m)	[bud'dizmo]
budista (m)	buddista (m)	[bud'dista]
hinduísmo (m)	Induismo (m)	[indu'izmo]
hindu (m)	induista (m)	[indu'ista]
Islão (m)	Islam (m)	['izlam]
muçulmano (m)	musulmano (m)	[musul'mano]
muçulmano	musulmano	[musul'mano]
Xiismo (m)	sciismo (m)	[ʃi'izmo]
xiita (m)	sciita (m)	[ʃi'ita]
sunismo (m)	sunnismo (m)	[sun'nizmo]
sunita (m)	sunnita (m)	[sun'nita]

247. Religiões. Padres

padre (m)	prete (m)	['prete]
Papa (m)	Papa (m)	['papa]
monge (m)	monaco (m)	['monako]
freira (f)	monaca (f)	['monaka]
pastor (m)	pastore (m)	[pa'store]
abade (m)	abate (m)	[a'bate]
vigário (m)	vicario (m)	[vi'kario]
bispo (m)	vescovo (m)	['veskovo]
cardeal (m)	cardinale (m)	[kardi'nale]
pregador (m)	predicatore (m)	[predika'tore]
sermão (m)	predica (f)	['predika]
paroquianos (pl)	parrocchiani (m)	[parrok'kjani]
crente (m)	credente (m)	[kre'dente]
ateu (m)	ateo (m)	['ateo]

248. Fé. Cristianismo. Islão

Adão	Adamo	[a'damo]
Eva	Eva	['eva]
Deus (m)	Dio (m)	['dio]
Senhor (m)	Signore (m)	[si'ɲore]
Todo Poderoso (m)	Onnipotente (m)	[onnipo'tente]
pecado (m)	peccato (m)	[pek'kato]
pecar (vi)	peccare (vi)	[pek'kare]
pecador (m)	peccatore (m)	[pekka'tore]
pecadora (f)	peccatrice (f)	[pekka'tritʃe]
inferno (m)	inferno (m)	[in'ferno]
paraíso (m)	paradiso (m)	[para'dizo]
Jesus	Gesù	[dʒe'su]
Jesus Cristo	Gesù Cristo	[dʒe'su 'kristo]
Espírito (m) Santo	Spirito (m) Santo	['spirito 'santo]
Salvador (m)	Salvatore (m)	[salva'tore]
Virgem Maria (f)	Madonna	[ma'donna]
Diabo (m)	Diavolo (m)	['djavolo]
diabólico	del diavolo	[del 'djavolo]
Satanás (m)	Satana (m)	['satana]
satânico	satanico	[sa'taniko]
anjo (m)	angelo (m)	['andʒelo]
anjo (m) da guarda	angelo (m) custode	['andʒelo kus'tode]
angélico	angelico	[an'dʒeliko]

apóstolo (m)	apostolo (m)	[a'postolo]
arcanjo (m)	arcangelo (m)	[ar'kandʒelo]
anticristo (m)	Anticristo (m)	[anti'kristo]
Igreja (f)	Chiesa (f)	['kjeza]
Bíblia (f)	Bibbia (f)	['bibbia]
bíblico	biblico	['bibliko]
Velho Testamento (m)	Vecchio Testamento (m)	['vekkio testa'mento]
Novo Testamento (m)	Nuovo Testamento (m)	[nu'ovo testa'mento]
Evangelho (m)	Vangelo (m)	[van'dʒelo]
Sagradas Escrituras (f pl)	Sacra Scrittura (f)	['sakra skrit'tura]
Céu (m)	Il Regno dei Cieli	[il 'reɲo dei 'ʧeli]
mandamento (m)	comandamento (m)	[komanda'mento]
profeta (m)	profeta (m)	[pro'feta]
profecia (f)	profezia (f)	[profe'tsia]
Alá	Allah	[al'la]
Maomé	Maometto	[mao'meto]
Corão, Alcorão (m)	Corano (m)	[ko'rano]
mesquita (f)	moschea (f)	[mos'kea]
mulá (m)	mullah (m)	[mul'la]
oração (f)	preghiera (f)	[pre'gjera]
rezar, orar (vi)	pregare (vi, vt)	[pre'gare]
peregrinação (f)	pellegrinaggio (m)	[pellegri'nadʒo]
peregrino (m)	pellegrino (m)	[pelle'grino]
Meca (f)	La Mecca (f)	[la 'mekka]
igreja (f)	chiesa (f)	['kjeza]
templo (m)	tempio (m)	['tempjo]
catedral (f)	cattedrale (f)	[katte'drale]
gótico	gotico	['gotiko]
sinagoga (f)	sinagoga (f)	[sina'goga]
mesquita (f)	moschea (f)	[mos'kea]
capela (f)	cappella (f)	[kap'pella]
abadia (f)	abbazia (f)	[abba'tsia]
convento (m)	convento (m) di suore	[kon'vento di su'ore]
mosteiro (m)	monastero (m)	[mona'stero]
sino (m)	campana (f)	[kam'pana]
campanário (m)	campanile (m)	[kampa'nile]
repicar (vi)	suonare (vi)	[suo'nare]
cruz (f)	croce (f)	['kroʧe]
cúpula (f)	cupola (f)	['kupola]
ícone (m)	icona (f)	[i'kona]
alma (f)	anima (f)	['anima]
destino (m)	destino (m), sorte (f)	[de'stino], ['sorte]
mal (m)	male (m)	['male]
bem (m)	bene (m)	['bene]
vampiro (m)	vampiro (m)	[vam'piro]

bruxa (f)	strega (f)	['strega]
demónio (m)	demone (m)	['demone]
espírito (m)	spirito (m)	['spirito]
redenção (f)	redenzione (f)	[reden'tsjone]
redimir (vt)	redimere (vt)	[re'dimere]
missa (f)	messa (f)	['messa]
celebrar a missa	dire la messa	['dire la 'messa]
confissão (f)	confessione (f)	[konfes'sjone]
confessar-se (vr)	confessarsi (vr)	[konfes'sarsi]
santo (m)	santo (m)	['santo]
sagrado	sacro	['sakro]
água (f) benta	acqua (f) santa	['akwa 'santa]
ritual (m)	rito (m)	['rito]
ritual	rituale	[ritu'ale]
sacrifício (m)	sacrificio (m)	[sakri'fitʃo]
superstição (f)	superstizione (f)	[supersti'tsjone]
supersticioso	superstizioso	[supersti'tsjozo]
vida (f) depois da morte	vita (f) dell'oltretomba	['vita dell oltre'tomba]
vida (f) eterna	vita (f) eterna	['vita e'terna]

TEMAS DIVERSOS

249. Várias palavras úteis

ajuda (f)	aiuto (m)	[a'juto]
barreira (f)	barriera (f)	[bar'rjera]
base (f)	base (f)	['baze]
categoria (f)	categoria (f)	[katego'ria]
causa (f)	causa (f)	['kauza]
coincidência (f)	coincidenza (f)	[kojntʃi'dentsa]
coisa (f)	cosa (f)	['koza]
começo (m)	inizio (m)	[i'nitsio]
cómodo (ex. poltrona ~a)	comodo	['komodo]
comparação (f)	confronto (m)	[kon'fronto]
compensação (f)	compenso (m)	[kom'penso]
crescimento (m)	crescita (f)	['kreʃita]
desenvolvimento (m)	sviluppo (m)	[zvi'luppo]
diferença (f)	differenza (f)	[diffe'rentsa]
efeito (m)	effetto (m)	[ef'fetto]
elemento (m)	elemento (m)	[ele'mento]
oquilíbrio (m)	bilancio (m)	[bi'lantʃo]
erro (m)	errore (m)	[er'rore]
esforço (m)	sforzo (m)	['sfortso]
estilo (m)	stile (m)	['stile]
exemplo (m)	esempio (m)	[e'zempjo]
facto (m)	fatto (m)	['fatto]
fim (m)	termine (m)	['termine]
forma (f)	forma (f)	['forma]
frequente	frequente	[fre'kwente]
fundo (ex. ~ verde)	sfondo (m)	['sfondo]
género (tipo)	genere (m)	['dʒenere]
grau (m)	grado (m)	['grado]
ideal (m)	ideale (m)	[ide'ale]
labirinto (m)	labirinto (m)	[labi'rinto]
modo (m)	modo (m)	['modo]
momento (m)	momento (m)	[mo'mento]
objeto (m)	oggetto (m)	[o'dʒetto]
obstáculo (m)	ostacolo (m)	[os'takolo]
original (m)	originale (m)	[oridʒi'nale]
padrão	standard	['standar]
padrão (m)	standard (m)	['standar]
paragem (pausa)	pausa (f)	['pauza]
parte (f)	parte (f)	['parte]

partícula (f)	particella (f)	[parti'tʃella]
pausa (f)	pausa (f)	['pauza]
posição (f)	posizione (f)	[pozi'tsjone]
princípio (m)	principio (m)	[prin'tʃipjo]

problema (m)	problema (m)	[pro'blema]
processo (m)	processo (m)	[pro'tʃesso]
progresso (m)	progresso (m)	[pro'gresso]
propriedade (f)	proprietà (f)	[proprie'ta]

reação (f)	reazione (f)	[rea'tsjone]
risco (m)	rischio (m)	['riskio]
ritmo (m)	ritmo (m)	['ritmo]
segredo (m)	segreto (m)	[se'greto]
série (f)	serie (f)	['serie]

sistema (m)	sistema (m)	[si'stema]
situação (f)	situazione (f)	[situa'tsjone]
solução (f)	soluzione (f)	[solu'tsjone]
tabela (f)	tabella (f)	[ta'bella]
termo (ex. ~ técnico)	termine (m)	['termine]

tipo (m)	tipo (m)	['tipo]
urgente	urgente	[ur'dʒente]
urgentemente	urgentemente	[urdʒente'mente]
utilidade (f)	utilità (f)	[utili'ta]

variante (f)	variante (f)	[vari'ante]
variedade (f)	scelta (f)	['ʃelta]
verdade (f)	verità (f)	[veri'ta]
vez (f)	turno (m)	['turno]
zona (f)	zona (f)	['dzona]

250. Modificadores. Adjetivos. Parte 1

aberto	aperto	[a'perto]
afiado	affilato	[affi'lato]
agradável	gradevole	[gra'devole]
agradecido	grato	['grato]
alegre	allegro	[al'legro]

alto (ex. voz ~a)	alto, forte	['alto], ['forte]
amargo	amaro	[a'maro]
amplo	spazioso	[spa'tsjozo]
antigo	antico	[an'tiko]
apertado (sapatos ~s)	stretto	['stretto]

apropriado	idoneo	[i'doneo]
arriscado	rischioso	[ris'kjozo]
artificial	artificiale	[artifi'tʃale]
azedo	acido, agro	['atʃido], ['agro]

| baixo (voz ~a) | basso | ['basso] |
| barato | a buon mercato | [a bu'on mer'kato] |

| belo | magnifico | [ma'ɲifiko] |
| bom | buono | [bu'ono] |

bondoso	buono	[bu'ono]
bonito	bello	['bello]
bronzeado	abbronzato	[abbron'dzato]
burro, estúpido	stupido	['stupido]
calmo	tranquillo	[tran'kwillo]

cansado	stanco	['stanko]
cansativo	faticoso	[fati'kozo]
carinhoso	premuroso	[premu'rozo]
caro	caro	['karo]
cego	cieco	['tʃeko]

central	centrale	[tʃen'trale]
cerrado (ex. nevoeiro ~)	fitto	['fitto]
cheio (ex. copo ~)	pieno	['pjeno]
civil	civile	[tʃi'vile]

clandestino	clandestino	[klande'stino]
claro	chiaro, tenue	['kjaro], ['tenue]
claro (explicação ~a)	chiaro	['kjaro]
compatível	compatibile	[kompa'tibile]

comum, normal	comune, normale	[ko'mune], [nor'male]
congelado	surgelato	[surdʒe'lato]
conjunto	collegiale	[kolle'dʒale]
considerável	notevole	[no'tevole]
contente	contento	[kon'tento]

contínuo	continuo	[kon'tinuo]
contrário (ex. o efeito ~)	opposto	[op'posto]
correto (resposta ~a)	giusto	['dʒusto]
cru (não cozinhado)	crudo	['krudo]
curto	corto	['korto]

de curta duração	breve	['breve]
de sol, ensolarado	di sole	[di 'sole]
de trás	posteriore	[poste'rjore]
denso (fumo, etc.)	denso	['denso]
desanuviado	sereno	[se'reno]

descuidado	noncurante	[nonku'rante]
diferente	diverso	[di'verso]
difícil	difficile	[dif'fitʃile]
difícil, complexo	complicato	[kompli'kato]
direito	destro	['destro]

distante	lontano	[lon'tano]
diverso	differente	[diffe'rente]
doce (açucarado)	dolce	['doltʃe]
doce (água)	dolce	['doltʃe]
doente	malato	[ma'lato]
duro (material ~)	duro	['duro]
educado	gentile	[dʒen'tile]

227

encantador	gentile	[dʒen'tile]
enigmático	misterioso	[miste'rjozo]

enorme	enorme	[e'norme]
escuro (quarto ~)	buio, scuro	['bujo], ['skuro]
especial	speciale	[spe'tʃale]
esquerdo	sinistro	[si'nistro]
estrangeiro	straniero	[stra'njero]

estreito	stretto	['stretto]
exato	preciso	[pre'tʃizo]
excelente	eccellente	[etʃel'lente]
excessivo	eccessivo	[etʃes'sivo]
externo	esterno	[e'sterno]

fácil	facile	['fatʃile]
faminto	affamato	[affa'mato]
fechado	chiuso	['kjuzo]
feliz	felice	[fe'litʃe]
fértil (terreno ~)	fertile	['fertile]

forte (pessoa ~)	forte	['forte]
fraco (luz ~a)	fievole	['fjevole]
frágil	fragile	['fradʒile]
fresco	fresco	['fresko]
fresco (pão ~)	fresco	['fresko]

frio	freddo	['freddo]
gordo	grasso	['grasso]
gostoso	buono, gustoso	[bu'ono], [gu'stozo]
grande	grande	['grande]

gratuito, grátis	gratuito	[gratu'ito]
grosso (camada ~a)	spesso	['spesso]
hostil	ostile	[o'stile]
húmido	umido	['umido]

251. Modificadores. Adjetivos. Parte 2

igual	uguale	[u'gwale]
imóvel	immobile	[im'mobile]
importante	importante	[impor'tante]
impossível	impossibile	[impos'sibile]
incompreensível	incomprensibile	[inkompren'sibile]

indigente	molto povero	['molto 'povero]
indispensável	indispensabile	[indispen'sabile]
inexperiente	inesperto	[ine'sperto]
infantil	per bambini	[per bam'bini]

ininterrupto	ininterrotto	[ininte'rrotto]
insignificante	insignificante	[insiɲifi'kante]
inteiro (completo)	intero	[in'tero]
inteligente	intelligente	[intelli'dʒente]

interno	interno	[in'terno]
jovem	giovane	['dʒovane]
largo (caminho ~)	largo	['largo]
legal	legale	[le'gale]
leve	leggero	[le'dʒero]

limitado	limitato	[limi'tato]
limpo	pulito	[pu'lito]
líquido	liquido	['likwido]
liso	liscio	['liʃo]
liso (superfície ~a)	piatto	['pjatto]

livre	libero	['libero]
longo (ex. cabelos ~s)	lungo	['lungo]
maduro (ex. fruto ~)	maturo	[ma'turo]
magro	magro	['magro]
magro (pessoa)	molto magro	['molto 'magro]

mais próximo	il più vicino	[il pju vi'tʃino]
mais recente	passato	[pas'sato]
mate, baço	opaco	[o'pako]
mau	cattivo	[kat'tivo]
meticuloso	meticoloso, accurato	[metiko'lozo], [akku'rato]

míope	miope	['miope]
mole	morbido	['morbido]
molhado	bagnato	[ba'ɲato]
moreno	bruno	['bruno]
morto	morto	['morto]

não difícil	non difficile	[non dif'fitʃile]
não é clara	poco chiaro	['poko 'kjaro]
não muito grande	non molto grande	[non 'molto 'grande]
natal (país ~)	nativo	[na'tivo]
necessário	necessario	[netʃes'sarjo]

negativo	negativo	[nega'tivo]
nervoso	nervoso	[ner'vozo]
normal	normale	[nor'male]
novo	nuovo	[nu'ovo]
o mais importante	il più importante	[il pju impor'tante]

obrigatório	obbligatorio	[obbliga'torio]
original	originale	[oridʒi'nale]
passado	scorso	['skorso]
pequeno	piccolo	['pikkolo]
perigoso	pericoloso	[periko'lozo]

permanente	permanente	[perma'nente]
perto	vicino, accanto	[vi'tʃino], [a'kanto]
pesado	pesante	[pe'zante]
pessoal	personale	[perso'nale]
plano (ex. ecrã ~ a)	piatto	['pjatto]

pobre	povero	['povero]
pontual	puntuale	[puntu'ale]

possível	possibile	[pos'sibile]
pouco fundo	poco profondo	['poko pro'fondo]
presente (ex. momento ~)	presente	[pre'zente]
prévio	precedente	[pretʃe'dente]
primeiro (principal)	principale	[printʃi'pale]
principal	principale	[printʃi'pale]
privado	privato	[pri'vato]
provável	probabile	[pro'babile]
público	pubblico	['pubbliko]
quente (cálido)	caldo	['kaldo]
quente (morno)	caldo	['kaldo]
rápido	veloce, rapido	[velotʃe], ['rapido]
raro	raro	['raro]
remoto, longínquo	distante	[di'stante]
reto	dritto	['dritto]
salgado	salato	[sa'lato]
satisfeito	soddisfatto	[soddi'sfatto]
seco	secco	['sekko]
seguinte	successivo	[sutʃes'sivo]
seguro	sicuro	[si'kuro]
similar	simile	['simile]
simples	semplice	['semplitʃe]
soberbo	perfetto	[per'fetto]
sólido	solido	['solido]
sombrio	fosco	['fosko]
sujo	sporco	['sporko]
superior	il più alto	[il pju 'alto]
suplementar	supplementare	[supplemen'tare]
terno, afetuoso	dolce, tenero	['doltʃe], ['tenero]
tranquilo	calmo	['kalmo]
transparente	trasparente	[traspa'rente]
triste (pessoa)	triste, mesto	['triste], ['mesto]
triste (um ar ~)	triste	['triste]
último	ultimo	['ultimo]
único	unico	['uniko]
usado	di seconda mano	[di se'konda 'mano]
vazio (meio ~)	vuoto	[vu'oto]
velho	vecchio	['vekkio]
vizinho	vicino, prossimo	[vi'tʃino], ['prossimo]

500 VERBOS PRINCIPAIS

252. Verbos A-B

aborrecer-se (vr)	annoiarsi (vr)	[anno'jarsi]
abraçar (vt)	abbracciare (vt)	[abbra'ʧare]
abrir (~ a janela)	aprire (vt)	[a'prire]
acalmar (vt)	calmare (vt)	[kal'mare]
acariciar (vt)	accarezzare (vt)	[akkaret'tsare]
acenar (vt)	agitare la mano	[adʒi'tare la 'mano]
acender (~ uma fogueira)	accendere (vt)	[a'ʧendere]
achar (vt)	pensare (vi)	[pen'sare]
acompanhar (vt)	accompagnare (vt)	[akkompa'ɲare]
aconselhar (vt)	consigliare (vt)	[konsiʎ'ʎare]
acordar (despertar)	svegliare (vt)	[zveʎ'ʎare]
acrescentar (vt)	aggiungere (vt)	[a'dʒundʒare]
acusar (vt)	accusare (vt)	[akku'zare]
adestrar (vt)	ammaestrare (vt)	[ammae'strare]
adivinhar (vt)	indovinare (vt)	[indovi'nare]
admirar (vt)	ammirare (vi)	[ammi'rare]
advertir (vt)	avvertire (vt)	[avver'tire]
afirmar (vt)	affermare (vt)	[affer'mare]
afogar-se (pessoa)	annegare (vi)	[anne'gare]
afugentar (vt)	cacciare via	[ka'ʧare 'via]
agir (vi)	agire (vi)	[a'dʒire]
agitar, sacudir (objeto)	scuotere (vt)	[sku'otere]
agradecer (vt)	ringraziare (vt)	[ringra'tsjare]
ajudar (vt)	aiutare (vt)	[aju'tare]
alcançar (objetivos)	raggiungere (vt)	[ra'dʒundʒere]
alimentar (dar comida)	dare da mangiare	['dare da man'dʒare]
almoçar (vi)	pranzare (vi)	[pran'tsare]
alugar (~ o barco, etc.)	noleggiare (vt)	[nole'dʒare]
alugar (~ um apartamento)	affittare (vt)	[affit'tare]
amar (pessoa)	amare (vt)	[a'mare]
amarrar (vt)	legare (vt)	[le'gare]
ameaçar (vt)	minacciare (vt)	[mina'ʧare]
amputar (vt)	amputare (vt)	[ampu'tare]
anotar (escrever)	prendere nota	['prendere 'nota]
anular, cancelar (vt)	annullare (vt)	[annul'lare]
apagar (com apagador, etc.)	cancellare (vt)	[kanʧel'lare]
apagar (um incêndio)	estinguere (vt)	[e'stingwere]
apaixonar-se de ...	innamorarsi di ...	[innamo'rarsi di]

aparecer (vi)	apparire (vi)	[appa'rire]
aplaudir (vi)	applaudire (vi, vt)	[applau'dire]
apoiar (vt)	sostenere (vt)	[soste'nere]
apontar para ...	mirare, puntare	[mi'rare], [pun'tare]

apresentar (alguém a alguém)	far conoscere	[far ko'noʃere]
apresentar (Gostaria de ~)	presentare (vt)	[prezen'tare]
apressar (vt)	mettere fretta a ...	['mettere 'fretta a]
apressar-se (vr)	avere fretta	[a'vere 'fretta]

aproximar-se (vr)	avvicinarsi (vr)	[avviʧi'narsi]
aquecer (vt)	scaldare (vt)	[skal'dare]
arrancar (vt)	strappare (vt)	[strap'pare]
arranhar (gato, etc.)	graffiare (vt)	[graf'fjare]

arrepender-se (vr)	rammaricarsi (vr)	[ramari'karsi]
arriscar (vt)	rischiare (vi, vt)	[ris'kjare]
arrumar, limpar (vt)	fare le pulizie	['fare le puli'tsie]
aspirar a ...	aspirare (vi)	[aspi'rare]
assinar (vt)	firmare (vt)	[fir'mare]

assistir (vt)	assistere (vt)	[as'sistere]
atacar (vt)	attaccare (vt)	[attak'kare]
atar (vt)	legare (vt)	[le'gare]
atirar (vi)	sparare (vi)	[spa'rare]

atracar (vi)	ormeggiarsi (vr)	[orme'dʒarsi]
aumentar (vi)	aumentare (vi)	[aumen'tare]
aumentar (vt)	aumentare (vt)	[aumen'tare]
avançar (sb. trabalhos, etc.)	avanzare (vi)	[avan'tsare]

avistar (vt)	intravedere (vt)	[intrave'dere]
baixar (guindaste)	abbassare (vt)	[abbas'sare]
barbear-se (vr)	rasarsi (vr)	[ra'zarsi]
basear-se em ...	basarsi su ...	[ba'zarsi su]

bastar (vi)	bastare (vi)	[bas'tare]
bater (espancar)	picchiare (vt)	[pik'kjare]
bater (vi)	bussare (vi)	[bus'sare]
bater-se (vr)	picchiarsi (vr)	[pik'kjarsi]

beber, tomar (vt)	bere (vi, vt)	['bere]
brilhar (vi)	splendere (vi)	['splendere]
brincar, jogar (crianças)	giocare (vi)	[dʒo'kare]
buscar (vt)	cercare (vt)	[ʧer'kare]

253. Verbos C-D

caçar (vi)	cacciare (vt)	[ka'ʧare]
calar-se (parar de falar)	smettere di parlare	['zmettere di par'lare]
calcular (vt)	contare (vt)	[kon'tare]
carregar (o caminhão)	caricare (vt)	[kari'kare]
carregar (uma arma)	caricare (vt)	[kari'kare]

casar-se (vr)	sposarsi (vr)	[spo'zarsi]
causar (vt)	essere causa di ...	['essere 'kauza di]
cavar (vt)	scavare (vt)	[ska'vare]
ceder (não resistir)	arrendersi (vr)	[ar'rendersi]
cegar, ofuscar (vt)	abbagliare (vt)	[abbaʎ'ʎare]
censurar (vt)	rimproverare (vt)	[rimprove'rare]
cessar (vt)	cessare (vt)	[ʧes'sare]
chamar (~ por socorro)	chiamare (vt)	[kja'mare]
chamar (dizer em voz alta o nome)	chiamare (vt)	[kja'mare]
chegar (a algum lugar)	raggiungere (vt)	[ra'dʒundʒere]
chegar (sb. comboio, etc.)	arrivare (vi)	[arri'vare]
cheirar (tem o cheiro)	emanare odore	[ema'nare o'dore]
cheirar (uma flor)	odorare (vt)	[odo'rare]
chorar (vi)	piangere (vi)	['pjandʒere]
citar (vt)	citare (vt)	[ʧi'tare]
colher (flores)	cogliere (vt)	['koʎʎere]
colocar (vt)	mettere (vt)	['mettere]
combater (vi, vt)	combattere (vi)	[kom'battere]
começar (vt)	cominciare (vt)	[komin'ʧare]
comer (vt)	mangiare (vi, vt)	[man'dʒare]
comparar (vt)	confrontare (vt)	[konfron'tare]
compensar (vt)	compensare (vt)	[kompen'sare]
competir (vi)	competere (vi)	[kom'petere]
complicar (vt)	complicare (vt)	[kompli'kare]
compor (vt)	comporre (vt)	[kom'porre]
comportar-se (vr)	comportarsi (vr)	[kompor'tarsi]
comprar (vt)	comprare (vt)	[kom'prare]
compreender (vt)	capire (vt)	[ka'pire]
comprometer (vt)	compromettere (vt)	[kompro'mettere]
concentrar-se (vr)	concentrarsi (vr)	[konʧen'trarsi]
concordar (dizer "sim")	essere d'accordo	['essere dak'kordo]
condecorar (dar medalha)	decorare qn	[deko'rare]
conduzir (~ o carro)	guidare, condurre	[gwi'dare], [kon'durre]
confessar-se (criminoso)	confessarsi (vr)	[konfes'sarsi]
confiar (vt)	fidarsi (vt)	[fi'darsi]
confundir (equivocar-se)	confondere (vt)	[kon'fondere]
conhecer (vt)	conoscere (vt)	[ko'noʃere]
conhecer-se (vr)	fare la conoscenza di ...	['fare la kono'ʃentsa di]
consertar (vt)	mettere in ordine	['mettere in 'ordine]
consultar ...	consultare (vt)	[konsul'tare]
contagiar-se com ...	contagiarsi (vr)	[konta'dʒarsi]
contar (vt)	raccontare (vt)	[rakkon'tare]
contar com ...	contare su ...	[kon'tare su]
continuar (vt)	continuare (vt)	[kontinu'are]
contratar (vt)	assumere (vt)	[as'sumere]

controlar (vt)	controllare (vt)	[kontrol'lare]
convencer (vt)	convincere (vt)	[kon'vintʃere]
convidar (vt)	invitare (vt)	[invi'tare]

cooperar (vi)	collaborare (vi)	[kollabo'rare]
coordenar (vt)	coordinare (vt)	[koordi'nare]
corar (vi)	arrossire (vi)	[arros'sire]
correr (vi)	correre (vi)	['korrere]
corrigir (vt)	correggere (vt)	[kor'redʒere]

cortar (com um machado)	tagliare (vt)	[taʎ'ʎare]
cortar (vt)	tagliare (vt)	[taʎ'ʎare]
cozinhar (vt)	fare, preparare	['fare], [prepa'rare]
crer (pensar)	credere (vt)	['kredere]
criar (vt)	creare (vt)	[kre'are]

cultivar (vt)	coltivare (vt)	[kolti'vare]
cuspir (vi)	sputare (vi)	[spu'tare]
custar (vt)	costare (vt)	[ko'stare]
dar (vt)	dare (vt)	['dare]

dar banho, lavar (vt)	far fare il bagno	[far 'fare il 'baɲo]
datar (vi)	risalire a ...	[resa'lire a]
decidir (vt)	decidere (vt)	[de'tʃidere]
decorar (enfeitar)	decorare (vt)	[deko'rare]
dedicar (vt)	dedicare (vt)	[dedi'kare]

defender (vt)	difendere (vt)	[di'fendere]
defender-se (vr)	difendersi (vr)	[di'fendersi]
deixar (~ a mulher)	lasciare (vt)	[la'ʃare]
deixar (esquecer)	lasciare (vt)	[la'ʃare]

deixar (permitir)	autorizzare (vt)	[autorid'dzare]
deixar cair (vt)	lasciar cadere	[la'ʃar ka'dere]
denominar (vt)	chiamare (vt)	[kja'mare]
denunciar (vt)	denunciare (vt)	[denun'tʃare]
depender de ... (vi)	dipendere da ...	[di'pendere da]

derramar (vt)	rovesciare (vt)	[rove'ʃare]
derramar-se (vr)	spargersi (vr)	['spardʒersi]
desaparecer (vi)	sparire (vi)	[spa'rire]
desatar (vt)	slegare (vt)	[zle'gare]
desatracar (vi)	salpare (vi)	[sal'pare]

descansar (um pouco)	riposarsi (vr)	[ripo'zarsi]
descer (para baixo)	scendere (vi)	['ʃendere]
descobrir (novas terras)	scoprire (vt)	[sko'prire]
descolar (avião)	decollare (vi)	[dekol'lare]

desculpar (vt)	scusare (vt)	[sku'zare]
desculpar-se (vr)	scusarsi (vr)	[sku'zarsi]
desejar (vt)	desiderare (vt)	[dezide'rare]
desempenhar (vt)	recitare (vt)	[retʃi'tare]

desligar (vt)	spegnere (vt)	['speɲere]
desprezar (vt)	disprezzare (vt)	[dispret'tsare]

destruir (documentos, etc.)	distruggere (vt)	[di'strudʒere]
dever (vi)	dovere (v aus)	[do'vere]
devolver (vt)	rimandare (vt)	[riman'dare]

direcionar (vt)	indirizzare (vt)	[indirit'tsare]
dirigir (~ uma empresa)	dirigere (vt)	[di'ridʒere]
dirigir-se	rivolgersi a ...	[ri'voldʒersi a]
(a um auditório, etc.)		
discutir (notícias, etc.)	discutere (vt)	[di'skutere]

distribuir (folhetos, etc.)	distribuire (vt)	[distribu'ire]
distribuir (vt)	distribuire (vt)	[distribu'ire]
divertir (vt)	divertire (vt)	[diver'tire]
divertir-se (vr)	divertirsi (vr)	[diver'tirsi]

dividir (mat.)	dividere (vt)	[di'videre]
dizer (vt)	dire (vt)	['dire]
dobrar (vt)	raddoppiare (vt)	[raddop'pjare]
duvidar (vt)	dubitare (vi)	[dubi'tare]

254. Verbos E-J

elaborar (uma lista)	compilare (vt)	[kompi'lare]
elevar-se acima de ...	sovrastare (vi)	[sovra'stare]
eliminar (um obstáculo)	eliminare (vt)	[elimi'nare]
embrulhar (com papel)	incartare (vt)	[inkar'tare]

emergir (submarino)	emergere (vi)	[e'merdʒere]
emitir (vt)	emanare (vt)	[ema'nare]
empreender (vt)	intraprendere (vt)	[intra'prendere]
empurrar (vt)	spingere (vt)	['spindʒere]

encabeçar (vt)	capeggiare (vt)	[kape'dʒare]
encher (~ a garrafa, etc.)	riempire (vt)	[riem'pire]
encontrar (achar)	trovare (vt)	[tro'vare]
enganar (vt)	ingannare (vt)	[ingan'nare]

ensinar (vt)	insegnare (vt)	[inse'ɲare]
entrar (na sala, etc.)	entrare (vi)	[en'trare]
enviar (uma carta)	inviare (vt)	[in'vjare]
equipar (vt)	equipaggiare (vt)	[ekwipa'dʒare]

errar (vi)	sbagliare (vi)	[zbaʎ'ʎare]
escolher (vt)	scegliere (vt)	['ʃeʎʎere]
esconder (vt)	nascondere (vt)	[na'skondere]
escrever (vt)	scrivere (vi, vt)	['skrivere]

escutar (vt)	ascoltare (vi)	[askol'tare]
escutar atrás da porta	origliare (vi)	[oriʎ'ʎare]
esmagar (um inseto, etc.)	schiacciare (vt)	[skia'tʃare]
esperar (contar com)	aspettarsi (vr)	[aspet'tarsi]

esperar (o autocarro, etc.)	aspettare (vt)	[aspet'tare]
esperar (ter esperança)	sperare (vi, vt)	[spe'rare]

235

espreitar (vi)	spiare (vt)	[spi'are]
esquecer (vt)	dimenticare (vt)	[dimenti'kare]
estar	stare (vi)	['stare]
estar convencido	convincersi (vr)	[kon'vintʃersi]
estar deitado	essere sdraiato	['essere zdra'jato]
estar perplexo	essere perplesso	['essere per'plesso]
estar sentado	sedere (vi)	[se'dere]
estremecer (vi)	sussultare (vi)	[sussul'tare]
estudar (vt)	studiare (vt)	[stu'djare]
evitar (vt)	evitare (vt)	[evi'tare]
examinar (vt)	esaminare (vt)	[ezami'nare]
exigir (vt)	esigere (vt)	[e'zidʒere]
existir (vi)	esistere (vi)	[e'zistere]
explicar (vt)	spiegare (vt)	[spje'gare]
expressar (vt)	esprimere (vt)	[e'sprimere]
expulsar (vt)	escludere (vt)	[e'skludere]
facilitar (vt)	semplificare (vt)	[semplifi'kare]
falar com ...	parlare con ...	[par'lare kon]
faltar a ...	mancare le lezioni	[man'kare le le'tsjoni]
fascinar (vt)	incantare (vt)	[iŋkan'tare]
fatigar (vt)	stancare (vt)	[sta'nakre]
fazer (vt)	fare (vt)	['fare]
fazer lembrar	ricordare (vt)	[rikor'dare]
fazer piadas	scherzare (vi)	[sker'tsare]
fazer uma tentativa	tentare (vt)	[ten'tare]
fechar (vt)	chiudere (vt)	['kjudere]
felicitar (dar os parabéns)	congratularsi (vr)	[kongratu'larsi]
ficar cansado	stancarsi (vr)	[stan'karsi]
ficar em silêncio	tacere (vi)	[ta'tʃere]
ficar pensativo	diventare pensieroso	[diven'tare pensje'rozo]
forçar (vt)	costringere (vt)	[ko'strindʒere]
formar (vt)	formare (vt)	[for'mare]
fotografar (vt)	fare foto	['fare 'foto]
gabar-se (vr)	vantarsi (vr)	[van'tarsi]
garantir (vt)	garantire (vt)	[garan'tire]
gostar (apreciar)	piacere (vi)	[pja'tʃere]
gostar (vt)	gradire (vt)	[gra'dire]
gritar (vi)	gridare (vi)	[gri'dare]
guardar (cartas, etc.)	tenere (vt)	[te'nere]
guardar (no armário, etc.)	mettere via	['mettere 'via]
guerrear (vt)	essere in guerra	['essere in 'gwerra]
herdar (vt)	ereditare (vt)	[eredi'tare]
iluminar (vt)	illuminare (vt)	[illumi'nare]
imaginar (vt)	immaginare (vt)	[immadʒi'nare]
imitar (vt)	imitare (vt)	[imi'tare]
implorar (vt)	supplicare (vt)	[suppli'kare]

importar (vt)	importare (vt)	[impor'tare]
indicar (orientar)	indicare (vt)	[indi'kare]
indignar-se (vr)	indignarsi (vr)	[indi'ɲarsi]

infetar, contagiar (vt)	contagiare (vt)	[konta'dʒare]
influenciar (vt)	influire (vt)	[influ'ire]
informar (fazer saber)	informare di ...	[infor'mare di]
informar (vt)	informare (vt)	[infor'mare]

informar-se (~ sobre)	scoprire (vt)	[sko'prire]
inscrever (na lista)	iscrivere (vt)	[I'skrivere]
inserir (vt)	inserire (vt)	[inse'rire]
insinuar (vt)	alludere (vi)	[al'ludere]

insistir (vi)	insistere (vi)	[in'sistere]
inspirar (vt)	ispirare (vt)	[ispi'rare]
instruir (vt)	dare istruzioni	['dare istru'tsjoni]
insultar (vt)	insultare (vt)	[insul'tare]

interessar (vt)	interessare (vt)	[interes'sare]
interessar-se (vr)	interessarsi di ...	[interes'sarsi di]
intervir (vi)	intervenire (vi)	[interve'nire]
invejar (vt)	invidiare (vt)	[invi'djare]

inventar (vt)	inventare (vt)	[inven'tare]
ir (a pé)	camminare (vi)	[kammi'nare]
ir (de carro, etc.)	andare (vi)	[an'dare]
ir nadar	fare il bagno	['fare il 'baɲo]

ir para a cama	andare a letto	[an'dare a 'letto]
irritar (vt)	irritare (vt)	[irri'tare]
irritar-se (vr)	irritarsi (vr)	[irri'tarsi]
isolar (vt)	isolare (vt)	[izo'lare]

jantar (vi)	cenare (vi)	[tʃe'nare]
jogar, atirar (vt)	gettare (vt)	[dʒet'tare]
juntar, unir (vt)	unire (vt)	[u'nire]
juntar-se a ...	aderire a ...	[ade'rire]

255. Verbos L-P

lançar (novo projeto)	avviare (vt)	[av'vjare]
lavar (vt)	lavare (vt)	[la'vare]
lavar a roupa	fare il bucato	['fare il bu'kato]
lavar-se (vr)	fare un bagno	['fare un 'baɲo]

lembrar (vt)	ricordare (vt)	[rikor'dare]
ler (vt)	leggere (vi, vt)	['ledʒere]
levantar-se (vr)	alzarsi (vr)	[al'tsarsi]
levar (ex. leva isso daqui)	portare via	[por'tare 'via]

libertar (cidade, etc.)	liberare (vt)	[libe'rare]
ligar (o radio, etc.)	accendere (vt)	[a'tʃendere]
limitar (vt)	limitare (vt)	[limi'tare]

| limpar (eliminar sujeira) | pulire (vt) | [pu'lire] |
| limpar (vt) | pulirsi (vr) | [pu'lirsi] |

lisonjear (vt)	adulare (vt)	[adu'lare]
livrar-se de ...	liberarsi (vr)	[libe'rarsi]
lutar (combater)	battersi (vr)	['battersi]
lutar (desp.)	lottare (vi)	[lot'tare]
marcar (com lápis, etc.)	segnare (vt)	[se'ɲare]

matar (vt)	uccidere (vt)	[u'tʃidere]
memorizar (vt)	memorizzare (vt)	[memorid'dzare]
mencionar (vt)	menzionare (vt)	[mentsjo'nare]
mentir (vi)	mentire (vi)	[men'tire]

merecer (vt)	meritare (vt)	[meri'tare]
mergulhar (vi)	tuffarsi (vr)	[tuf'farsi]
misturar (combinar)	mescolare (vt)	[mesko'lare]
morar (vt)	abitare (vi)	[abi'tare]

mostrar (vt)	mostrare (vt)	[mo'strare]
mover (arredar)	spostare (vt)	[spo'stare]
mudar (modificar)	cambiare (vt)	[kam'bjare]
multiplicar (vt)	moltiplicare (vt)	[moltipli'kare]

nadar (vi)	nuotare (vi)	[nuo'tare]
negar (vt)	negare (vt)	[ne'gare]
negociar (vi)	negoziare (vi)	[nego'tsjare]
nomear (função)	nominare (vt)	[nomi'nare]

obedecer (vt)	obbedire (vi)	[obbe'dire]
objetar (vt)	obiettare (vt)	[objet'tare]
observar (vt)	osservare (vt)	[osser'vare]
ofender (vt)	offendere (vt)	[of'fendere]

olhar (vt)	guardare (vi)	[gwar'dare]
omitir (vt)	omettere (vt)	[o'mettere]
ordenar (mil.)	comandare	[koman'dare]
organizar (evento, etc.)	organizzare (vt)	[organid'dzare]

ousar (vt)	osare (vt)	[o'zare]
ouvir (vt)	sentire (vt)	[sen'tire]
pagar (vt)	pagare (vi, vt)	[pa'gare]
parar (para descansar)	fermarsi (vr)	[fer'marsi]
parecer-se (vr)	assomigliare a ...	[assomiʎ'ʎare a]

participar (vi)	partecipare (vi)	[partetʃi'pare]
partir (~ para o estrangeiro)	partire (vi)	[par'tire]
passar (vt)	sorpassare (vt)	[sorpas'sare]
passar a ferro	stirare (vt)	[sti'rare]

pecar (vi)	peccare (vi)	[pek'kare]
pedir (comida)	ordinare (vt)	[ordi'nare]
pedir (um favor, etc.)	chiedere, domandare	['kjedere], [doman'dare]
pegar (tomar com a mão)	afferrare (vt)	[affer'rare]
pegar (tomar)	prendere (vt)	['prendere]
pendurar (cortinas, etc.)	appendere (vt)	[ap'pendere]

penetrar (vt)	penetrare (vi)	[pene'trare]
pensar (vt)	pensare (vi, vt)	[pen'sare]
pentear-se (vr)	pettinarsi (vr)	[petti'narsi]

perceber (ver)	accorgersi (vr)	[ak'kordʒersi]
perder (o guarda-chuva, etc.)	perdere (vt)	['perdere]
perdoar (vt)	perdonare (vt)	[perdo'nare]
permitir (vt)	permettere (vt)	[per'mettere]

pertencer a ...	appartenere (vi)	[apparte'nere]
perturbar (vt)	disturbare (vt)	[distur'bare]
pesar (ter o peso)	pesare (vi)	[pe'zare]
pescar (vt)	pescare (vi)	[pe'skare]

planear (vt)	pianificare (vt)	[pjanifi'kare]
poder (vi)	potere (vi)	[po'tere]
pôr (posicionar)	collocare (vt)	[kollo'kare]
possuir (vt)	possedere (vt)	[posse'dere]

predominar (vi, vt)	prevalere (vi)	[preva'lere]
preferir (vt)	preferire (vt)	[prefe'rire]
preocupar (vt)	preoccupare (vt)	[preokku'pare]
preocupar-se (vr)	essere preoccupato	['essere preokku'pato]
preocupar-se (vr)	preoccuparsi (vr)	[preokku'parsi]

preparar (vt)	preparare (vt)	[prepa'rare]
preservar (ex. ~ a paz)	preservare (vt)	[prezer'vare]
prever (vt)	prevedere (vt)	[preve'dere]
privar (vt)	privare (vt)	[pri'vare]

proibir (vt)	vietare (vt)	[vje'tare]
projetar, criar (vt)	progettare (vt)	[prodʒet'tare]
prometer (vt)	promettere (vt)	[pro'mettere]
pronunciar (vt)	pronunciare (vt)	[pronun'tʃare]

propor (vt)	proporre (vt)	[pro'porre]
proteger (a natureza)	proteggere (vt)	[pro'tedʒere]
protestar (vi)	protestare (vi)	[prote'stare]
provar (~ a teoria, etc.)	provare (vt)	[pro'vare]

provocar (vt)	provocare (vt)	[provo'kare]
publicitar (vt)	pubblicizzare (vt)	[pubblitʃid'dzare]
punir, castigar (vt)	punire (vt)	[pu'nire]
puxar (vt)	tirare (vt)	[ti'rare]

256. Verbos Q-Z

quebrar (vt)	rompere (vt)	['rompere]
queimar (vt)	bruciare (vt)	[bru'tʃare]
queixar-se (vr)	lamentarsi (vr)	[lamen'tarsi]
querer (desejar)	volere (vt)	[vo'lere]

rachar-se (vr)	screpolarsi (vi)	[skrepo'larsi]
realizar (vt)	realizzare (vt)	[realid'dzare]

recomendar (vt)	raccomandare (vt)	[rakkoman'dare]
reconhecer (identificar)	riconoscere (vt)	[riko'noʃere]

reconhecer (o erro)	ammettere (vt)	[am'mettere]
recordar, lembrar (vt)	ricordarsi di	[rikor'darsi di]
recuperar-se (vr)	guarire (vi)	[gwa'rire]
recusar (vt)	rifiutare (vt)	[rifju'tare]

reduzir (vt)	ridurre (vt)	[ri'durre]
refazer (vt)	rifare (vt)	[ri'fare]
reforçar (vt)	rafforzare (vt)	[raffor'tsare]
refrear (vt)	trattenere (vt)	[tratte'nere]

regar (plantas)	innaffiare (vt)	[innaf'fjare]
remover (~ uma mancha)	rimuovere (vt)	[rimu'overe]
reparar (vt)	riparare (vt)	[ripa'rare]
repetir (dizer outra vez)	ripetere (vt)	[ri'petere]

reportar (vt)	fare un rapporto	['fare un rap'porto]
repreender (vt)	sgridare (vt)	[zgri'dare]
reservar (~ um quarto)	prenotare (vt)	[preno'tare]
resolver (o conflito)	regolare (vt)	[rego'lare]
resolver (um problema)	risolvere (vt)	[ri'zolvere]

respirar (vi)	respirare (vi)	[respi'rare]
responder (vt)	rispondere (vi, vt)	[ris'pondere]
rezar, orar (vi)	pregare (vi, vt)	[pre'gare]
rir (vi)	ridere (vi)	['ridere]

romper-se (corda, etc.)	scoppiare (vi)	[skop'pjare]
roubar (vt)	rubare (vt)	[ru'bare]
saber (vt)	sapere (vt)	[sa'pere]
sair (~ de casa)	uscire (vi)	[u'ʃire]

sair (livro)	uscire (vi)	[u'ʃire]
salvar (vt)	salvare (vt)	[sal'vare]
satisfazer (vt)	soddisfare (vt)	[soddi'sfare]
saudar (vt)	salutare (vt)	[salu'tare]
secar (vt)	asciugare (vt)	[aʃu'gare]

seguir ...	seguire (vt)	[se'gwire]
selecionar (vt)	selezionare (vt)	[seletsjo'nare]
semear (vt)	seminare (vt)	[semi'nare]
sentar-se (vr)	sedersi (vr)	[se'dersi]

sentenciar (vt)	condannare (vt)	[kondan'nare]
sentir (~ perigo)	sentire (vt)	[sen'tire]
ser diferente	essere diverso da ...	['essere di'verso da]

ser indispensável	occorrere (vi)	[ok'korrere]
ser necessário	essere necessario	['essere netʃes'sario]
ser preservado	essere conservato	['essere konser'vato]
ser, estar	essere (vi)	['essere]

servir (restaurant, etc.)	servire (vt)	[ser'vire]
servir (roupa)	stare bene	['stare 'bene]

significar (palavra, etc.)	significare (vt)	[siɲifi'kare]
significar (vt)	significare (vt)	[siɲifi'kare]
simplificar (vt)	semplificare (vt)	[semplifi'kare]

sobrestimar (vt)	sopravvalutare (vt)	[sopravvalu'tare]
sofrer (vt)	soffrire (vt)	[sof'frire]
sonhar (vi)	sognare (vi)	[so'ɲare]
sonhar (vt)	sognare (vi)	[so'ɲare]
soprar (vi)	soffiare (vi)	[sof'fjare]

sorrir (vi)	sorridere (vi)	[sor'ridere]
subestimar (vt)	sottovalutare (vt)	[sottovalu'tare]
sublinhar (vt)	sottolineare (vt)	[sottoline'are]
sujar-se (vr)	sporcarsi (vr)	[spor'karsi]

supor (vt)	supporre (vt)	[sup'porre]
suportar (as dores)	sopportare (vt)	[soppor'tare]
surpreender (vt)	sorprendere (vt)	[sor'prendere]
surpreender-se (vr)	stupirsi (vr)	[stu'pirsi]
suspeitar (vt)	sospettare (vt)	[sospet'tare]

suspirar (vi)	sospirare (vi)	[sospi'rare]
tentar (vt)	tentare (vt)	[ten'tare]
ter (vt)	avere (vt)	[a'vere]
ter medo	avere paura	[a'vere pa'ura]

terminar (vt)	finire, terminare (vt)	[fi'nire], [termi'nare]
tirar (vt)	togliere (vt)	['toʎʎere]
tirar cópias	fare copie	['fare 'kopje]
tirar uma conclusão	trarre una conclusione	['trarre 'una konklu'zjone]

tocar (com as mãos)	toccare (vt)	[tok'kare]
tomar emprestado	prendere in prestito	['prendere in 'prestito]
tomar nota	annotare (vt)	[anno'tare]
tomar o pequeno-almoço	fare colazione	['fare kola'tsjone]

tornar-se (ex. ~ conhecido)	diventare, divenire	[diven'tare], [deve'nire]
trabalhar (vi)	lavorare (vi)	[lavo'rare]
traduzir (vt)	tradurre (vt)	[tra'durre]
transformar (vt)	trasformare (vt)	[trasfor'mare]

tratar (a doença)	curare (vt)	[ku'rare]
trazer (vt)	portare (vt)	[por'tare]
treinar (pessoa)	allenare (vt)	[alle'nare]
treinar-se (vr)	allenarsi (vr)	[alle'narsi]
tremer (de frio)	tremare (vi)	[tre'mare]

trocar (vt)	scambiarsi (vr)	[skam'bjarsi]
trocar, mudar (vt)	scambiare (vt)	[skam'bjare]
usar (uma palavra, etc.)	utilizzare (vt)	[utilid'dzare]
utilizar (vt)	usare (vt)	[u'zare]
vacinar (vt)	vaccinare (vt)	[vaʧi'nare]

vender (vt)	vendere (vt)	['vendere]
verter (encher)	versare (vt)	[ver'sare]
vingar (vt)	vendicare (vt)	[vendi'kare]

virar (ex. ~ à direita)	**girare** (vi)	[dʒi'rare]
virar (pedra, etc.)	**capovolgere** (vt)	[kapo'voldʒere]
virar as costas	**girare lo sguardo**	[dʒi'rare lo 'zgwardo]
viver (vi)	**vivere** (vi)	['vivere]
voar (vi)	**volare** (vi)	[vo'lare]
voltar (vi)	**ritornare** (vi)	[ritor'nare]
votar (vi)	**votare** (vi)	[vo'tare]
zangar (vt)	**far arrabbiare**	[far arrab'bjare]
zangar-se com ...	**essere arrabbiato con ...**	['essere arrab'bjato kon]
zombar (vt)	**canzonare** (vt)	[kantso'nare]

www.ingramcontent.com/pod-product-compliance
Lightning Source LLC
Chambersburg PA
CBHW071328090426
42738CB00012B/2823

* 9 7 8 1 7 8 4 0 0 8 5 3 6 *